国家出版基金项目
NATIONAL PUBLICATION FOUNDATION

俞一荣一根 丛书主编

刘一依一平 著

朱子《家礼》与礼法之治

因理制礼

礼一法一传一统一与一现一代一法一治一丛一书 第一三一辑

孔學堂書局

2022 年度国家出版基金资助

2021 年度贵州省出版传媒事业发展专项资金资助

2020 年度国家社科基金一般项目"基于卫湜《礼记集说》文献整理的宋代礼记学研究"（20BZX060）的阶段性成果

图书在版编目（ＣＩＰ）数据

因因理制礼：朱子《家礼》与礼法之治 / 刘依平著

. -- 贵阳：孔学堂书局，2024.9

（礼法传统与现代法治丛书 / 俞荣根主编 . 第三辑）

ISBN 978-7-80770-458-4

Ⅰ . ①因… Ⅱ . ①刘… Ⅲ . ①朱熹（1130-1200）—家礼 Ⅳ . ① K892.27

中国国家版本馆 CIP 数据核字 (2024) 第 015175 号

礼法传统与现代法治丛书（第三辑）　俞荣根　主编

因理制礼：朱子《家礼》与礼法之治　刘依平　著

YINLI-ZHILI: ZHUZI《JIALI》YU LIFA ZHI ZHI

责任编辑：杨彤帆　黄　艳

责任印制：张　莹　刘思妤

出版发行：贵州日报当代融媒体集团
　　　　　孔学堂书局

地　　址：贵阳市乌当区大坡路 26 号

印　　制：深圳市新联美术印刷有限公司

开　　本：889mm×1230mm　1/32

字　　数：223 千字

印　　张：10.75

版　　次：2024 年 9 月第一版

印　　次：2024 年 9 月第一次印刷

书　　号：ISBN 978-7-80770-458-4

定　　价：88.00 元

礼法传统与现代法治丛书（第三辑）
编辑出版委员会

主　编：俞荣根

成　员：杨一凡　黄源盛　陈景良

　　　　马小红　周东平

| 总　序 |

俞荣根

　　百多年前，中国的法学、法制在摆脱民族危亡中艰难转型。模范欧美，称引宪制，废旧立新，变法修律，以图汇入民主法治大潮流。其进步和成就可以用一句话概括：从此迈入了现代阶段。但她毕竟很年轻，还不成熟。年轻时代犯错总是难免的。一个人如是，一种学术和制度亦如是。其中之一，是这一领域几乎成了域外法学理论和法制模式的试验地，西洋的、东洋的、苏俄的，一度照搬他们的理论和法条，缺乏民族自信力和创造力。流弊所至，菲薄传统，厚诬古贤，陷入对中国古代法误读、误解、误判的"三误"境地。有一个显证：都说中华传统文化源远流长、博大精深，但涉及其中的古代法和法制，给世人的印象无非"法自君出""严刑峻法"，似乎一无是处。虽说年轻时犯的错应当原谅，但必须记取，加以改正。

　　重新认识中国古代法和中华法系，寻求其固有结构体制和价值，以及内在的法文化遗传密码，是本丛书的初衷。

　　追寻对中国古代法和中华法系的"三误"源流，我们发现，"律令法"之说难脱其干系。"律令法"说亦称"律令体制"说，长期主导着中国法律史学术领域。这一学说也确曾推进了历代律令制度的研究。但"律令法"说，无法真正理解古代"礼乐政刑""德礼政刑"的治国方略，难以领悟"无讼""亲亲相隐""复仇""存留养亲"、家产制、州县对"细故"纠纷的"调解和息"等制度和原则的合理内核。循守"律令法"之说，难免得出中国古代"诸法合体""民刑不分""民法缺位""用刑罚手段审理民事案件""卡迪司法"等结论。

自古以来，人们描述古代中国，惯用"礼法制度""礼法社会""礼法之治"等词语。此"礼法"，不是"礼"与"法"的合称，也不是"礼法合一""礼法融合"的意思。"礼法"就是"礼法"，是中国古代法的实存样态，是一个双音节的法律词汇，一个双音节的法哲学范畴。中国古代法是"礼法"之法，是一种"礼法体制"，而不应归结为单纯的"律令法"或"律令体制"。律令是礼法统率下的律令，是礼法中偏重于刑事和政令的那些法律和法制部门。正是"礼法"，维系着古代中华帝国政治法制的合法性论证，包摄有超越工具法层面的法上法、理想法、正义法层级，秘藏了古代法文化的遗传密码。它肯定烙有历代统治集团阶级偏私的严重印痕，也避免不了时代的种种局限，但掩盖不住所蕴含的"良法善治"智慧和经验。"礼法"，是古代中国人长期选择的法律样式和法律制度。

中国古代法是"礼法体制"，中华法系是"礼法法系"。这是本丛书的基本思路。

鉴于此，本丛书的架构，不能不从反思"律令法"说起始，继而对礼法和礼法制度的内在结构、功能价值进行必要的法学和法哲学原理上的阐释与探索，进而沿波讨源，追寻其生成、发达、消解的过程并力图说明这一过程的内外联系。丛书有诸多分册横向展现古代礼法和礼法制度的某一层面或部分，它们是实现丛书宗旨的坚实支撑。

牢牢把握学术性是丛书立足之本。立论有据，考析翔实，引证规范，观点平实，不搞吸引眼球的噱头，不搞戏说、穿越、梦幻。但这套丛书毕竟不同于诸如《中国古代礼法制度史》《中国古代礼法思想史》之类的学术著作，通俗、可读是她应有的风采。结构不厌精巧，运思力求缜密，文通句顺，语言清新，笔端情丰韵盈，多以案例、故事说礼法，以收引人入胜之效。诚然，通俗性不得损害学术性。寓学术性于通俗性之中，是本丛书学术团队的自觉追求。

本丛书的发起人和倡导者是孔学堂书局管理高层。他们也是推动丛书策划和运作的原动力。

2015年4月10日上午，贵阳孔学堂主办第一场学术论辩大会，论题为"现代法治与礼法传统"。我有幸以六位嘉宾之一的身份参与。论辩会前后，孔学堂书局副总编辑张忠兰女士几度表示，想组编一套以"礼法传统与现代法治"命名的丛书，希望我出任主编。我自知年岁不饶人，难当重任，恭谢而婉拒之。第二天下午，贵州省人民检察院邀我去做个学术讲座。孔学堂书局和孔学堂杂志社总编辑李筑先生和张忠兰女士等闻讯赶过去旁听。讲座结束后，李筑总编辑说，我以"礼法传统"分析中国古代"良法善治"的诸多问题，他都同意。两位再次希望支持他们做好这套丛书。书局领导如此敬业执着，再拒就不恭了。

丛书的第一批书目和作者确定后，李筑总编辑写信予以肯定和鼓励。这是一篇见解深邃、雅语迭出的美文，将本丛书的宗旨、价值、特色表达得一清二楚，谨录之与读者共享。

礼法作为整个农耕时代维系中国社会运行的制度基础，几千年来植入人心，早已成为中国人信仰的重要组成部分，沉淀为中国人的文化基因，在伦常日用中外化为中国人温良恭俭让、长幼尊卑有序的行为习惯。儒家的核心价值是求仁，从孔孟处发源的

"仁者爱人"，在宋明以后更发展为"民胞物与""万物一体"之仁，今天看来，这当是人类最高明的价值观。而依循礼法，乃是致仁的根本路径、不二法门。中华民族历数千载而愈发茁壮，礼法文化堪称制度枢纽，功莫大焉。体验过百多年来欧美典章和苏俄制度交相试验的得失成败，并通过近四十年穷追猛打般的工业化狂飙初步取得器物层面自信的中国，要在精神上真正站起来，建立良善和谐、充满活力的新中原，必须回到对仁的追求，自然也就必须从礼法文化中寻求社会发展和社会治理返本开新的资源！

…………

丛书选题的规划，以原始察终、承弊易变、汇通中外的史学方法为经，以现代法学的分科观照路径为纬，案理结合、深入浅出发挥中华礼法文化的宏微之意，定会在国学复兴的热潮中别树一帜。而丛书各卷溯本清源阐发之礼法精华，更会在返本中开掘出礼法文化源源不断的崭新当代价值：信仰价值、制度价值、道德价值、文化价值……展现中华法文化"周虽旧邦，其命维新"的灿烂光华，于普及教化中启发治国为政者的制度创新智慧！

…………

礼法文化是一座宝库，我们正在开启它！因此，我们对这套丛书充满期待！

对这套丛书，总编期待！书局期待！作者期待！

更值得作者和编者共同期待的是，愿她能满足读者的期待！并得到读者"上帝"的回音，尤其是批评和指教性的回音。

2017 年 11 月 5 日

目　录

绪　论

一、《家礼》轶闻

庆元六年（1200 年）三月九日，南宋时期最著名的儒家学者之一——朱熹，走到了生命的尽头。他的弟子们环侍在他的身旁，轻声向先生提出最后一个问题。

> 味道云："先生万一不讳，礼数用《书仪》何如？"先生摇首。
>
> 益之云："用《仪礼》何如？"先生复摇首。
>
> 沈曰："《仪礼》《书仪》参用何如？"先生首肯之，然不能言，意欲笔写，示左右以手版托纸进。先生执笔如平时，然力不能运。少顷，置笔就枕，手误触巾，目沈正之[1]。

过了片刻，朱子便溘然长逝。据说，当时忽然刮起了大风，屋顶被吹破，连巨大的梧桐树都被连根拔起，紧接着又掀起了洪水，连山都崩陷了，好像天地都在悲痛着哲人的凋萎，一如《史记》所记载的孔子逝世时泰山崩坏的异象。

当时，这位先生和他的学生们正遭受来自朝堂势力的猛烈倾轧。以外戚韩侂胄为首的一派，在宋宁宗的支持下，攻讦以赵宋宗室身份出任宰相的赵汝愚，并将赵汝愚贬居到湖南永州。而作为赵汝愚的好友，朱子也被斥为赵氏一党，他的学问被污蔑为"伪

1　〔清〕王懋竑撰，何忠礼点校：《朱子年谱》，中华书局 1998 年版，第 267 页。

学"，连他的弟子也被定为"伪学逆党"，凡是名列党籍者，都不准参加科举考试，更不许做官。这就是历史上有名的"庆元党禁"。尽管党禁严酷，朱子的讣闻传开后，包括陆游、辛弃疾、杨万里在内的众多好友、同道，仍纷纷为诗为文哀悼祭奠，如：

> 某有捐百身起九原之心，有倾长河注东海之泪。路修齿耄，神往形留。公殁不亡，尚其来飨。（陆游）[1]
>
> 所不朽者，垂万世名。孰谓公死，凛凛犹生！（辛弃疾）[2]
>
> 案上数编书，非《庄》即《老》。会说忘言始知道；万言千句，不自能堪笑。今朝梅雨霁，青天好。一壑一丘，轻衫短帽。白发多时故人少。子云何在，应有《玄经》遗草。江河流日夜，何时了？（辛弃疾）[3]
>
> 有昊降割，曾不慭遗。夺国忠贤，夺我友师。赴告至止，一恸欲死。已乎元晦，吾道已矣！决不公面，哭不公闻。生刍一束，以沥我肝。（杨万里）[4]

而散布在各地的弟子和同道，稍微近一点的就连夜整饬车马、登门哭丧，远处的就设立朱子的牌位，日夜拜祭哭泣。到了十一月二十日下葬的那天，全国各地赶来的奔丧者，竟然聚集了数千

1　〔宋〕陆游撰，朱迎平笺校：《渭南文集笺校》卷四十一，上海古籍出版社2022年版，第1986—1987页。

2　〔元〕脱脱等撰：《宋史》卷四百一，中华书局1985年版，第12165—12166页。

3　〔宋〕辛弃疾撰，邓广铭笺注：《稼轩词编年笺注》卷四，上海古籍出版社2022年版，第687页。

4　〔宋〕杨万里撰：《诚斋集》，景印文渊阁四库全书第1161册，台湾商务印书馆1989年版，第314页下。

人之多！

举办丧礼期间，一位远方士子携来了一部书。此书原本就是朱子所作，但在他投宿僧寺时，书稿被一个充任杂役的小和尚窃走了[1]。此次士子携来的乃是一个誊抄本。朱子的儿子、女婿和弟子们一起核查了这部著作，他们认定，这确实是先生当年的作品。于是，一部久已亡佚的书稿，在先生葬礼上，又重现于世。

这部著作就是《家礼》！

二、朱子及其哲学思想体系

朱熹（1130—1200年），字元晦，号晦庵、晦翁，徽州府婺源（今江西婺源）人，出生于福建尤溪，后世一般尊称朱子，亦称紫阳、考亭或朱文公等。朱子幼年即跟随父亲朱松学习儒学，十四岁时，父亲谢世，临终前将朱子托付给好友武夷三先生，即籍溪胡宪、白水刘勉之、屏山刘子翚。这些学者均是当时的理学名儒，少年朱子也因此初步了解了张载、二程理学，但同时也出入佛老、泛滥于百家之学。

绍兴十八年（1148年），十九岁的朱子登上科甲。二十四岁，在赴同安县主簿之任时，拜见了延平先生李侗。李侗是程门四高足之一杨时的再传弟子，故朱子即为二程的四传弟子。李先生要求朱子不要空谈道理，而要切实体验"未发之中"，在"日用间

1　吕振宇：《〈家礼〉源流编年辑考》，华东师范大学2013年博士研究生学位论文。

着实做工夫处"去自然地"见道理"。朱子后来回忆说："自见李先生，为学始就平实，乃知向日从事于释老之说皆非。"[1] 随后，在与张栻、吕祖谦、陆九渊的交往与辩论过程中，朱子以二程理学为基底，吸收和融会了周敦颐、张载、邵雍等北宋诸家之学，终于在四十岁的时候建立起自己的学术宗旨，构筑起一个博大精深的理学体系。后人将二程与朱子之学合称为"程朱理学"，并将之视为儒学第二期发展（先秦儒学为第一期、宋明儒学为第二期）的"总结和发展的最高峰"[2]。

　　朱子的学术功绩，概括而言包括四大方面：一是完成了以"理"为核心的理学体系的建构；二是创作出《四书章句集注》《诗集传》《仪礼经传通解》等著作，对儒家经典体系作出了理学化的重构和阐释；三是以白鹿洞书院和岳麓书院为依托，完善了宋代理学的书院教育体系；四是面向士人家庭和社会大众，制定了家礼、推广了乡约。后面三个方面又以第一个方面为根本，都是从朱子的理学体系中衍生出来的。朱子的理学体系极为复杂，撮其大要，包括理气不离不杂的理气论、心统性情的心性论、居敬穷理的工夫论。

　　理气论是朱子哲学思想体系的基础。他以二程的天理学说为基底，又吸收了周敦颐的太极学说、张载的气化思想，形成了自

1　〔宋〕真德秀撰：《西山读书记》，景印文渊阁四库全书第706册，台湾商务印书馆1989年版，第121页上。

2　郭齐勇：《中国哲学史》，高等教育出版社2006年版，第282页。

己的理气论。"天下未有无理之气，亦未有无气之理，气以成形，而理亦赋焉"[1]，即"理"或"天理"是宇宙的本体和最高原则，"气"是构成天地万物的根本材质。"气"按照"理"所示的图景凝聚成形色事物，于是乎"理"也在事事物物中得到呈现，一旦理气相离，世界也就不存在了，这就叫作"理气不离"。但是天地万物的本体只有一个，理先于并高于气，对气有规定作用，所谓"未有天地之先，毕竟是先有此理"[2]，这就叫"理在气先""理气不杂"。

心性论是朱子哲学思想体系的核心。作为天地万物之灵长，人同样也是理气共同作用的结果。"理"落实在人身上，形成了"本然之性"或"天命之性"，孔子说的"仁"，孟子说的"仁义礼智"，都是指人的本质属性是纯善无恶的。但人在禀气赋形的过程中，得到的气不免有清浊、偏正的区别，由此形成了"气质之性"。气质之性会遮蔽本然之性，于是产生了种种偏狭的人欲，进而导致了现实的恶。气质清正的人被遮蔽得少，气质偏混的人则被遮蔽得多，而无论多少，生而为人的道德义务就在于去除气质之性的遮蔽，回复纯善的本然之性。

要想去除气质之性，回复本然之性，就需要经过艰苦的道德实践，宋儒将这个过程称之为"做功夫"。朱子功夫论的核心主

---

1 〔宋〕黎靖德编，王星贤点校：《朱子语类》第一册卷第一，中华书局2020年版，第2页。
2 同上，第1页。

张叫作"居敬穷理"，"所谓功夫者，不过居敬穷理以修身也"[1]。居敬也叫作"尊德性"，也就是收敛安定以明理、庄整慎畏以去欲，从而发明、涵养此天理。穷理也叫作"道问学"，也就是深切地了解与人相关的一切事物，从而把握并证成此天理。朱子认为，通过拥有"居敬穷理"的道德修养，不仅能安顿个体生命道德，还条畅万事万物，最终达到"众物之表里精粗无不到，而吾心之全体大用无不明"[2]的至高境界。

朱子所说的"众物"，不是一般意义上的"物"，而是与人相关的事物，主要是从伦理和政治的意义上来说的。儒家认为有五种根本的人伦关系——父子、夫妇、长幼、君臣、朋友。这五种人伦关系中所呈现出来的良性秩序，就是天理的体现。为了保障百姓的生存、发展，也必然要求建构一种合理的社会政治秩序，这同样也是天理的要求。负有政治责任和道德义务的统治者、君子以及士大夫，应当引领人类社会的伦理、政治的良性发展，使之"上符天理"。这就是朱子社会政治学说的核心。

无论是个人的修身进德，还是社会伦理、政治秩序的建构，最终都着落在具体的"礼"上。因此，"礼"成为朱子思想体系中至关重要的一环。

1　〔宋〕黎靖德编，王星贤点校：《朱子语类》第二册卷二十八，第775页。
2　〔宋〕朱熹：《四书章句集注》，中华书局1983年版，第7页。

三、朱子与"礼"

　　朱子不仅是集宋代新儒学之大成的"理"学家，同时也是一位至关重要的"礼"学家。他一生考礼、议礼、行礼。在同时代儒者当中，朱子向来以通晓礼学而闻名，如吕祖谦、张栻、陆九龄（陆九渊的哥哥），都曾向朱子请教过礼仪问题。他终身奉守礼法，主张礼是学者的修养门径，要以礼教人。从十四岁起，他先后完成了《诸家祭礼考编》《祭礼》（又称《祭仪》）、《绍熙州县释奠仪图》《童蒙须知》《家礼》等礼学著作，并在晚年纠集同道、学生，集中全部精力致力于《仪礼经传通解》的编写；此外，他还修订推行了《增损吕氏乡约》《弟子职》等前儒礼学著作。无论在个人践行方面，还是在学术创造方面，朱子都担得上"礼学家"之名，正如美籍华人学者陈荣捷教授所说："朱子一生重礼。"[1]

　　朱子的礼学著作在后世有极大的影响，其中又以《家礼》为最。《家礼》又称《文公家礼》，前身是一本名为《祭礼》或《祭仪》的书。《祭礼》最初写于绍兴十七年（1147年），当时朱子刚结束为父亲服丧，着手按礼祭祀亡父。但他认为民间流行的祭祀礼仪颇有不完备之处，为了让祭礼更符合儒家礼学精神，他在考订诸家祭礼的基础上，作了这部书。他又分别于乾道四年（1168年）和九年（1173年）两度对此书进行了修订，规定了家庙制度、木

1　[美]陈荣捷：《朱熹》，（台北）东大图书公司1990年版，第1页。

主制度，春夏秋冬四时祭、始祖之祭、先祖之祭、祢（nǐ）祭（父考母妣）等七种正祭，以及节祠（包括端午、中元、重阳等）、元旦、祭日、墓祭等六种小祭¹。大约是在淳熙四年（1177 年）以后，朱子以《祭礼》一书为基础，增加了通礼、冠（guàn）礼、婚礼、丧礼等内容，编成了《家礼》一书。因此，《家礼》首先应是满足家中日常生活礼仪需要而编纂的一部行礼之书。

但是，《家礼》又绝不仅仅是朱氏家族一家之礼书。在作《祭礼》时，朱子就与张栻、吕祖谦、汪应辰等当世名宦名儒展开了往复讨论，他们都表达出一个类似的想法：以目前所定礼仪为蓝本，先在自家施行，在积累数年经验后，对其加以修订补正，再向其他士大夫家庭推广。因此，《家礼》不仅仅是一家之礼仪，而且是朝向士大夫家庭的一种普遍性的礼仪设计。但也许是因为在具体仪节上分歧过大，令朱子意识到必须先全面、系统地考定古代礼仪，再来制定通行于世的今礼；也许是因为随后朱子陷入政敌的攻讦，为免落下自比圣贤、制礼作乐的口实——总之，朱子不再修订《家礼》，甚至在《家礼》的稿本被僧童窃去后，也没有试图恢复这部著作，而是把全部精力放在了《仪礼经传通解》的编纂工作上。

有趣的是，朱子礼学著作对后世影响最大的，并不是他生前尚未完稿，临死前犹念兹在兹的《仪礼经传通解》，而是一度亡佚，却又失而复得的《家礼》。朱子逝世八年以后，也就是宋宁宗嘉

1　刘依平：《朱子〈祭礼〉纂修经过与内容辑考》，《宗教学研究》2021 年第 2 期。

定元年（1208 年），朝廷终于给朱子平了反。在宋、元、明、清四个王朝的推崇下，朱子学逐渐从民间的学问跃升为官方意识形态，《家礼》一书也在朝野上下的合力推动下，成为组织儒家型礼法社会所依据的重要典籍，影响中国社会 800 多年。日本学者伊东贵之教授指出，从汉代到唐代，传统礼学的宗师是全面注解三部古老礼书的郑玄；而朱子则是"近世八百年礼学之祖"[1]，可以说是从宋代到民国这一时期的礼学宗师。另一位日本学者吾妻重二教授则将《家礼》与《仪礼》相提并论，认为《仪礼》是"中国古代礼文献之代表"，《家礼》则是"中国近世（宋元明清）礼文献之代表作"[2]。而从空间地域来看，《家礼》不仅成为中央王朝的意识形态，同时还在朱子学的学术思想影响力和中央王朝政治影响力的挟持下，辐射了包括朝鲜半岛、日本、琉球、安南（今越南）等地在内的整个汉字文化圈或曰东亚文化圈，构筑起东亚文明的共同文化底蕴。

　　由于朱子的巨大贡献，他在被平反的同时，也被追赠谥号"文"，所以后世一般尊称他为"朱文公"。北宋苏洵曾作有《谥法》一书，详细考订了历代谥号背后奖善惩恶的义例。对于"文"，该书是这样说的：

1　［日］伊东贵之：《从"气质变化论"到"礼教"——中国近世儒教社会"秩序"形成的视点》，［日］沟口雄三、［日］小岛毅主编，孙歌等译：《中国的思维世界》，江苏人民出版社 2006 年版，第 525—552 页。

2　［日］吾妻重二著，吴震编：《朱熹〈家礼〉实证研究》，华东师范大学出版社 2012 年版，第 1 页。

施而中理曰文，经纬天地曰文，敏而好学曰文，修德来远曰
文，忠信接礼曰文，道德博闻曰文，刚柔相济曰文，修治班制
曰文[1]。

　　"文"，是儒家学者所能得到的最崇高的谥号。历代王朝也
用"文"这个谥号来肯定朱子的道德文章、丰功伟绩，并在向后
的数百年中一次次地不断予以追认。如清康熙年间，清廷将朱子
升格为"十二哲"之一。中国和朝鲜半岛、日本、越南等地的孔庙，
在孔子神位（神像）以下，一般都有"四配""十二哲"作为配享。
四配是指颜回、曾参、子思、孟子；十二哲是指子骞、冉雍、子
贡、子路、子夏、有若、冉耕、宰予、冉求、子游、颛孙师、朱熹。
其中绝大部分都是孔子的授业弟子。而作为南宋人的朱子，能够
超越"罢黜百家，独尊儒术"的董仲舒，以及"囊括大典，遍注
群经"的郑玄，而与千年以前的孔子弟子同列，这本身就是一项
巨大的殊荣，昭示着朱子在"儒教中国"中的显赫地位，一如《宋
元学案·晦翁学案》所给予的评价："致广大，尽精微，综罗百
代矣。"[2]

1　〔宋〕苏洵撰：《谥法》，景印文渊阁四库全书第 646 册，台湾商务印书馆 1989 年版，
　　第 899—900 页。
2　〔清〕黄宗羲原著，〔清〕全祖望补修，陈金生、梁运华点校：《宋元学案》第二册，
　　中华书局 1986 年版，第 1495 页。

四、本书内容概述

按照本丛书的定义，"礼法"包括礼典、律典和习惯法三个子系统[1]。朱子学在宋以后上升为国家意识形态，朱子《家礼》的地位也迅速抬升。一方面《家礼》上升为国家礼典；另一方面则普遍施行于民间，成为习惯法；再一方面，《家礼》的基本礼义和相关规定，还影响到律典的编纂，这在明、清两代的司法实践中体现得尤其明显。因此，朱子《家礼》就为我们透视传统礼治社会及其礼法之治，提供了一个难得的切入点。围绕朱子《家礼》，本书将从五个方面展开讨论：

第一章介绍《家礼》的写作背景和主体内容。以唐宋社会文化变革为背景，宋代兴起制礼运动，使礼学体系由传统的吉、凶、军、宾、嘉的"五礼"体系，向朱子《家礼》的冠、昏、丧、祭的"四礼"体系转移，礼学范式则从注疏礼学向实践礼学变迁。中国礼制史正是以朱子《家礼》为分水岭，被分为前后两个阶段。

第二章分析《家礼》的理论特征与礼学精神。就理论特征而言，《家礼》中"礼""鬼神"等基础礼学概念，在朱子理学"理—礼""理—气"的理论框架下，获得了全新的理学化内涵。就礼学精神而言，《家礼》朝向宋代平民社会，在祠堂制度和木主制度等关键礼制上，

1　俞荣根、秦涛：《礼法之维：中华法系的法统流变》，孔学堂书局 2017 年版，第 15—22 页。

相较于前代取得了重大突破。理学内核和庶人精神，正是朱子《家礼》不同于前代礼学著作的两个关键之点。

第三章阐述《家礼》经典地位的抬升。我们将礼类典籍分为三大类，即以三礼为代表的礼经，以历代国家礼制为代表的礼典，以《家礼》为代表的民间实用礼书。《家礼》经典地位的抬升，就反映为"礼典化"和"拟经化"的过程。"礼典化"是《家礼》进入《元典章》《大明集礼》等国家礼典、成为国家礼制和国家意识形态组成部分的过程。"拟经化"则指《家礼》获得类似于"四书五经"的地位，主要表现就是《家礼仪节》（以下简称《仪节》）等解释性著作的大量出现。

第四章讨论《家礼》对法律体系和基层社会治理的影响。《家礼》对婚礼、五服制度的规定是明清法典的伦理基础，甚至还化作具体的法律条文。而《家礼》婚姻、丧葬的礼仪规定，则直接构成明清户婚、丁忧两类案件的形式要件，在判决实践中发挥重要作用。作为明清两代礼法之治建构的核心，《家礼》（包括《乡约》）推动了礼法制度向平民社会下沉，并通过老人、宗族、乡约、保甲等组织形式，为明清两朝中央王朝控制、管理地方社会提供了基本通道。

第五章论证《家礼》的礼法之治在民间社会普遍实施。《家礼》以礼修身、以礼齐家的根本理念，深刻塑造了民间的蒙学教育，也成为传统家庭的组织原则。《家礼》在民间社会的普遍深入，得到了考古发现和文学记载的双重证实。然而必须承认的是，《家礼》所代表的礼法之治也被明、清两朝王权专制所利用，异化为"吃人的礼教"。但《家礼》以及礼法之治仍有其超越性价值，有待于在当下和未来重新焕发光彩。

第一章

朱子《家礼》的主要内容

　　礼是儒家士大夫的必修功课，却并不为精英阶层所独享。平民老百姓受教育程度低，但在传统礼治社会中，也时时接受礼的熏陶和约束。也许他们不能准确地说出什么是礼、什么是礼学，但礼和礼学已经深入到老百姓日常生活的方方面面，并在代代传承中积淀为一种深层次的文化记忆。

　　礼与礼学并不是一成不变的。一代有一代之礼，一代也有一代之礼学。它们像奔涌不息的长江——自上而下，由古贯今，却又因革损益，新故相推，于是乎变化不已。在这条巨流之中，朱子《家礼》就好比三峡，最具标志性意义。正如前面提到的，汉唐礼学宗师是郑玄，根本礼典是《仪礼》；宋代以后礼学宗师是朱子，根本礼典是《家礼》。那么，朱子编纂《家礼》一书，对应了怎样的社会历史背景？除了应自家实际行礼的需要，这部书还有哪些更深层次的目的？《家礼》一书做出了何种礼仪规定，和前代礼学著作有什么不同？我们需要在这条礼学长河中，对《家礼》的产生、内容和目标做一个整体讨论。

一、吉凶宾军嘉：传统五礼体系

　　在中国传统礼法之制中，礼是多种多样、多层次、多用途的，小到一个人的一生，大到国家天下的治理、人与天地的协和，无不在礼的规范范围内。那么礼究竟包括哪些内容？是否可以对礼做出分类呢？《周礼》最早提出了五礼的观念。在《周礼·春官小宗伯》中，一个叫"小宗伯"的官员，其职责是"掌五礼之禁令与其用等"。什么是五礼呢？郑玄在注释中援引了东汉礼学家郑众的说法：

> 五礼，吉、凶、军、宾、嘉[1]。

也就是说，吉礼、凶礼、军礼、宾礼和嘉礼合称为五礼。更进一步的解释则见于《隋书·礼仪志一》：

> 以吉礼敬鬼神，以凶礼哀邦国，以宾礼亲宾客，以军礼诛不虔，以嘉礼合姻好，谓之五礼[2]。

吉礼主要表达对天地鬼神的敬意，凶礼主要表达对天子、诸侯丧事的哀伤，宾礼主要表达对宾客的亲和之意，军礼主要为了组织军队以诛灭叛党，嘉礼则主要和合婚姻。可见五礼的分类，主要是就礼仪功能而言的。但上述说法仅仅是举其大概而已，五礼制度实际上还要复杂得多。我们综合彭林教授的《中华礼仪文明》、吴安安博士的《五礼名义考辨》、万丽华博士的《〈左传〉中的先秦丧礼研究》、任慧峰博士的《先秦军礼研究》等专门著作，略述五礼内容如下。

1　〔清〕阮元校刻：《十三经注疏·周礼注疏》，中华书局1980年版，第752页中。
2　〔唐〕魏徵、令狐德棻撰：《隋书》卷六，中华书局1973年版，第105页。

（一）吉礼

五礼之首的吉礼指祭祀之礼，是以天神、地祇和人鬼为对象，"所以事神致福"的礼仪。

天神是指昊天上帝、日月星辰、司中司命（南斗与北斗）、风师雨师等。古代只有天子才能祭天，或曰祭昊天上帝。在冬至日举行的礼仪，称"禋（yīn）祭"，即用玉、币帛、牺牲放在柴上，以燃烧的烟气祭祀上天，乃是第一等大祭。第二等中祭祭祀日月星辰。星辰指五纬、十二辰、二十八宿。五纬即金、木、水、火、土五星。十二辰对应十二星次，是将周天黄道按由西向东的方向分为十二个等分，分别叫作星纪、玄枵、娵訾、降娄、大梁、实沈、鹑首、鹑火、鹑尾、寿星、大火、析木。二十八宿是将周天黄道的恒星分成东西南北四个方位、二十八个星座，东方青龙七宿为角、亢、氐、房、心、尾、箕；西方白虎七宿为奎、娄、胃、昴、毕、觜、参；南方朱雀七宿为井、鬼、柳、星、张、翼、轸；北方玄武七宿为斗、牛、女、虚、危、室、壁。祭祀日月星辰用"实柴"之祀，即将币帛、牺牲放在柴上烧烤，以为享祀。第三等小祭是祭祀司中司命、风师雨师。这些是五纬、十二辰和二十八宿以外的，有司职、有功于人的列星，祭祀它们用"槱（yǒu）燎"之祀，即以牲体置于柴堆上焚之，扬其光焰上达于天。按照传统经典解释的说法，"禋祭"用玉、币帛、牺牲；"实柴"用币帛、牺牲，不用玉；"槱燎"只用牺牲，不用玉和币帛，故三种祭祀有大、中、小之别[1]。但王国维先生则认为，这三种祭祀仅有名义上的区别，实际上都是将牺牲置于柴上熏燎，使烟气上达于天[2]。

地祇祭祀也有三等。第一等是社稷、五祀、五岳之祭。社是土神，稷是谷神，五祀即木、火、金、水、土五行。五岳则是东岳泰山、南岳衡山、西岳华山、北岳恒山和中岳嵩山。祭祀它们用"血祭"礼仪，即将牺牲的血浇灌在地上。第二等是山林川泽之祭，用"貍沈"的礼仪。"貍"通"埋"字，"沈"通"沉"字，指分别将牺牲、玉帛等祭品埋入地下、沉入水底，以祭祀山神、水神的礼仪。天子祭祀的对象，是"四渎"，即江、河、淮、济，以及"四镇"，即古代扬州的会稽山（在今浙江）、青州的沂山（在今山东）、幽州的医巫闾山（在今辽宁）、冀州的霍山（在今山西）。诸侯则祭祀自己封国中的名山大川。第三等是祭祀掌管四方百物的小神。古人相信万物有灵，譬如居室中的户、灶、霤（liù，屋檐）、门等，都有主宰之神。对待他们要用"疈（pì，剖开）辜"之祭，也就是将牺牲从胸部劈成两半，陈设于大道加以祭祀。

人鬼祭祀主要是指对祖先的祭祀，后来也发展为对历代帝王、先圣先师、贤臣，以及各行各业始祖如先农、先蚕的祭祀。贵族的祖先祭祀要在"庙"中进行，庙数与祭祀世数相对应。按照《礼记·王制》的记载，分别是天子七庙、诸侯五庙、大夫三庙、士一庙。

1 吴安安：《五礼名义考辨》，（台北）花木兰文化出版社2010年版，第53—55页。
2 王国维：《观堂集林》，谢维扬、房鑫亮主编：《王国维全集》第八卷，浙江教育出版社2009年版，第11页。

与庙数相对应，天子祭祀七世祖先，诸侯祭祀五世，大夫祭祀三世，士祭一世。庶人也祭祀一世祖先，但他们没有资格立庙，而是在正厅正堂中举行仪式（详参第二章第二部分）。祭祀先王的礼当然是最隆重的，包括肆献祼（音"灌"）、馈食、祠春、礿（yuè）夏、尝秋、烝冬等六种祭祀。"肆献祼"之祭，"肆"指分解牲体以祭祀的祭礼；"祼"又称"果"或"灌"，指用圭瓒（古代一种祭祀用的玉制酒器，形状如勺，以圭为柄）酌"鬱鬯"（yùchàng，用鬯酒调和郁金之汁而成的香酒）灌地以降神的祭礼；"献"指行过祼礼和肆礼以后，献牲血给代表先王的"尸"（由嫡孙所扮演）。天子、诸侯祭先王，依次行过祼礼、肆礼、献礼以后，要行"馈食"之礼，即献蒸熟的黍稷；大夫、士之祭，则直接从"馈食"开始。祠春、礿夏、尝秋、烝冬合称为"四时"之祭，主要献以时令之物，如夏天以新收获的时菜献祭、秋天以新熟的麦子献祭。也有现代学者认为，"肆献祼"和"馈食"并不是两个单独的礼仪，而是四时祭祀的具体方式[1]。

　　总而言之，吉礼分为三大类、十二小类。随着时代的发展变化，吉礼也有增减。到了宋代郑樵所作的《通志》中，吉礼已经发展为三十个细目。

1　钱玄：《三礼通论》，南京师范大学出版社1996年版，第627—633页。

（二）凶礼

凶礼是指应对天灾人祸、丧葬等不幸之事的礼仪，以救患分灾为其礼仪精神，以本国及盟国、邻国的受难者为行礼对象，大致上可以分为丧礼、荒礼、吊礼、襘（guì）礼、恤礼等五大类礼仪。

丧礼就是丧葬之礼，是凶礼的主体部分。人终有一死，人死以后身躯和灵魂如何才能得到安置，亲人的悲伤如何才能得到抚慰，正是丧葬礼需要解决的问题。以《礼记·中庸》所说的"事生如事死，事亡如事存"为总的原则，古人制定出一系列礼仪，主要包括临终、始死、小敛、大敛、成服、入葬、葬后等七个环节[1]。"临终"之礼是亲人临终之前的礼仪，首先要将濒死之人"移居正寝"，也就是移至"嫡寝"之中，使其头朝东卧在北墙（北牖）之下，因为寿终正寝、死得其所是得其善终的标志。在此期间，还要"君友问疾"，其间也有贵贱等级之分：大夫之疾，国君要存问三次；士之疾，国君要存问一次。最后还要"属纩""祷五祀"，"纩"（kuàng）是棉絮，"属纩"即将棉絮放置在弥留者的口鼻上，观察其是否断气。"祷五祀"指祭祀五种与日常生活有关的神，祈祷病者能消减沉疴、恢复生机。当然，古人也知道，死期将至，没有复生的道理，这不过是尽孝子之情而已。

丧礼的第二个环节是"始死"之礼。亲人刚刚断气，就要拿着死者生前的衣服，从东南方向的屋檐登上屋脊中央，面向北方

---

1 丧礼部分主要参考了万丽华《〈左传〉中的先秦丧礼研究》一书。万丽华：《〈左传〉中的先秦丧礼研究》，中央民族大学出版社 2011 年版，第 28—51 页。

大声呼唤名字，然后将衣服覆盖在死者遗体上，希望能以衣服为媒介，令魂魄回到亡者体内，这个过程叫作"复"，也即招魂之礼。死者的魂魄当然难以招回，故紧接着要"迁尸"，即设床于室中南窗之下，移尸其上，头朝南、脚朝北，用敛衾覆盖。再下来要"楔齿缀足"，即用器物撑开死者的颔部并夹持其双脚，以免尸僵影响后续礼仪。接下来要"设奠""帷堂"，相当于后世所说的布置灵堂、灵位。然后是"赴告"，即向国君、亲属、朋友报丧。完成上述礼仪以后，亡者的亲人要用"哭踊"来表示自己内心的悲哀。"哭踊"的意思是极度悲哀而跳起来哭泣，但丧礼也强调哭踊要有节制，以防伤害孝子的身体。外地的亲人、子侄听到讣告，也要赶回家，这就是"奔丧"。君臣、朋友等人听到噩耗，则要"吊丧""赠襚（suì）"，即吊唁亡者，并赠送衣衾。此外还要将亡者生前所用的旌旗插在堂前西阶上，谓之"设铭"，相当于死者身份的标识。同时还要为死者沐发、浴尸、剪指甲、剃须、梳发髻、穿内衣，这个过程统称为"沐浴"。之后再在死者口中放入米贝、珠玉，前者称为"饭"，后者谓之"含"，合起来就叫"饭含"之礼，表明死者身后也能得到奉养。士以上的贵族之逝，夏天还要为其"设冰"，防止尸体速腐。"沐浴""饭含"之后，就要行"袭"礼，即为死者穿上三套全新的衣服，用全幅的细绢为其裹头，用玉石塞住双耳，用巾帕覆盖死者的面容，再为死者穿上深衣、系上大带、戴上类似于手套的手部敛衣。准备妥当以后，在庭中设立一根叫作"重"的木柱，作为木主的临时替代物。木主是一种特制的木头，供亡者神灵降临、栖住，故又称神主。由于不会预知死期，所以不会提前预备，此时犹用"重"来替代。晚上，还在庭中"设燎"，即点燃火把。以上诸项，均是死者逝世的第一日所要施行的礼仪。

到第二日，就要举行"小敛"之礼，即为亡者穿敛衣、加衾。士的敛衣就有十九套之多。先是陈列小敛衣和亲朋所赠的襚衣，祭奠用的肉干、肉酱、甜酒（酒），以及仪式所需的其他物事。然后在室中铺席，下面为莞草编成的席子，上面为苇或竹编成的簟席，依次铺上敛衣，将遗体置于其上层层包裹，再套上殓尸的布囊，最后盖上被子。主人、主妇分别跪在遗体东、西两方，抚摩遗体的当心，谓之"冯（píng）尸"。在堂上设床，将遗体从室中抬到堂上，用前面提到的祭物奠于尸东。然后主人拜送宾客，众亲人按照亲疏尊卑，轮流到堂上哀哭。此为"小敛奠"。

到第三日，亡者已无复生的希望，故举行"大敛"之礼，即设"大敛奠"。先是陈列大敛衣、奠具，准备殡具。准备停当以后，撤去小敛奠，铺设大敛所用的席，将大敛衣按顺序铺设在席子上，移尸于衣上，再逐层裹紧。光是士所用的大敛衣就有三十套之多。敛后再次冯尸，即向遗体进行告别。然后"入殡"，将遗体装入棺椁。死者身份的高低影响着殡的期限。《礼记·王制》记载："天子七日而殡，七月而葬；诸侯五日而殡，五月而葬；大夫、士、庶人三日而殡，三月而葬。三年之丧，自天子达。"故三日而殡，是就大夫、士、庶人而言的。亡亲将进入幽暗阴冷的死亡世界，故设小敛、大敛之礼以层层保护。其间数次移动遗体，则象征着亡者从生前日常生活的空间中逐步离去。

第四日，行"成服"之礼，也就是亲人穿着表示亲疏关系的丧服。丧服共分为五等，即斩衰、齐衰、大功、小功、缌麻，故又称"五服"。后来人们也用五服来指代亲疏关系，谓之"五服亲"。简单来说，以自己为中心，分别上推、下推四世，均在"五服亲"的范围。凡在五服之内的亲属，都应当穿着相应的丧服（参见第二章第二部分）。成服后，撤去大敛奠，实行"朝夕奠"，即早晚祭奠。此外，遇到每月的初一、十五，要举行"朔望奠"，如果秋天有新的收成，要举行"荐新奠"。亲属们每天早晚也要至殡宫中，站在自己相应的位置上哭泣，叫作"朝夕哭"，同时主人、主妇还要回拜前来吊唁之人。

接下来是"入葬"礼仪。先是"筮宅"和"卜葬日"，即通过筮占和卜占两种方式分别决定亡者葬在何处、何时下葬。然后是制作棺椁和明器，殡后十日，主人将制作棺椁的材料给予工匠；制成后，主人需在殡宫前亲自查验棺椁是否合格。主人还要两次将制作好的明器献给亡者，一次是"献素"，即献上未曾涂漆的明器；一次是"献成"，即献上已经涂漆的明器。明器是象征生前生活的各种用品，其特点就是《礼记·檀弓》所说的"备物而不可用也"，意思是徒具其形而不具备实用功能。按照周代的礼仪，贵族还要"赐谥"，也就是用"谥号"来体现亡者生前的德行和遭遇。葬日的前一天，要在天未明时举行"启殡"仪式，主要是陈设朝拜祖庙的礼器和祭品，将棺柩从殡宫中抬出来准备下葬。

然后要"朝祖",即代表亡者向祖庙告别,类似于生前远出时向祖庙报告。葬日当天,天明时举行"大遣奠",主人哭踊。然后"发引",即引导柩车前往墓地,主人袒衣哭踊,跟随柩车前行。到墓地后,举行"入圹(kuàng)"仪式,即将棺椁葬入墓穴之中。在此过程中,助丧者执绋(fú,牵引棺椁的绳索),徐徐将棺椁降入"圹"中,再盖上椁盖板,设置木架(抗木)和席子(抗席)以保护棺椁,最后封土成墓。

"葬后"礼仪长达三年之久。安葬亡亲棺柩的当天,主人和众亲、众宾返回祖庙哭泣,这个仪程叫作"反哭"。还要迎接亡亲的灵魂,将其安于殡宫中加以祭祀,这个仪式叫作"虞祭"。士要虞祭三次,初虞在葬日当天,再虞与初虞相隔一天,三虞在再虞的次日。虞祭也有等级差异,大夫五虞,诸侯七虞。三虞之后,隔一日行"卒哭"之祭,此祭之后,就不再随时哭泣,改为朝、夕哭泣。卒哭次日,要将亡者的木主奉入祖庙,与祖先木主合置一处并按世系次序排列,这一礼仪谓之"班祔","班"指排定次序,"祔(fù)"就是合的意思。葬礼以后,为了表示对亡亲离开人世的悲哀,主人也要离开自己原来居住的居室,筑庐而居,行最多三年之丧,其中以子为父服丧的时间最长。周年时,行"小祥"之礼,即孝子脱去裹头的麻带(首绖),改佩煮炼过的布制成的帽子;两周年行"大祥"之礼,孝子除去丧服,服朝服、戴白布冠。"大祥"之后一个月,也就是进入第三个年头,举行"禫(dàn)祭",即合祭亡亲于祖庙,丧主也彻底地除去丧服,回归正常生活。

随着小祥、大祥、禫祭三套礼仪的举行，凶礼也逐渐过渡为吉礼。以上就是丧礼的大致内容。

凶礼之中，丧礼单独成类。其余荒、吊、襘、恤则可以分为两大类[1]。一类是"荒"和"吊"。"荒"指邻国遇到荒年、疫病，兄弟之国派遣使者前往进行慰问互助之礼。"吊"是邻国遇到水火之灾，兄弟之国派遣使者前往进行哀悼慰问之礼。"吊"之礼还会给予必要的帮助，比如将邻国灾民迁入本国，或赞助粮食财物以救济之。另一类是"襘"和"恤"。"襘"是兄弟之国遭遇敌国侵犯且战败，其他兄弟之国要凑集财物帮助其恢复国力的礼仪。"恤"指邻国有外寇或内乱，兄弟之国派遣使者前往存问、抚恤的礼仪。王安石则将凶礼分为两类，"丧""荒"和"吊"属于天事；"襘"和"恤"乃是人事。天事之中，"丧"重于"荒"，"荒"重于"吊"；人事之中，"襘"重于"恤"。

（三）宾礼

宾礼指接待宾客之礼。在周代，"宾"特指诸侯，故宾礼也就是天子与诸侯会见之礼。宾礼包括朝、宗、觐、遇、会、同、问、视八种礼仪。"朝"是指诸侯在春季朝见天子，"宗"在夏季，"觐"发生在秋季，"遇"则在冬季，故朝、宗、觐、遇又合称为"四时会见"。汉代郑玄说，"朝"（cháo）也就是"朝"（zhāo），是希望诸侯能够早早朝见天子；"宗"的意思是"尊"，即诸侯

---

1 吴安安：《五礼名义考辨》，第65—67页。

要体现出对天子的尊重；"覲"的意思是"勤"，是希望诸侯能勤于王事；"遇"的意思是"偶"，意味着各国诸侯不约而同、不期而至，共同来到都城朝见天子。这四种礼仪仅施行时间的不同，具体礼仪和礼义并没有太大区别。通过"四时会见"，天子得以会聚诸侯以商讨天下之事，陈述各邦国治国方略的得失，比较诸侯功绩的高下，解决诸侯国之间的分歧。也正是通过"四时会见"，天子以周王室为中心，连接起各个诸侯国，强化了对天下的统治。

"会"并不一定会举行，故又称"时见"。主要发生在有侯国离叛时，天子将征伐之，于是集合诸侯，公布其罪状，并将军事任务分配给参与"会"的诸侯。故"会"往往是军事行动的先声，有些叛逆者听闻"会"的消息，立即就表示服罪。"同"又称为"殷见"，指天子不出巡，于京畿接见四方六服之诸侯。所谓六服，是周王畿以外的诸侯邦国的统称。《周礼·秋官·大行人》记载：

> 邦畿方千里，其外方五百里谓之侯服，岁一见，其贡祀物；又其外方五百里谓之甸服，二岁一见，其贡嫔物；又其外方五百里谓之男服，三岁一见，其贡器物；又其外方五百里谓之采服，四岁一见，其贡服物；又其外方五百里谓之卫服，五岁一见，其贡材物；又其外方五百里谓之要服，六岁一见，其贡货物。

按孔颖达的注释，"要服"又称"蛮服"。我们可以根据这段话，将"六服"绘成一幅示意图（如图1-1所示）：

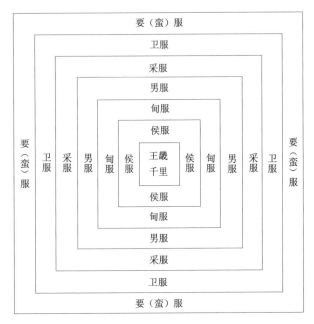

图 1-1　六服图

　　王畿方千里，居于中央。其余诸侯国均方五百里，按照血缘的亲疏远近、功劳的大小高低，分为侯、甸、男、采、卫、要（蛮）六个等级，层层环绕在王畿周围，拱卫着周王室。由此便形成了一个以周天子所居的"王畿"为中心，层层外推的世界图景。为了加强中央与诸侯国之间的联系，根据封国与王畿路途的远近，诸侯分别以一年、二年、三年、四年、五年、六年为期，进王畿会见天子。以六十年为一个周期，各个年份应当进京会见天子的诸侯如表1-1所示。

表1-1　诸侯朝见天子年表

年份	一	二	三	四	五	六	七	八	九	十
诸侯	侯	侯甸	侯男	侯甸采	侯卫	侯甸男要	侯	侯甸采	侯男	侯甸卫

年份	十一	十二	十三	十四	十五	十六	十七	十八	十九	二十
诸侯	侯	侯甸男采要	侯	侯甸	侯男卫	侯甸采	侯	侯甸男要	侯	侯甸采卫

年份	二一	二二	二三	二四	二五	二六	二七	二八	二九	三十
诸侯	侯男	侯甸	侯	侯甸男采要	侯卫	侯甸	侯男	侯甸采	侯	侯甸男卫要

年份	三一	三二	三三	三四	三五	三六	三七	三八	三九	四十
诸侯	侯	侯甸采	侯男	侯甸	侯卫	侯甸男采要	侯	侯甸	侯男	侯甸采卫

年份	四一	四二	四三	四四	四五	四六	四七	四八	四九	五十
诸侯	侯	侯甸男要	侯	侯甸采	侯男卫	侯甸	侯	侯甸男采要	侯	侯甸卫

年份	五一	五二	五三	五四	五五	五六	五七	五八	五九	六十
诸侯	侯男	侯甸采	侯	侯甸男要	侯卫	侯甸采	侯男	侯甸	侯	侯甸男采卫要

　　当然，这是一种理想的天下格局，实际上的诸侯国建制，在空间地理上恐怕不能如此整齐。

　　"问"是天子有事时，诸侯派遣使者聘问天子，所以又称"时聘"，意思是聘问的时间不是固定的。"视"是诸侯定期派遣使者聘问天子，又称"殷眺"。侯、甸、男、采、卫、要（蛮）六服诸侯定期与天子相会，天子也每十二年出巡一次，与各地诸侯相会。但在第一年、第七年、第十一年等年份（参表 1-1），却只有侯服诸侯与天子相会于王畿，这就叫"一服朝之岁"。在这样的年份，为了保证中央能充分了解诸侯国的政治得失并做出奖惩，除侯服以外的诸侯国都要派遣使者（由各国大夫充任）来聘问天子，因众人云集，故称为"殷眺"。

有学者指出，按照举行时间，宾礼可分为定时与不定时两大类，朝、宗、觐、遇四时会见和视（殷眺）是定时的；会、同、问是不定时的。按照行礼者也可分为两类，即问、视系诸侯派遣使者朝见天子，其余均为诸侯亲自朝见[1]。后世宾礼的范围有所扩大，天子派遣使者至诸侯国，诸侯国之间派遣使者交相聘问，以及诸侯会盟，乃至宾主相见等，均可称为宾礼。

（四）军礼

军礼是指有关军事方面的礼仪以及其他动员大量人力的活动，有大师、大均、大田、大役、大封诸礼，《周礼·春官·大宗伯》说：

> 以军礼同邦国：大师之礼，用众也；大均之礼，恤众也；大田之礼，简众也；大役之礼，任众也；大封之礼，合众也。

军礼包括出征、赋税、阅兵、劳役、封疆等仪制。其目的在于统一、匡正并维护诸侯邦国之间正常秩序与制度，同时训练、检阅军事力量。

1　吴安安：《五礼名义考辨》，第 71—72 页。

大师之礼是天子或诸侯的征伐行动，史载，古代命将出征、载主远征、凯旋献俘，每每都要举行大师之礼。

大田之礼是春夏秋冬四时的田猎活动，分为春蒐（sōu）、夏苗、秋狝（xiǎn）、冬狩，古代的军事演习、军容和军事实力的检阅也往往依托于这种田猎活动。

大均之礼、大役之礼、大封之礼三项，都是借助军事力量的威慑力来实施国家事务的活动：大均之礼是王在畿内、诸侯各自在自己的封国内依仗军事力量来校比户口、厘定各项赋税，这样就减少了推行的阻力；大役之礼是国家在筑城邑、建宫殿、开河、造堤而无偿征发民工时，为保这种大规模土木工程迅速完工，而采用军法管理、部勒的仪制；大封之礼是依靠军事力量的支持和保障来勘定国与国、封地与封地间的疆界。

（五）嘉礼

嘉的意思就是美好，郑玄说："嘉，善也，所以因人心所善者而为之制。"[1]嘉礼一共包括六个方面的礼仪，一如《周礼·春官·大宗伯》所说：

> 以嘉礼亲万民：以饮食之礼亲宗族兄弟；以昏冠（guàn）之礼亲成男女；以宾射之礼亲故旧朋友；以飨燕之礼亲四方之宾客；以脤（shèn）膰（fán）之礼亲兄弟之国；以贺庆之礼亲

1　〔清〕阮元校刻：《十三经注疏·周礼注疏》，第760页中。

异姓之国[1]。

故嘉礼就是饮食、昏冠、宾射、飨燕、脤膰、庆贺等六种吉庆之礼的总称，以亲和人心为要义。

饮食之礼，包括君王与族人定期和不定期举行的饮礼与食礼。饮礼和食礼都需要陈设酒浆、饭、菜肴。但行饮礼时，饮而不食，饭和菜肴要荐献给祖先；行食礼时，则食而不饮，用酒浆奠祭祖先。通过饮食之礼，可以维系宗族兄弟之间的亲近关系。

昏冠之礼，指为成年男女举行的冠礼和婚礼。王、国君（诸侯）、卿、大夫、士成年时均要举行冠礼，即给男子戴上帽子，用以表示成年。孔颖达推测，古代贵族举行冠礼以示成年的年龄并不相同：天子与诸侯十二岁，大夫十六岁，士庶二十岁。总体而言，地位越尊贵，举行冠礼的年龄越早。女子的成年礼叫作笄（jī）礼，就是将女子的头发盘起来并用簪子固定。男子已冠叫作"成男"，女子已笄叫作"成女"，这样才能进行婚嫁，并承担起继承宗庙、养育后嗣等各项社会责任。故而冠礼和婚礼的功能，合称为"亲成男女"。"婚"的本字作"昏"，这是因为婚礼中最重要的一个环节叫作"亲迎"，即男方至女方家迎接新娘，这个礼仪环节在黄昏时举行，取"阳往而阴来"[2]之意，所以叫作"昏"。今天通用的"婚"字，实际上是"昏"的衍生字、后起字。传统的婚礼有六个环节，分别是纳采、问名、纳吉、纳征、请期、亲迎。

1　〔清〕阮元校刻：《十三经注疏·周礼注疏》，第760页中。
2　〔清〕阮元校刻：《十三经注疏·仪礼注疏》，第961页中。

宾射之礼是三种射礼的一种，另外两种分别叫大射和燕射。传统的观点认为，宾射是发生在王与诸侯之间、诸侯之间、诸侯与臣僚之间，是分立宾主并比射的礼仪，即"二曰宾射，为列国诸侯来朝于王，或诸侯自相朝聘，或孤卿以下，礼宾而射，谓之宾礼。皆行之于朝，或行于庙"[1]。现代学者的研究成果则认为，宾射实际是就王或天子而言的。天子少年时入国学学习，与诸侯、卿大夫、上士子弟结为朋友，"宾射即天子与有同窗之谊的同姓或异姓诸侯、大夫、士较射"[2]，故而说宾射的礼仪功能是亲近朋友。这个说法更为合理。

飨燕之礼是指王用飨礼和燕礼，接待四方朝聘的诸侯或其使者。飨礼也称享礼，是规格最高的待客之礼，在宗庙中举行，以肃敬为礼意，要陈设太牢和酒食，按照宾的爵位等级，上公行九献之礼，侯、伯行七献之礼，子、男行五献之礼。主人酌酒献宾，宾酢答主人，主人酬答宾，这一整套流程叫作"一献"。但实际上主、宾并不饮酒食肉，故飨礼主要是象征性的。燕礼就是宴礼，其规格比飨礼、食礼要低，在"寝"，也就是正厅正堂中举行，以饮酒为主要内容，主宾之间仅行一献之礼，然后开怀畅饮，宾主尽欢。无论是飨礼还是燕礼，其礼仪功能都是亲和四方来朝的宾客。

脤膰之礼和庆贺之礼的施礼对象分别是同姓和异姓之国。脤是祭社稷的肉，膰是祭宗庙的肉。脤膰之礼就是将祭祀宗庙社稷

1　〔唐〕杜佑撰，王文锦等点校：《通典》，中华书局 1988 年版，第 2108 页。

2　吴安安：《五礼名义考辨》，第 80 页。

所用的肉分赠给同一个祖先派生出来的同姓之国、兄弟之国，令其同享祖先的赐予，以实现增进宗族内部感情、协和中央与邦国之间关系的礼仪功能。异姓之国虽然不是同一祖先派生出来的，但与自己有婚姻甥舅等关系，故要以贺庆之礼对待之，也就是在有喜庆之事时，派遣使者致送礼物，以示庆贺。

后世的嘉礼愈发丰富。如天子按期巡视天下的巡守礼，新君即位的改元礼，正旦、冬至、圣节（皇帝生日）的朝贺礼，皇后、皇太子受贺礼，尊太上皇礼，学校礼，养老礼，职官礼，会盟礼等，均属于嘉礼的范围。

（六）礼不下庶人

总结以上吉、凶、宾、军、嘉的五礼体系可以发现，其主体内容是针对古代的王、侯、大夫、士等统治阶层的人而言的，是他们侍奉上天、统御万民、建立国家、组织军队、协和邦国等各项职能的制度化、条文化的产物。五礼体系巨细靡遗地规定了王朝、诸侯国、家（指大夫和士的家族）的各项事务，从其制定的本意来说，这些礼制条文并不是为普通老百姓或曰"庶人"而定的，故《礼记·曲礼》说"礼不下庶人"。当然，这绝不是说庶人没有礼仪可以遵守，更不是说庶人生活不需要礼仪的规范。要准确理解这句话，我们就需要回到"郑注"和"孔疏"。"郑注"即集汉代经学大成者郑玄对《礼记》的注释。礼学典籍晦涩难懂，直至经过郑玄的注释以后，才为后人所了解，故历史上有"礼是郑学"的说法。而"孔疏"则是唐代孔颖达对"郑注"的进一步解释。郑注、孔疏在《礼记》诠释史上有着无可取代的地位，直至今日，仍是我们理解《礼记》的主要门径。他们对"礼不下庶人"的注解分别是：

> 郑注：为其遽于事，且不能备物。

> 孔疏："礼不下庶人"者，谓庶人贫，无物为礼，又分地是务，不服燕饮，故此礼不下与庶人行也。《白虎通》云："礼为有知制，刑为无知设。"礼谓酬酢之礼，不及庶人，勉民使至于士也。故《士相见礼》云"庶人见于君，不为容，进退走"是也。张逸云："非是都不行礼也。但以其遽务不能备之，故不著于经文三百、威仪三千耳。其有事，则假士礼行之。"[1]

简单来说，郑注和孔疏表达了两层意思：一是从制度设计的角度来说，庶人不能像士、大夫等贵族一样，常备用于行礼的各种器物，所以无法以庶人为对象为其制作礼仪；二是从礼制施行的角度来说，庶人需要行礼的时候，参照士人之礼，根据实际情况加以减损就可以了。因此，以《礼记》为核心的礼制无法也无须为庶人制定专门的礼仪。那么庶人的生活秩序是如何形成的呢？从二周直至宋代的一千八百多年间，庶人的日常生活如生、老、病、死、冠、婚、丧、祭，主要遵循的是民间"礼俗"。礼俗当中就概括了"礼"的成分，当然也有士、大夫等贵族阶级之礼降格的影响，譬如有一部分贵族丧失了其政治地位和贵族身份，成为平

1　〔清〕阮元校刻：《十三经注疏·礼记正义》，第1249页中、下。

民，他们所掌握的贵族之礼也就下降成为民间生活的一部分。礼俗当中还包括了"俗"，例如各种民间宗教信仰、生活禁忌、风俗传统等。由于"礼"具有区分等级的功能，故而民间生活秩序仍以"俗"为主。也就是说，在这个一千八百多年的"贵族—平民"二元结构社会里，"礼"流行于贵族群体之中，平民生活则主要靠"俗"来调节，"礼不下庶人"正是这个二元结构社会的真实写照。

二、冠婚丧祭：朱子《家礼》的"四礼"体系

隋唐时期科举制的确立与完善，表示以往传统社会结构发生了巨大改变。权力世袭、半世袭的传统士族社会解体了，一个新兴的平民社会逐渐成形，并在宋代完全取代了传统士族社会。正如历史学家钱穆所说："东汉以下，士族门第兴起。魏晋南北朝迄于隋唐，皆属门第社会，可称为是古代变相的贵族社会。宋以下，始是纯粹的平民社会。"[1]宏观来看，在这一平民社会中，皇帝及其亲属位于顶层。出身平民阶层，通过科举考试并成为国家官员的士大夫，构成这个社会的中间阶层。而农民、百工、商贾则是第三个阶层。社会的上下流动主要发生在第二、第三阶层之间。平民通过科举考试，可以成为士大夫官员；士大夫官员的子孙后

1　钱穆：《理学与艺术》，《钱宾四先生全集》第 20 册，（台北）联经出版事业公司 1998 年版，第 280 页。

代，也极有可能在家道中落的情况下，重新成为平民——这就叫"贵者不常贵，贱者不常贱"。故第二、第三阶层均属于庶民阶级，二者之间并没有不可逾越的鸿沟。当然，以上只是就其大略而言，实际情况还要复杂得多。

平民社会定型以后，与传统礼法制度之间的矛盾也随之浮现：一方面，平民生活需要礼仪的指导；另一方面，传统礼法制度却主要适用于贵族阶级。如此一来，新兴的平民社会急需成套系的礼仪制度。故与唐宋之际剧烈的社会变革相呼应，礼学也发生了一次重大转型。魏晋到隋唐，礼学家奉汉儒郑玄为"礼宗"，学术上主要围绕三礼展开注疏，礼学实践则以门阀社会为根底，以丧服制度为主要表现形式，从本质上而言是一种面向贵族社会的注疏礼学、考据礼学。从北宋开始，韩琦、司马光、张载、程颐、朱熹等名臣名儒应平民社会之需求，纷纷致力于人生通过礼仪和家用日常礼仪的建构，故这一时代的礼学重点，就从对传统礼典的知识考古，顺理成章地转向了民间实用礼仪尤其是"家礼"的建构。"家"是平民社会的基本单位，"家礼"就是日常居家生活礼仪。以"家礼"为核心建构家庭和家族秩序，是建构良性社会秩序的基础与前提。宋代很多著名学者、儒臣乃至一般士大夫都致力于实用性"家礼"的建构：有的将目光集中在某一两项礼仪的建构上，譬如韩琦的《古今家祭式》、程颐的《婚礼》和《祭仪》、张载的《横渠张氏祭礼》，就分别侧重于祭礼、婚礼的建构；有的则试图建立一个完整的生活礼仪体系，如司马光的《书仪》、张载的《冠婚丧祭礼》等，就是综合性的礼仪指导手册（详见第三章第一部分）。这些著作有两个共同点：第一，它们都是以经典文献和历史为参照，根据儒家的基本礼义，结合民间礼俗，重新创制而成；第二，它们的礼仪建构目标，都不约而同地指向了冠礼、婚礼、丧礼、祭礼等民间实用的礼仪。

冠、婚、丧、祭"四礼"，在人类学中被统称为"过渡礼仪"。"过渡礼仪"又称"生命礼仪""人生礼仪""通过礼仪"，是法国人类学家阿诺尔德·范·热内普（Arnold Van Gennep）在其同名著作《过渡礼仪》（*Les Rites de Passage*）中提出的一个概念，指那些与人生的转折点有关的仪式。人在一生中，会遇到几个生命的重要的关口，如出生、成年、结婚、死亡等，这些关口意味着个人从一种状况到另一种状况的转换，而要安全渡过这些重要关口必须通过一定的仪式。"过渡礼仪"正是为了个人生命的重要时刻而设立并与之相伴的。他将"过渡礼仪"分为三种：一是分隔仪式（rites of separation），即与原有社会关系脱离和隔绝的阶段，譬如丧葬礼；二是边缘仪式（rites of transition），即从一种状态进入另一种状态的中间阶段或曰等待阶段，譬如怀孕、订婚以及成年礼；三是聚合仪式（rites of incorporation），即与新的社会关系结合为一体的阶段，譬如婚礼[1]。

中华文明以礼乐为内涵，虽然没有"过渡礼仪"之名，却将"过渡礼仪"视为一切礼仪的根本与核心，正如《礼记·昏义》所

1　［法］阿诺尔德·范·热内普著，张举文译：《过渡礼仪》，商务印书馆2019年版，第10页。

说："礼始于冠，本于昏，重于丧、祭。"朱子《家礼》呼应了时代的需求，正是一本以冠、婚、丧、祭为核心的实践性礼仪著作，日本学者吾妻重二干脆将其称为"'冠婚丧祭'之仪礼的实施手册"[1]。《家礼》全书分为五卷，以下我们分别略作介绍。

（一）通礼

《家礼》第一卷叫作"通礼"，即"所谓有家日用之常体，不可一日而不修者"[2]。也就是说，与一般的冠、婚、丧、祭礼不同，这部分收录的是标识家族共同体的根本性礼仪设置，以及每日都要切实践行的常态化礼仪。具体而言包括三个部分，即祠堂制度、深衣制度和居家杂仪。

1. 规定了祠堂制度

顾名思义，祠堂是供奉祖先木主并进行祭祀的场所，也叫宗庙、祖庙。木主则是逝去祖先灵魂所依凭之物。古人认为，人死以后肉体固然会消亡，但灵魂不会死去，而可以依附在木主上面享受子孙的祭祀。因此，这部分内容本来应该放在"祭礼"一篇之中，但朱子在该篇说道：

> 今以报本反始之心，尊祖敬宗之意，实有家名分之守，所以开业传世之本也，故特著此，冠于篇端，使览者知所以先立乎其

1　［日］吾妻重二著，吴震编：《朱熹〈家礼〉实证研究》，第1页。

2　〔宋〕朱熹撰，［日］吾妻重二汇校：《朱子家礼宋本汇校》，上海古籍出版社2020年版，第2页。

大者[1]。

族中全体成员在祠堂中祭祀共同的祖先，同时增进彼此的感情、亲密相互的关系，起到和亲睦族的作用。因此，祠堂就是一个家族共同的神圣空间，也是一个家族在一个地方生存、发展、兴旺的根本标识。故而成立家族，首先要建立祠堂，正所谓"君子将营宫室，先立祠堂于正寝之东"[2]。

但在唐宋以前，平民百姓甚至出身平民的官员都没有立庙、作主、祭祖的资格，自然也没有针对他们做出过相关礼仪规定（详见第二章第二部分）。朱子《家礼》首次以士大夫和庶人阶层为制礼对象，对家庙的规制形制和日常使用做出了系统规定。朱子的构想包括两部分。第一部分是家庙的总体建筑。祠堂是家庙的中间建筑，建在居室前堂或正厅的东侧，分为三间，外面设立"中门"，中门外有东西两个台阶，即主人的"阼阶"和宾客所用的"西阶"；阶梯下随地方广狭建屋，供全家或者全族人站立、行礼；东边再建立收藏先人遗物、祭器的库房，以及制作祭品的"神厨"；再建围墙，将上述建筑物全部围括在内，围墙上开一道门，叫作"外门"。当然，如果地方狭小、家中贫穷，祠堂也可以只有一间房，不设神厨和库房，就用两个橱柜，分别收藏遗物和祭器。第二部分是祠堂内部的陈设。祠堂内部的神圣空间，完全以四世祖考妣的神主为中心进行建构。即在祠堂内部北边制作一个

---

1 〔宋〕朱熹撰，〔日〕吾妻重二汇校：《朱子家礼宋本汇校》，第1—2页。
2 同上，第2页。

架子，分为四个"龛"，每龛内置一张桌子。高祖父母、曾祖父母、祖父母、父母的神主，用"木椟"盛好后，按照从西向东的顺序，朝南边分别放置于龛内的桌子上。每龛之外，用帘子隔断，帘子外又设一张香案，摆放香炉、香盒等物。阼阶和西阶之间，和前面一样再设一张香案。明代永乐皇帝命令胡广编修的《性理大全》，有"家庙之图"和"祠堂之图"（见图 1-2），系官方颁布的权威图式[1]。日本德川时代的儒家学者室鸠巢（1658—1734 年）在其《文公家礼通考》中描绘的朱子祠堂图样，有学者认为其最符合朱子《家礼》之本意[2]。广州的陈家祠，是国内保存最完好的家族祠堂之一，德国人恩斯特·柏施曼在 20 世纪初描绘了其平面图[3]。以上种种，可见祠堂的理想与实践。

1　〔明〕胡广等撰：《性理大全》，景印文渊阁四库全书第 710 册，台湾商务印书馆 1989 年版，第 405 页。

2　可参阅〔日〕吾妻重二著，吴震编译：《朱熹〈家礼〉实证研究》，第 140 页。

3　可参阅〔德〕恩斯特·柏施曼著，赵省伟编，贾金明译：《中国祠堂》，重庆出版社 2020 年版，第 360 页。

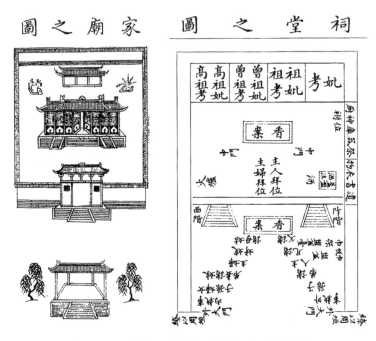

图 1-2　明《性理大全》所载家庙、祠堂图

　　朱子还特意强调了两个问题。一是此处所说的东南西北并不是地理意义上的方位，而是以屋前为南、屋后为北、屋左为东、屋右为西。这是因为人们的居住环境很不一样，房屋的实际朝向也各有不同，必须因地制宜，不能概以地理方位加以限定。二是祠堂之制的各项规定都是一般性的，每个家庭财力有大有小、家族成员有多有少，根据具体情况，祠堂可以建得大一点或者小一点。无力建立祠堂的人家，还可以立"影堂"，也就是供奉祖宗画像或牌位的厅堂。这样一来，士庶阶层建立祠堂、祭祀祖先就有了

可以依循的礼制规定。

祠堂建立起来以后，便成为日常生活与逝世祖先之间的连接点。《家礼·通礼》规定，主人（族长）每天早晨都要到祠堂谒见先人。族人"出入必告"，即出行前应当赴祠堂拜辞祖先，回家后也应当先入祠堂拜祖先，再入家拜父母。"正、至、朔、望则参"，即在元旦、冬至、每月的初一和十五，都要举行一种仪程简易的小型祭祀礼仪。"俗节则献以时食"，即在清明、寒食、重午、中元、重阳等节日，将时令食物如粽子、月饼等荐献给祖先，其仪式与参礼相似。"有事则告"，即家人得到了官职，祖先被追赠了官职，主人（族长）生了嫡长子等情形，都要在祠堂中禀告祖先[1]。此外，祠堂也是冠礼、婚礼、丧礼、祭礼的主要行礼场所；平时家族有什么大事，也可以在祠堂中商议；有什么纠纷，就在祖先牌位面前处理；每年固定的日子，远方的游子要回来参与祭祀活动。假如遇到水火之灾、盗贼之厄，要先抢救祠堂中的神主、祖先遗书、祭器，然后才抢救家财[2]。毫无疑问，在《家礼》当中，祠堂就是家族礼仪生活的中心，故有人说，祠堂就是中国人的神庙。

2. 规定了深衣制度

这部分内容，原来在《家礼》第二卷"冠礼"之后，朱子弟子考虑到深衣作为礼服，并不仅出现在冠礼场合之中，故将其移置于第一卷。所谓深衣，是古代诸侯、大夫、士在夕时所穿着的

1　〔宋〕朱熹撰，〔日〕吾妻重二汇校：《朱子家礼宋本汇校》，第5—12页。
2　同上，第13页。

一种衣服，庶人也可以将深衣当作吉服。古时服饰，上身所着叫作"衣"，下身所着谓之"裳"，深衣则将上衣下裳连为一体，能将身体深深地掩藏起来（所谓"被体深邃"），类似于后世的长袍，所以叫作"深衣"。这种衣服在秦汉以后就逐渐失传了，《礼记·深衣》一章略有记载。在人生重要礼仪关头，士庶应当穿着什么样的礼服，当然也是一个非常重要的问题。故而贵族、平民都能穿着的深衣，进入了朱子的视线。在《家礼》中，朱子重新恢复了深衣的样式，并对其基本形制、剪裁和穿着方式做出了系统规定。

深衣的制作，以指尺为度量单位，所谓指尺，即以人的中指的中间关节长度为一寸，十寸即为一指尺。深衣用质地细腻的白绢为材料，其制作流程是首先制作上衣，然后制作下裳，最后将二者缝合起来，就成为一整件深衣。深衣的具体制作过程及其规制细节，此处不多赘述，有兴趣者可以参见吾妻重二教授的解释[1]。这里，我们仅仅列出明代《性理大全》的三幅"深衣图"（如图 1-3 所示）[2]，使读者有一个直观的印象：

1　〔日〕吾妻重二著，吴震编：《朱熹〈家礼〉实证研究》，第 210—212 页。
2　〔明〕胡广等撰：《性理大全》，第 406 页。

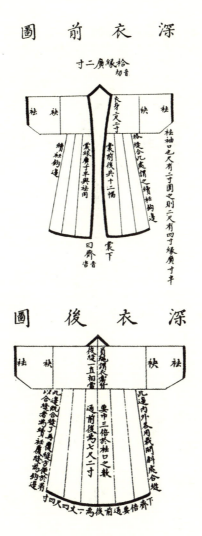

图 1-3　明《性理大全》所载朱子深衣图

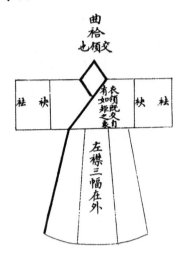

图 1-3　明《性理大全》所载朱子深衣图（续）

　　从上图可以看出，所谓深衣，大约有如下几个特点：一是上
衣用布四片，代表一年四季；二是下裳用布十二片，象征着一年
十二个月，每三片与上衣一片相连缀，则意味着每季有三个月；
三是圆袂，即圆形的袖口，其宽度可以长达一尺二寸；四是方领，
即衣领部分呈现出一个菱形；五是黑缘，即袖口、领口和下裳的
下摆处缝有黑边。与“深衣”配套的，还有大带、缁冠、幅巾、
黑履等，如图 1-4 所示[1]。

1　〔明〕胡广等撰：《性理大全》，第 407 页。

图1-4　明《性理大全》所载朱子大带、缁冠、幅巾、黑履图

　　大带就是宽四寸的白布腰带，系住腰部，打个蝴蝶结，然后再垂下来与下裳齐平。垂下来的部分叫作"绅"，中国传统社会中的"士绅"正因此而得名。此外还要用五彩条布纽织的彩绳作为装饰，长度与"绅"相等。缁冠是一种纸糊的、黑漆的冠，幅巾则是一整块黑缯做成的头巾，穿戴的时候，先戴缁冠，然后罩上幅巾，将两边同色的细带绕至后脑并打结。黑履是黑色的鞋子，但鞋子顶端、鞋口边缘以及鞋带，都用白色作为装饰。深衣与大带、缁冠、幅巾、黑履合在一起，就构成朱子深衣形制的全部内容。

　　在朱子的设想中，深衣这种礼服适用于所有身份的人，适用于全部家庭礼仪场合，甚至可以日常穿着，"是一种不论文服、武服，还是会客时在旁的随从以及在祭祀等场合都可广泛使用的简易礼服"[1]。后世也确实有一部分儒者身着深衣，用以标识自己作为儒家学者，尤其是忠诚的朱子学信徒的身份。但是，深衣并没有像朱子预想的那样，在中国老百姓的生活中得到普遍使用。

1　［日］吾妻重二著，吴震编：《朱熹〈家礼〉实证研究》，第205页。

甚至绝大部分儒者日常穿着的服装，是一种被称为"道服"的服饰。这种服饰由道袍演化而来，样子与深衣有些相似，但结构颇有不同，显得更为轻松、自在。倒是朝鲜王朝（1392—1910 年，大致相当于中国明清时期）对朱子学和《朱子家礼》的极度推崇，使得深衣在朝鲜王朝士大夫阶层中迅速流行开来，成为表现儒者身份的贵重礼服。今天，韩国仍有一些德高望重的老人，在出席、参加冠、婚、丧、祭等重要仪式乃至国家典礼时，会穿着由深衣演化而来的白色黑边的古朴礼服。日本学者吾妻重二教授针对这种情形，得出一个结论："复兴深衣这一在中国未能实现的愿望却在朝鲜得到了实现。"[1]

3. 规定了居家杂仪

这一节是对北宋司马光《书仪》的摘录，原在"婚仪"之中，朱子将其移置于第一卷。其内容包括族长应当如何统率宗族，子女应当如何奉养父母，父母应当如何教养子女，家长应当如何管理家庭等，具体有以下几个方面。

其一，伦理原则。如规定族长自身应当谨守礼法，并用礼法来统御族中的兄弟子侄以及各色人等。儿子、媳妇对待父母、公婆，要做到每日清晨省问他们昨晚是否安便，傍晚要服侍他们安寝，要侍奉他们的日常饮食。平日对待父母公婆，神色必须恭敬，言语要和悦，出入起居要扶持，不能在他们面前哭泣、吐唾沫、

1　[日]吾妻重二著，吴震编：《朱熹〈家礼〉实证研究》，第237页。

高声喧哗，甚至要得到家长允许以后才能坐下。父母公婆有疾病，要亲自拜医求药，寸步不离地亲身服侍，在此过程中，不能嬉笑、宴会、游乐。父母所爱敬的人与事物，做子女的也要爱敬。侍奉父母的核心要义，在于令父母安乐，不违背他们的意志，尽力奉养他们。在家族中，遇到年纪小的侍奉年纪大的，辈分低的侍奉辈分高的情况，都要遵循这一原则。这些林林总总的规定，都是为了利用儒家式的伦理原则来组织整个家庭和家族，以期实现"正伦理，笃恩爱"[1]的目的。

其二，管理方式。这部分内容主要涉及家族、家庭的具体管理。例如，族长要将族中大小事务量才器使地分配给各位家人，使其各有司职，还要考核其是否能够胜任。无论大小事情，族中子弟不可独断专行，必须咨询禀告族中长辈、族长。家族、家庭成员一起吃饭聚餐，男女不相混杂，而是按照男左女右和年长者在上、年幼者在下的顺序排列座位。子女秉受父母之命，要牢记在心，时刻省察并且速速办理，不能迁延。遇上长辈的命令不合理的，要和颜悦色地劝说父母，待其改变心意后再执行新的命令。如果父母不肯改变心意，只要不是过于违背事理，那就要委曲自己的意志、顺从父母的命令。假如父母有过错，要低声下气、和颜悦色地劝谏；谏言不被父母听从，则要更加恭敬、更加孝顺，等到父母心情愉悦时再次进谏；始终不被接纳的，则要冒着得罪族人的风险，多次劝谏。父母发怒，用鞭子、棍棒惩戒子女，子女也

1　〔宋〕朱熹撰，〔日〕吾妻重二汇校：《朱子家礼宋本汇校》，第17页。

不应有怨恨之心，反而要更加恭敬、孝顺。

家中的男女仆人，鸡叫时便要起身，洒扫庭院、中庭和堂室，令家中始终保持整洁，准备好盥洗用具、桌椅、饮食和餐具，侍奉族中成员起床。白天随时恭候并执行主人的命令，各有司职，不可懈怠。对于男仆，要奖励其中的忠信之人、能干之人；对欺诈之人、有私心之人、盗窃之人、弄权犯上之人，则要果断地将其逐出。女仆之间必须讲求和睦，如有争执情形，主人要及时苛责禁止，不听者予以杖责。女仆到了婚嫁的年龄，去留要听从其意愿，对于勤奋而且少过错的人，要出资作为她的陪嫁。而那些搬弄是非、离间骨肉、屡屡盗窃、不自重自爱、背叛主家的女仆，则要被果断地逐出去。

其三，子女教养。族长有教养族中子弟的责任，父母也需要教养自己的子女、媳妇。媳妇不够恭敬、孝顺，公婆不可以憎恶她，而要悉心教导；教导不听从，怒责之；怒责不听从，然后可以用鞭子、棍棒惩戒；连惩戒都不改过，那么就可以让儿子与其离婚。媳妇不孝顺，即便儿子、媳妇夫妻关系很好，也可以令他们离婚；媳妇很孝顺，即便儿子、媳妇关系不是很融洽，也不应随便离婚。对待子女，要从孩提时便开始教育。在他们能自己吃饭的时候，教他们用右手使用餐具；能说话的时候，教他们说出自己的名字，懂得如何回应呼唤，以及向长辈请安的初步礼仪。等到长大一点，就要教孩子们懂得尊卑长幼之礼，如果言行举止没大没小，则要严厉地责骂他，千万不能是非不分。六岁教儿童学习算术、方位，男孩学习写字，女孩学习简单的女红。七岁，将男孩和女孩分开来养育，男孩女孩从此不共席而坐，不在一块儿饮食。无论男女，都要学习《论语》和《孝经》。八岁以后，教导出入门户和即席饮食的谦让之道，男子学习《尚书》，女子不出中门，起居生活在内闱。九岁，男子学习《春秋》和历史，并开始为其讲解儒家典籍中的义理；女子则学习《论语》《孝经》《列女传》《女诫》等。十岁，男子离开家庭，居住在外面的学校里，跟随学校师傅学习《诗》《礼》等经典，老师为其讲解经典，使其懂得仁义礼智信"五常"。从此以后，男子可以读《孟子》、《荀子》、《杨子》（指汉代杨雄的著作）等儒家诸子著作，但对丁释、道二氏的典籍，以及游冶艳丽之文辞，则要绝对禁止。在泛观博览的基础上，还要学习如何作文，这不仅是为了参加科举考试，也是为了应对日常生活中各种书信往来。女子则教导其学习柔顺婉娩之道，以及高级的、复杂的女红。子女从出生到七岁，都叫作孺子，这个时期应当让孩子早睡晚起，饿了就供其饮食。七岁以后，到冠（笄）礼以前，就要讲究礼仪，早睡早起，按时饮食，辅佐成年的亲人侍奉长辈吃饭、祭祀祖先。等到冠（笄）礼以后，就要以成人的要求来要求他（她），不能再说是不懂事的小孩了。

其四，经济策略。族长要整体性地规划整个家族的收支，令家族中上上下下在平时没有冻饿之虞，遇到丧葬、祭祀等事，也能按照亲疏远近获得家族的赙（fù）助，包括钱财、布帛等；还要禁止一切奢靡冗费，适当地贮备财物以应对灾荒、战争等特殊情况。

儿子、媳妇不应当储蓄私人财产，所有的俸禄和田宅收入，都应当交给父母公婆，由长辈统一分配。

整体而言，在《书仪》和《家礼》的设想中，主要是通过推崇族长、家长的权威，将家族成员牢固地团结在一个以血缘为纽带缔结起来的伦理组织之中。而作为一个组织，通过完善的管理方式形成理想的内部秩序，通过子女教育实现家族的良性永续发展，利用经济策略为家族成员提供足够的庇护，同时抵御各种风险，当然也是这个家族必须关心的事情。围绕上述重点，《书仪》和《家礼》做出了非常细致的规定，反映出理学家对"齐家"的高度重视。以今天的眼光来看，其中的一些规定，例如家长可以随意苛责、杖责子女，女性教育仅以女红为主等，都有尊长抑幼、崇男卑女的意味。但在当时来说，能够提出子女应劝谏父母的过失，提出女性也应当接受《论语》《孝经》等经典教育，比之后世民间"天下无不是的父母""女子无才便是德"等异化观念，早出的《家礼》反而是进步的。

（二）冠礼

《家礼》第二卷是"冠礼"。古人的发式与年龄相关。儿童时期从两边自然下垂，叫作"垂髫"，陶渊明《桃花源记》中有"黄发垂髫，并怡然自得"，垂髫指的就是儿童。十五岁谓之"成童"，要将头发束起来，归有光《项脊轩志》有"余自束发读书"一句，意思是自己十五岁时正式接受教育。到了二十岁，则要举行加冠礼，以表示成年，李白《献从叔当涂宰阳冰》诗曰"弱冠燕赵来"，意思是二十岁左右来到今天的北京、河北等地。

古人非常重视冠礼，举行过冠礼以后，就表示这个人不再是家中受照顾的儿童，而是一个需要承担各种社会责任、完全意义上的成年人了。所以冠礼就是古人的成年礼。不止如此，朱子《家礼》也为女性制定了"笄礼"。"笄"就是将女子的头发盘起来并用簪子固定，相当于男子的"冠"，故笄礼也就是女子的成人礼。按照先成人、再成家的逻辑，男子举行过"冠礼"、女子举行过"笄礼"才能婚配。

相较于传统的"士冠礼"，《家礼》为士庶冠礼做出了三条先决性规定。一是士庶举行冠礼的年龄，不再限定于二十岁，而是主张"男子，年十五至二十岁皆可冠"。这是因为家庭贫富有差异，接受教育的时间有早晚，故"能通《孝经》《论语》，粗知礼义"，并且"父母无期以上丧"[1]，就可以举行冠礼。二是与士庶可立家庙的思想相呼应，规定举行冠礼的场所应当在家庙或者正堂之中。这是为了让祖宗神灵看到后世子孙成人而备感欣慰，同时也是为了提醒受冠者，自己成人以后所应当承担的家庭责任。三是延续了传统的规定，要求冠礼须邀请一位德高望重、有较高社会地位的人担任主宾，负责为青年加冠。这是为了向青年人提供一个表率，同时也对他表示良好的祝愿，希望他以后也能成为这样的人。

朱子设计的冠礼，与先秦士冠礼相同，其核心仪式仍是"三加"，

1　〔宋〕朱熹撰，〔日〕吾妻重二汇校：《朱子家礼宋本汇校》，第33—34页。

即三次给受冠者戴上帽子。但《家礼》不再用只有士、大夫以上阶层才能用的尊贵的礼帽、礼服，而是用当时平民也可以穿着的帽子和衣服。第一次为青年戴头巾，穿上我们前面提到过的深衣；第二次为他戴上帽子，穿上成人才能穿的袍服；第三次则加幞头，穿上公服。三次加冠以后，主宾还要为冠者取字。字往往与名相关，是表彰名当中的德行的，这叫作"字以表德"。从此以后，长辈、尊者可以直呼其名，平辈之间互相称呼就要称字，以表示尊重。时至今日，家中有新生命诞生，父母长辈要举全家之力，为孩子取一个好听好记、寓意深远的名字，这是古代重视冠礼、重视名字的礼仪风俗的传承。

（三）婚礼

《家礼》第三卷是"昏礼"。男女成年以后，要适时进行男女婚配。现代人一般认为婚姻是两个人基于爱情的结合，但在朱子的时代，人们并不把婚姻仅仅看作是两个人的事，而是两个家庭、两个家族的大事，也是整个人类繁衍生息的基础，这就是《礼记·昏义》所说的，"昏礼者，将合二姓之好，上以事宗庙，而下以继后世也"。所以，结婚也不是两个人互相欣赏、互相爱慕然后就可以住在一起，而是需要整个家庭乃至家族的参与，要履行完备的礼仪过程。

传统的婚礼有六个环节，分别是纳采、问名、纳吉、纳征、请期、亲迎。朱子《家礼》做了一番删汰的工作，将问名与纳采合并，将纳吉、纳征、请期合并，重新规定了婚礼的四个环节，即议婚、纳采、纳币、亲迎。我们以男性家庭为视角，说明朱子《家礼》中的婚礼的基本规定。

1. 议婚

第一个环节是"议婚"，这是婚礼的准备阶段。议婚的年龄，男子要满十六岁，女子要满十四岁。在当时的认知中，男、女分别在此时达到生理成熟。宋代民间颇为流行结娃娃亲，甚至是指腹为婚。金庸的武侠小说《射雕英雄传》讲杨铁心和郭啸天两人的妻子同时怀孕，两人决定，如果是两个男孩就结为兄弟，如果是两个女孩就结为姐妹，如果是一男一女就结为夫妻。虽是小说家言，但的确符合宋代民间的习俗。朱子反对这种民间习俗，他认为万一将来男方或女方家教不好，或者搬到很远的地方去了，就很容易背信弃约，给男女双方和家庭都带来伤害，所以一定要等男女到了适合婚嫁的年龄，再讨论婚姻之事。议婚的关键，是考察男子和女子的德行如何，家风家法如何，不要攀缘富贵。无论是男方还是女方，有了议婚的对象，要请一位媒人两边说合。古代婚姻中，媒人发挥了很重要的作用，《诗经》就说："娶妻如之何？匪媒不得。"没有媒人，男女不能顺利地婚嫁。传统的观念认为，如果由女方提亲，就显得轻佻、不够庄重；如果由男方直接提亲，万一被女方拒绝，也显得难堪。妥当的做法，是请一位媒人居中传情达意。假设双方有一些意见不一致的地方，媒人也要负责沟通协调，化解矛盾冲突，所以媒人的责任是很重大的。

2. 纳采

经过媒人说合以后，如果男女双方都表示同意，然后就要"纳采"，这就正式进入婚礼的礼仪环节了。纳采是女方一个谦虚的说法，意思是接纳有德君子对女儿的采选。首先，男方的家长到祠堂中，向祖先神灵禀告今日要行纳采之礼，然后派遣使者媒人到女方家中送书信和礼物，书信的内容就是正式的求婚。女方的家长接受这封书信，也要到自家的祠堂中向祖先神灵禀告，然后写一封表示同意的回信。使者将这封信交给男方的家长，男方又要再一次到祠堂中禀告祖先。

3. 纳币

接下来是"纳币"，民间称之为过定、文定，也就是下聘礼。币是染色的缯布，古人把这种布当作礼物。宋代民间也流行送衣服、首饰和酒肉，朱子说也是可以的。但有一个总的原则，叫作"贫富随宜"。反过来说，女方的嫁妆也不要过于奢靡，他引用司马光的话说，过于沉重的嫁妆导致有些人家生了男孩就欢欣，生了女儿就沮丧，甚至为了躲避嫁女的经济负担，形成了扼杀女婴的恶习[1]，这些都是非常不人道的。所以"然则议昏姻有及于财者，皆勿与为昏姻可也"[2]。也就是说，聘礼和嫁妆都要称家之有无，不争多论少。男女婚姻，却贪慕财富，这样的人家就不要与

1　〔宋〕朱熹撰，〔日〕吾妻重二汇校：《朱子家礼宋本汇校》，第55页。
2　同上。

他们做亲家了。

4. 亲迎

最后一个环节叫作"亲迎",也叫迎亲、接亲,其实都是一个意思,指女婿到丈人家迎娶新娘。亲迎的当天,男方的父亲先要到祠堂中向祖先神灵禀告,然后在正厅中告诫儿子,将来要与妻子一同继承家业、敬奉祖先。女方的父亲也要到祠堂中向祖先神灵禀告,然后在正厅中告诫女儿,成婚以后要操持家务、敬侍公婆,母亲也告诫女儿严守礼法。这套礼仪完成以后,女婿请新娘登车,来到夫家。举行交拜礼、合卺(jǐn)礼,然后结成夫妇。第二天一大早,新婚儿媳要拜见公公婆婆和族中的尊长。三天以后,儿媳作为族中的新成员,还要到祠堂中拜谒祖先牌位。再过一天,女婿女儿要回娘家拜见女方的父母,以及女方族中的尊长。这样婚礼才算完成。

朱子设计的婚礼,有三个重要的特征。一是婚姻大事,必须慎重。必须向祖先禀告,必须有父母之命、媒妁之言,不能不告而娶。二是尊重女性的家庭地位和权利。这和一般人对古代"男尊女卑"的固有认识是完全不一样的。三是在传统礼仪基础上,对婚礼的流程做了一定删减,令其更符合平民社会的需求。尽管后来人们仍习惯性地将婚礼称为"三书六礼"——聘书、礼书和迎亲书"三书",以及纳采、问名、纳吉、纳征、请期、亲迎"六礼",但实际上民间社会普遍流行的却是朱子所规定的"三书三礼",即聘书、礼书、迎亲书,以及纳采、纳币、亲迎,议婚则作为预备环节，不计在三礼之中。2009 年，朱子的后裔、华东师范大学朱杰人教授的儿子举办婚礼，就采取了改良后的朱子《家礼》，在当时产生了很大的影响力。美国亚利桑那大学的汉学教授田浩还特意写了一篇文章评价这件事 [1]。这说明，现代人也可以到朱子《家礼》及其所代表的深厚礼仪传统中去汲取灵感，以满足当下的礼仪需求。

（四）丧礼

《家礼》的第四卷是"丧礼"。作为生与死的交界，丧礼的礼仪形式是最复杂的。我们根据《仪礼·士丧礼》和《礼记》相关篇章的记载，将先秦丧礼的重要时间节点、仪节和行礼地点列为表 1–2。

表 1–2　先秦丧礼仪节表

序号	时间	仪节	地点
1	第一日	复；沐浴；饭含；袭	在室
2	第二日	小敛	在室
3	第三日	大敛	在堂，殡于西阶
4	第四日	成服	—
5	第四日以后	筮墓地，卜葬日	—
6	三月而葬（葬前一日）	柩迁于祖庙	祖庙
7	葬日	柩车发行；入穴；返，行初虞之礼	祖庙，墓地

1　［美］田浩（Hoyt Tillman）：《儒家文化如何创新？——写在朱子诞辰 880 周年之际》，《中华读书报》2010 年 10 月 22 日第 09 版。

序号	时间	仪节	地点
8	葬之第三日	行再虞之礼	—
9	葬之第四日	行三虞之礼	—
10	葬之第六日	行卒哭之礼	—
11	葬之第七日	行祔于祖庙之礼	—
12	期（十三月）	行小祥之祭；服练冠	—
13	又期（二十五月）	行大祥之祭，除衰服，服朝服、缟冠	—
14	二十七月	行禫祭，丧毕	—

整个丧礼历时三个年头（二十七个月），故谓之"三年之丧"。丧礼的仪程如此之漫长，仪节如此之烦琐，其背后的礼义到底是什么呢？在《论语·阳货》中，孔子与其弟子之间曾有过这样一段对话：

宰我问："三年之丧，期已久矣。君子三年不为礼，礼必坏；三年不为乐，乐必崩。旧谷既没，新谷既升，钻燧改火，期可已矣。"

子曰："食夫稻，衣夫锦，于女安乎？"

曰："安。"

"女安则为之！夫君子之居丧，食旨不甘，闻乐不乐，居处不安，故不为也。今女安，则为之！"

宰我出，子曰："予之不仁也！子生三年，然后免于父母之怀。夫三年之丧，天下之通丧也。予也，有三年之爱于其父母乎？"

孔子弟子宰予从实用的角度出发，认为三年之丧的丧期过于漫长，提出"期"也就是在一周年结束丧礼的想法。孔子批评宰予的想法为"不仁"，且说明了三年之丧的基本礼义是对父母养育之恩的对等报答，即小孩子生下来，三年才能离开父母的怀抱独立行走。故父母亡故，也要行三年之丧，以表达自己的哀戚。孔子的回答明确了儒家丧礼制度的底线，即"三年之丧"无论如何是不可更改的。唯其如此，朱子《家礼·祭礼》仍以三年为期，其相关规定如表1-3所示。

表1-3　《家礼·丧礼》仪节表

序号	时间	仪节	地点
1	第一日	复；沐浴，袭，奠，为位，饭含；置灵座、设魂帛、立铭旌	正寝
2	第二日	小敛	堂中
3	第三日	大敛	堂中稍西
4	第四日	成服（含丧服制度）	—
5	第四日以后	朝夕哭奠，上食；吊、奠、赙；治葬地，治葬具［墓志、明器、翣（shà）、木主等］	—
6	三月而葬（葬前一日）	迁柩，朝祖，奠赙，陈器，祖奠	祖庙，厅
7	葬日	遣奠；发引；及墓，下棺，祠后土，题木主，成坟；反哭；（初）虞祭	祖庙，墓地，厅
8	柔日（乙、丁、己、辛）	再虞祭	厅
9	刚日（甲、丙、戊、庚）	三虞祭	厅
10	三虞后刚日	卒哭	—
11	卒哭之明日	祔	—
12	期（十三月忌日）	小祥；服练服	—
13	再期（二十五月忌日）	大祥，服禫服，奉神主入祠堂	—
14	二十七月	行禫祭，丧毕	—

此外，《家礼·丧礼》还有两个相当于附录的部分，其中一部分叫作"居丧杂仪"，从《礼记》的相关章节如《檀弓》《曲礼》《杂记》《丧服四制》之中，节录与丧礼有关的内容辑成，并说明这些内容都是古礼，如果有"贤孝君子"，在履行《家礼·祭礼》的各项礼仪规定之后，也可以"自余相时量力而行之"[1]。另一部分是丧主与亲朋之间围绕丧礼的制式文书，包括"致赙奠状""谢状""慰人父母亡疏""父母亡答人书""慰人祖父母亡启状""祖父母亡答人启状"六种。

不难发现，在行礼时间、礼仪流程等大纲大目上，《家礼》基本沿袭先秦古礼。这种为期三年的礼仪设计虽然几近烦琐，却包含了两个礼学目的。第一个目的是慎重、妥当地对待死者，令他们有尊严地离开人世，其基本精神是"生养死葬，善始善终"。第二个目的则是为死者亲属提供明确的行为规范，让他们可以充分地表达自己的孝心与哀情，同时又不至因为过于悲痛而伤及自己。现代心理学的研究表明，长达三年的丧礼制度，有助于在世者逐步接受亲人离世的事实，减弱创伤性应激事件所带来的悲伤创痛，使他们顺利适应亲人离世所带来的一系列变化[2]。

（五）祭礼

《家礼》第五卷是"祭礼"。在儒家观念中，生命包括精神

1　〔宋〕朱熹撰，〔日〕吾妻重二汇校：《朱子家礼宋本汇校》，第164页。
2　邱小艳、燕良轼：《论农村殡葬礼俗的心理治疗价值——以汉族为例》，《中国临床心理学杂志》2014年第5期。

性的"魂"和物质性的"魄"两个部分，生命的产生和存在是魂魄结合的产物，而生命的结束则是魂魄离散的结果。随着魂魄相离，物质性的"魄"会逐渐消亡，精神性的"魂"会游荡而无所不往。丧礼即针对体魄的消亡而设，故其主要内容是对先人遗体（魄）的安排。祭礼则针对长存的精魂而设，认为子孙的精诚可以感动祖先灵魂，使之降临并享受子孙的虔诚祭祀，故而祭礼就是对先人灵魂的安顿。概言之，丧礼和祭礼分别针对的是生命的两个部分和两个阶段。

先秦祭礼乃是天子、诸侯、卿、大夫、士等贵族阶层才享有的特权。宋代以后，在文彦博、韩琦、司马光、张载、程颐等大儒名臣的推动下，一般士庶可以祭祀祖先逐渐得到朝野的普遍认可（参见第二章第二部分）。朱子《家礼》的"通礼"部分，解决了"是否祭祀"的问题；"祭礼"部分，则需要解决"如何祭祀"的问题。朱子将传统祭礼、理学思想、民间风俗和家庭礼仪实践经验结合起来，形成了《家礼·祭礼》的基本规定。

1. 大祭

"祭礼"一卷记载了两个层级的六种祭祀。第一个层级包括时祭、初祖之祭、先祖之祭、祢祭等四种祭祀，在《家礼》中属于大祭。

（1）时祭

时祭也叫作四时祭，即在春、夏、秋、冬四个季节的第二个月（仲月），在祠堂举行全宗族的大祭。祭祀的对象从祭祀者往上数四代，即已经亡故的高祖和高祖母、曾祖和曾祖母、祖父和祖母、父和母，这叫作"祭及四世"。所用的祭品主要有：六种时令水果，六种蔬菜和肉酱，肉、鱼、馒头、糕点各一盘，浓汤和饭各一碗，猪肝一串、肉两串，一共二十多种祭品，但这些都是日常饮食之物，没有什么特别珍贵稀少的食物。朱子强调，只要礼器、祭品洁净完备，就足以表达孝心，而不在于祭品的多少贵贱。祭祀的主要礼仪叫作"三献之礼"，即三次向祖宗木主敬酒、献食。第一次献祭由男主人也就是族长主持；第二次献祭由女主人率领族中的妇女完成；第三次献祭由家中其他男性共同完成。祭祀完成后，祭品要分给全族人共同享用，全族上下则按照长幼排列，聚会宴饮，象征着将祖先赐予的福气均分给大家。

（2）初祖之祭

冬至日的初祖之祭。初祖也叫始祖，围绕何谓始祖，朱子及其弟子曾发生过一段对话：

> 问："冬至祭始祖，是何祖？"曰："或谓受姓之祖，如蔡氏，则蔡叔之类。或谓厥初生民之祖，如盘古之类。"[1]

面对弟子的提问，朱子本人也显得有些游移，给出了两种说法，一种是"受姓之祖"，也就是某一姓氏所能追溯的最早的祖先，譬如蔡姓就需要追溯到西周初期的蔡叔。蔡叔是周武王的弟弟，本为姬姓，因为受封于蔡地，于是以地得氏，为蔡姓始祖。另一

1　〔宋〕黎靖德编，王星贤点校：《朱子语类》第三册卷第九十，第2488页。

种是"厥初生民之祖"，也就是人类的共同始祖，譬如盘古氏开天地、生人物，乃是人类共同的祖先。而在《家礼》中，朱子本人对"初祖"采取了后一种解释。"厥初生民之祖"的说法显然来自《诗·大雅·生民》："厥初生民，时维姜嫄。"据《史记·周本纪》，帝喾的妻子姜嫄（也作姜原）在荒野中践履了巨人的足迹，感而有孕，生下一个男婴。姜嫄认为他是不祥之兆，将这个男婴遗弃在窄巷之中，牛马经过时纷纷躲避；将其移至山林之中，又因为人来人往而放弃；将其弃在冰雪之上，飞鸟就会用翅膀羽翼覆盖这个孩子。于是姜嫄抚养这个孩子长大，并因曾准备遗弃他，而取名为"弃"。弃后来成为尧帝手下主掌农业的官员"后稷"，他的子孙繁衍壮大，形成了周人部落。因此，周人谓姜嫄有"厥初生民"的功绩，并尊其为始祖。换言之，所谓"厥初生民之祖"，也可以是"得姓之祖"，二者又似乎可以调和在一起。而从明清《家礼》的实施来看，人们更愿意祭祀与自己有血缘关系的"得姓之祖"，而非笼统的"厥初生民之祖"。

　　初祖之祭之所以安排在冬至日，则是因为冬至日是阳气初生之时，象征着这一姓的开端之始，"故象其类而祭之"[1]。祭祀的礼节大体上与时祭相同，都采用"三献之礼"。所不同的是，时祭的行礼主体是"继高祖之宗"，但始祖之祭则仅限于"继始祖之宗"。譬如天下姓孔的人都奉孔子为自己的始祖，但只有继承历代衍圣公之位的嫡长子才能举行始祖之祭，其余孔姓人可以参

1　〔宋〕朱熹撰，〔日〕吾妻重二汇校：《朱子家礼宋本汇校》，第 190—191 页。

与始祖之祭，但没有单独举行始祖之祭的资格。而时祭是宗子之祭。譬如孔氏生息繁衍，分出诸多支派，每一支派当然都有自己的宗子，宗子应当举行祭祀四世祖先的四时之祭，这一支派的其余孔姓人也要参与时祭。

（3）先祖之祭

笼统地说，先祖是始祖之下、高祖以上历代祖先的统称，但对于不同的行礼主体来说，所能祭祀的先祖并不相同。祭始祖之宗也就是祭这一姓的宗子，祭祀的对象是始祖以下、高祖以上的历代祖先。祭高祖之宗也就是祭这一支派（这一姓氏支派）的宗子，祭祀对象则是开宗之祖直至高祖以上的历代祖先。先祖之祭安排在立春之日，因为这天是万物生成的开始，象征着这一姓、这一支的生成发展。祭祀的礼节大体上与初祖之祭相同，也采用"三献之礼"。所不同的是，因为先祖是历代祖先（始祖除外）之统称，所以也要按照位数来设置祖先木主并准备相应数量的祭品。

（4）祢祭

"祢"指父庙，也就是亡故的父母的统称。祢祭的行礼主体较时祭和始祖、先祖之祭要更广，无论大宗小宗，只要是父母的嫡长子就可以举行祢祭，其余庶子参与祭祀。祢祭安排在季秋，这是因为农历九月是万物收获的季节，象征着父母养育、成就了子女。但《家礼》只规定了祢祭的月份，没有明确究竟在哪一天举行，所以相较于冬至的始祖之祭和立春的先祖之祭，祢祭多出了"卜日"的流程，也就是通过占卜来确定行礼的具体时间，这一点和时祭相同。其余的礼仪则与时祭、始祖之祭基本相似，仍以"三献之礼"为主体。总而言之，春夏秋冬四时之祭、冬至始祖之祭、立春先祖之祭和季秋祢祭，是《家礼·祭礼》规定的一年之中最重要的七次大祭。

2. 中祭

第二个层级包括忌日之祭和墓祭两种，属于中祭。

（1）忌日之祭

在亡故的高祖父母、曾祖父母、祖父母、父母的忌日举行单独的祭祀即忌日之祭。忌日之祭是专门的祭祀，而祠堂中供奉了多位祖先的神主，譬如父母忌日之祭，自然没有让祖父母、曾祖父母、高祖父母灵魂旁观的道理，所以在祭祀当天要将神主从祠堂奉出，安置在家中正堂并举行祭礼。其礼仪与祢祭基本相当，但只斋戒一天，并且不受胙、不馂（受胙、馂的解释参见第二章第二部分），所以其礼制较祢祭大祭要简省一些。

（2）墓祭

三月上旬的墓祭，也就是后世俗称的扫墓。墓祭的行礼场所不在祠堂，而在祖先墓地。其礼仪是先期斋戒一天；当日先打扫墓地，举行三献之礼。同样用三献之礼祭祀护佑祖先躯体的后土神。

3. 小祭

《家礼》还有第三个层级的小祭，即前面提到的元旦、冬至、每月初一和十五的"参礼"，以及清明、寒食、重午、中元、重阳等节日的"荐礼"。这些小祭不入第五卷"祭礼"，而是放在

第一卷"通礼"之中。

不难发现，《家礼·祭礼》对一年中祭礼的规定是非常复杂的。这在很大程度上与《家礼》脱胎于朱子自家礼仪经验有很大关系，反映了朱子本人对祭礼的极度重视。但在扩展为士庶通行礼仪手册的过程中，朱子又特意强调："凡祭，主于尽爱敬之诚而已。贫则称家之有无，疾则量筋力而行之。财力可及者，自当如仪。"[1]也就是说，财产丰厚、身体强健之人应当履行全部礼仪规定，在此之外，贫穷之家在礼器、祭品等方面可以适当删削，年老有疾之人也可以不拘泥于站立、跪拜等礼节，只要在行礼过程中充分反映出对祖先的爱敬之情就足矣，而这正是祭礼的内核之所在！

以上就是对《家礼》冠、婚、丧、祭礼的简单介绍。与传统的吉、凶、宾、军、嘉五礼体系相比，冠、婚、丧、祭"四礼"体系不涉及中央政府的王朝礼，也不涉及地方政府的邦国礼，甚至也没有涉及地方社会的乡礼和文化、意识形态方面的学礼，它致力于为士庶百姓从成人、婚配到死亡和死后的生命流程提供一整套礼仪规范，这正是它被命名为"家礼"的缘故。朱子及其同时代的名儒巨卿，为什么纷纷将目光投射到"家礼"的制定上？或者说，填补传统礼学的空白，为士庶百姓提供一种规范化的礼仪生活，为什么在两宋会显得如此重要？这个问题实际上与儒家对"礼的功能"和"民的地位"的看法转移有着直接的关系。

1　〔宋〕朱熹撰，〔日〕吾妻重二汇校：《朱子家礼宋本汇校》，第 190 页。

第二章

《家礼》的理学内核与庶人精神

对朱子而言，"理"既是世界的本原，也是世界发展的终极理想。宋代蓬勃发展的平民社会，则是朱子所立足的现实，也是亟待他予以改造的对象。而朱子编写的《家礼》，就像一座桥梁，一头搭在现实世界，另一头则通向理想的"理世界"。如此一来，理学内核与庶人精神就同时灌注在朱子的《家礼》当中，构成这部著作的两个明显特质。

一、朱子《家礼》的理学内核

宋代理学或曰道学的时代哲学思潮，要求将万事万物都纳入一个一元化的哲学框架下加以理解。作为儒家修身、治世的传统工具，礼的起源、本质、制造、功能诸问题，也需要在理学的框架下重新获得说明。如此一来，就必须对"礼"做出一种理学化的定义。

（一）"礼"的理学定义

朱子基于自己的理学观念，继承和发展了前代礼学思想体系。朱子礼学的创造性，集中体现在他对"礼"的定义上。

在朱子以前，礼的定义大约有四种：一是"礼也者，理也"；二是"礼者，履此者也"；三是"礼也者，犹体也"；四是"礼，节文也"。前三种定义分别出自《礼记》的《仲尼燕居》《礼器》

《祭义》等篇，都是一种训诂学的训释。在古汉语中，读音相同或相近的字，语义上也常常互相关联，因为它们往往是从同一个语源孳生出来的。古代经典诠释者就充分利用古汉语的这一特性，用"理"（读音相近）、"履"（读音相近）、"体"（繁体的"禮""體"二字读音、字形均相近）三个字来解释"礼"。首先，礼意味着分理，即合理地区别尊卑、贵贱、宾主、内外、亲疏等身份等级。其次，礼意味着体例、体制，人人都要按照礼的规定生活，既不能自甘堕落，也不能随意僭越。最后，礼还意味着践履，即人人都应恰如其分地履行社会义务、承担社会责任。因此，"理""体""履"分别彰显了礼的三层基本意涵：分理、体制、践履。第四种定义则出自《孟子·离娄上》。孟子曰："仁之实，事亲是也；义之实，从兄是也。智之实，知斯二者弗去是也；礼之实，节文斯二者是也。"这里的"节文"作动词用，指"调节"和"修饰"，意思是对"仁""义"二者，"既能合宜地加以调节，又能适当地加以修饰"[1]。

　　《论语》中，"礼"字首次出现于《学而》中的"礼之用，和为贵"。而朱子在倾注了自己毕生心血的《论语集注》中，为"礼"下了一个定义："礼者，天理之节文，人事之仪则也。"这个定义不仅继承了古代"礼"的四种定义，还增添了宋代理学的新含义，这是朱子对"礼"的一种创造性诠释。通过这一定义中的四个关键词，我们可以充分理解朱子的礼学思想。

1　杨伯峻：《孟子译注》，中华书局1960年版，第183页。

　　第一个关键词是"天理"。众所周知，朱子学之所以被称为"理学"，正是因为他以"天理"为最高的哲学范畴。而先秦时期"礼者理也"的"理"，犹只是分理、分别的意思，尚不构成一切事物的本源与本体。因此，当朱子将"礼"与"天理"连接起来时，就以天理为依据，赋予"礼"一种彻底的合理性，并令其具有了超越性的意味。

　　第二个关键词是"节文"。有学者认为，此处的"节文"与《孟子》中的意思完全一样，即通过节制和文饰两种方法调节人情，使过者和不及者均得以归复礼之正道[1]。这种说法着眼于礼的功能，但并非礼的究竟之义，因为"天理"是完全圆满的，是无法被"节文"的——天理毋庸被削减，也无法被增添。这里的"节文"应当从宇宙生成和文明发展的角度来理解。在朱子学当中，形而上的天理弥纶天地、范围宇宙，却不拘于任何形体。理在气中，主宰着气，通过气的作用形成万事万物。故天理又体现在形而下的事事物物之中，这叫作"万物各有一太极"[2]，"太极"正是"理"的别名。事事物物各有形体、互相区别，正是理的规定、气的聚散的结果。由此呈现出事事物物的区别，就叫作"节文"。与自然之"节文"不同，礼之"节文"是由人所制定的。人类运用自己的智慧，发展出更为灿烂的文明，制做出更为精巧的器物，由此形成的与自

1　孙致文：《朱熹〈仪礼经传通解〉研究》，（台北）大安出版社 2015 年版，第14—17、21—24 页。

2　〔宋〕黎靖德编，王星贤点校：《朱子语类》第四册卷第九十四，第 2551 页。

然之理一脉相承却又更为精细的"节文",就是人类社会的"理"和"礼"。因此,所谓"天理之节文"固然继承了"礼,节文也"的命题,但这里已经不再是增益和删削之意,而是说"礼"就是"天理"的显现。[1]

第三个关键词是"人事"。理是本体,所形成的种种事物则是功用,由此形成了理事关系、体用关系。"天理"属于理和体的层级,是整体的、抽象的原则。"礼"则属于事和用的层级,是直接应用于人事的分殊的、具体的原则,是对人与自我、人与物、人与人、人与社会、人与天地鬼神等关系的调节,由人来制定,也主要在人事上起作用。但正如前文所说,礼是天理的呈现,礼作为礼,必须上符(天)理。故礼虽然属于事和用的层级,但又贯穿理和事、体和用。因此,朱子在指出理为体、礼为用的同时,又说"礼自为体",意思是"礼"一旦形成,就自有其体制、体例,直接作用于人类社会的,不是高悬的"天理",而是具体的"礼"。这一说法无疑补充和发展了"礼者体也"的定义。

第四个关键词是"仪则"。仪则就是公共性的仪轨、法则。礼的公共性来自于两个方面,一是天理。天理是至公至正的,理想的礼就是天理的直接显现,自然也是至公至正的。二是人性与人情。理学家认为人类存在着普遍的人性,人类的基本情感也是彼此相通的,普遍的、共同的人性人情也就是人的类属性,将普遍的、共同的人性人情条文制度化,就形成了礼,故礼也是普遍的、

---

[1] 刘依平:《朱子礼学及其思想研究》,武汉大学 2018 年博士学位论文。

共同的。由此形成的礼天然地具有一种公共性，并在社会生活中具有规约性和强制性。这意味着礼有一种内在要求，即必须被切实地履行，如果有人不能履行礼，自然也就违背了天理与人性。因此，传统的"礼者履也"的定义，也被收摄在"仪则"一词当中。

尽管朱子并未在《家礼》中提及自己对"礼"的定义，但是他的弟子、女婿以及礼学继承人黄榦，在《家礼·序》的开篇却引用和阐发了这一定义。他说：

> 昔者闻诸先师曰："礼者，天理之节文，人事之仪则也。"盖自天高地下，万物散殊，礼之制已存乎其中矣。于五行则为火，于四序则为夏，于四德则为亨，莫非天理之自然而不可易。人禀五常之性以生，则礼之体始具于有生之初。形而为恭敬辞逊，著而为威仪度数，则又皆人事之当然而不容已也[1]。

五行是构成整个世界的五个基本要素。四序即四时，四季变化是阴阳消长的产物，也是天道流行的表征。四德即《周易》所说的"乾"之四德——元、亨、利、贞，而"乾"则在整个宇宙的生成过程中具有开创和统领的作用，即《周易·系辞传》所说的"大哉乾元，万物资始，乃统天"。以上五行、四时、四德代表着天道。五常之性即仁、义、礼、知（智）、信，代表了人道。北宋以来的理学家们基于天人贯通的思想，常常将五常、五行、四时、四德配合起来加以通盘阐述。这一观念在朱子处发展成一

1　〔宋〕朱熹撰，〔日〕吾妻重二汇校：《朱子家礼宋本汇校》，第 1 页。

个系统，可以用表 2-1 加以表示。

表 2-1　五常、五行、四时、四德相配表

五常	四时	五行	四德
仁	春	木	元
礼	夏	火	亨
义	秋	金	利
知	冬	水	贞
信	夏秋之交	土	—

　　"仁"有生长和开端之意，故与四时中的"春"、五行中的"木"、四德中的"元"相配。"礼"具有成长和文明发达之意，故与四时中的"夏"、五行中的"火"、四德中的"亨"相配。"义"具有成就、决断和杀伐之意，故与四时中的"秋"、五行中的"金"、四德中的"利"相配。"知"（智）具有冷静、收敛和周遍之意，故与四时中的"冬"、五行中的"水"、四德中的"贞"相配。至于五常中的"信"，在这一体系中居于一个特殊的位置，"只是证实仁义礼智的实有"[1]，也就是证明人性中实有此仁、实有此义、实有此礼、实有此智。故"信"与四时中的"季夏"和五行中的"土"相配，"季夏"并不是一个单独的季节，而是夏季的末尾、四时的中央，是夏天的暑气至此而止、秋天的阴气自此而生的一

---

[1]　陈来：《朱子思想中的四德论》，《哲学研究》2011 年第 1 期。

个转折点。按照五行方位学说，木在东，火在南，水在北，金在西，土居于中央。没有季夏，四时季候不得分明；没有中间的土，五行方位不得排列。要言之，作为五种最根本的人性之一，"礼"是与四时、五行、四德的天道或自然之道相配的，具有"天理之自然不可易"的本体意义，这正是朱子所说"天理之节文"的意思。正如他跟自己的学生讨论天理与典礼的关系时，就曾经说道：

> 这个典礼，自是天理之当然，欠他一毫不得，添他一毫不得。惟是圣人之心与天合一，故行出这礼，无一不与天合。其间曲折厚薄浅深，莫不恰好。这都不是圣人自撰出，都是天理决定合着如此。后之人此心未得似圣人之心，只得将圣人已行底，圣人所传于后世底，依这样子做。做得合时，便是合天理之自然[1]。

人从出生时，就秉承了仁、义、礼、智、信的五常。所以礼的体制，也就在人生之初就形成了。这种体制显现出来，既表现为恭敬的容貌和辞逊的仪态，又表现为外在的威仪和行为的节度。这是一切人事的当然之理，绝不容违背。要言之，将礼视作本源的、自然的人性，以及一切人事的准则，这也正是朱子所说"人事之仪则"的意思。

因此，我们可以将朱子的"礼"总结如下：礼是幽隐的、形而上的天理在形而下的世界中的显露；是人类在自身文明发展过程中，对自然之理的摹写与丰富；与属于理、体层面的天理相对，

1　〔宋〕黎靖德编，王星贤点校：《朱子语类》第四册卷八十四，第2341页。

礼属于事和用的层级，但又贯穿理事、体用之中；礼形成以后，自有其体例，不容混淆，并且要求被切实地履行。这一礼学理论体系，有着鲜明的宋代理学特色，是在继承前代礼学理论体系的基础上，作出的创新性发展。

（二）"鬼神"观念的理学化

礼莫重于丧、祭。而丧、祭二礼的成立，自然以祖先神灵的存在为前提，但以孔子为代表的先秦儒家，在鬼神问题上采取的似乎是一种不欲深论的态度。如《论语·先进》有：

> 季路问事鬼神。子曰："未能事人，焉能事鬼？"敢问死。曰："未知生，焉知死？"

孔子就没有正面回答子路的鬼神之问和生死之问。但是，在丧、祭礼仪的具体实施上，《礼记·中庸》又强调"事死如事生，事亡如事存"，《论语·八佾》则强调"祭如在，祭神如神在"，这意味着他又认为鬼神是存在且有知的。那么，孔子对鬼神到底采取了什么态度呢？从礼仪实践的角度来看，"祭如在"并不是说在整体上虚设鬼神的存在，而是说由于生死相隔，祭祀者并不知道鬼神是否降临、何时降临，因此并不存在一个明显的界限——鬼神降临以前，祭祀者可以懈怠；鬼神降临之后，祭祀者才需要虔敬。恰恰相反，在具体的祭祀场景中，祭祀者只有认为鬼神已经降临，并始终保持虔敬的态度，才是合乎祭礼的要求的。从这个意义出发，回溯"未能事人，焉能事鬼"和"未知生，焉知死"

的说法，自然也并非真正的存而不论，而是对子路的要求与告诫，"要与鬼神保持距离，而专注于人的世界"[1]。

先秦儒家相对克制的鬼神观念，在唐宋时期遭遇到佛教、道教的挑战。佛教以生死轮回为基础理论之一，尤其是在民间传播过程中，佛教用变文、俗讲、图绘等种种形式，详细描述了十八层地狱的种种可怖之处，以及死亡以后生命进入六道轮回的种种形态，从而利用民众好生恶死的心理来宣传教义、吸引教徒。不仅如此，佛教还将其他宗教、民间信仰中的神纳入自己的体系当中，成为诸天鬼神，也就是佛、菩萨的护法神。譬如二十四诸天中的大梵天、大功德天、帝释天等，都取自婆罗门教；紫微大帝、东岳大帝等，则取自道教。由此构建起佛教的鬼神系统，引人崇拜。

北宋真宗时期，进士张君房受命编纂《大宋天宫宝藏》，并撮其菁华，荟萃为《云笈七签》一百二十二卷。按这部道教类书的记载，道教神仙被划分为四个层级。第一个层级为三代天尊，即元始天尊、太上玉皇天尊、金阙玉晨天尊；第二个层级为三宝君，即天宝君、灵宝君与神宝君；第三个层级为九宫诸仙，包括仙王、仙卿、仙伯、仙大夫等；第四个层级为九仙、九真、九圣。这些神仙居住在三十六重天之中。三十六重天由下而上，分为欲界六重天、色界十八重天、无色界四重天、四梵天、三清天、大罗天，

1　［美］普鸣（Micheal Puett）著，张常煊、李健芸译：《成神：早期中国的宇宙论、祭祀与自我神化》，生活·读书·新知三联书店 2020 年版，第 136 页。

每一天都由相应的神仙统领[1]。又援引唐代高道司马承祯的《天地宫府图》，将天下名山洞府分为三类。第一类乃"上天遣群仙统治之所"的十大洞天；第二类为"上仙所统治之处"的三十六小洞天；第三类是"上帝命真人治之"的七十二福地[2]。于是乎漫天神仙又与洞天福地的观念结合在一起。此外，唐宋金元时期，道教灵宝派、上清派、正一道派，主张用符箓来祈福禳灾、驱鬼降妖，进一步助长了老百姓的鬼神崇拜，并深刻地影响了民间社会的日常生活。

因此，对儒家哲学体系中的鬼神做出新的说明，破除佛教、道教的鬼神信仰，同时为家族丧葬、祭祀礼仪提供理论基础，成为横亘在朱子面前的一道难题。而在朱子的《家礼》之中，"鬼神"也的的确确是随时"在场"的：冠礼和婚礼，都要向祖先神灵多次禀告；丧礼在安葬棺椁以后，其后的礼仪就是针对祖先木主（或牌位）而举行的；祭礼中，所有礼仪都针对祖先牌位而展开。也就是说，在《家礼》所设定的冠、婚、丧、祭"四礼"中，祖先神灵是各项礼仪活动的对象和参与者。但朱子所理解的鬼神，与原始儒家、佛教、道教的鬼神观念都不同，乃是一种理学化的鬼神观念。在《中庸章句》中，朱子这样解释"鬼神"：

> 程子曰："鬼神，天地之功用，而造化之迹也。"张子曰："鬼

1　〔宋〕张君房编，李永晟点校：《云笈七签》第一册，中华书局2003年版，第33—34、36—37页。

2　〔宋〕张君房编，李永晟点校：《云笈七签》第二册，第609、611、618页。

神者，二气之良能也。"愚谓以二气言，则鬼者阴之灵也，神者阳之灵也。以一气言，则至而伸者为神，反而归者为鬼，其实一物而已[1]。

二程将鬼神视作天地自然的功能妙用，是神妙莫测的造化的外显，并且明确地提出过"气外无神"[2]。张载则将鬼神看作阴气和阳气——宇宙间两种最根本的因素的本能。而朱子在此基础上，进一步明确说鬼是"阴之灵"，也是气的凝聚与归复；神是"阳之灵"，也是气的舒张与伸展。因此，鬼神就是阴阳二气，而非阴阳二气之外别有所谓鬼神者，一如研究者所指出的，"鬼神并不是气以外的东西"，也"不存在阴阳之外的鬼神"[3]。问题在于，如果说祖先神灵不过是阴阳二气而已，那么他们又怎么会歆享人们的祭祀呢？所以，朱子特意说明祖先神灵不仅是阴阳，而且是"阴阳之灵"。也就是说，作为魂的那部分阴阳之气，是最精华的部分，是具有知觉能力的。这种知觉能力，又被称为"感格"：

> 问："人之死也，不知魂魄便散否？"曰："固是散。"又问："子孙祭祀，却有感格者，如何？"曰："毕竟子孙是祖先之气。他气虽散，他根却在这里；尽其诚敬，则亦能呼召得他气聚在

1　〔宋〕朱熹：《四书章句集注》，第 25 页。
2　〔宋〕程颢、程颐著，王孝鱼点校：《二程集》第一册，中华书局 1981 年版，第 121 页。
3　傅锡洪：《宋代理学鬼神论的形成——以朱子"阴阳之灵"的观念为中心》，《中山大学学报》2018 年第 5 期。

此。……他那个当下自散了，然他根却在这里。根既在此，又却能引聚得他那气在此。此事难说，只要人自看得。"[1]

围绕朱子的"阴阳鬼神"和"感格"学说，有学者解释道："个体有限的私我的气一定会散尽，但是某种体现传承的、集体的气则不会散尽。一旦把人置入家族的生命全体，就可以超越个体的有限性，实现某种意义的不朽。家族的延续是生命不朽的实现方式，而祭祀则是这种不朽的展现。"[2] 要言之，朱子以阴阳二气来理解鬼神，从而维护了理学体系的完整性，又用感通理论来解释祭祀，从而维护了丧葬、祭祀等礼仪的必要性。正是通过这两方面的学说，朱子提出了一种理性主义的鬼神祭祀理论，并且与家族观念密切结合在一起，为个体必须在家族中生存、生活、发展提供了说明。

这种理性主义的态度，也反映在丧葬择地一事上。宋代民间丧葬礼受到阴阳风水之说的影响，往往经年累月、停柩不葬，"既择年月日时，又择山水形势，以为子孙贫富贵贱贤愚寿夭尽系于此……至有终身不葬，或累世不葬"[3]，"今世俗多殡于僧舍，无人守视，往往以年月未利，踰数十年不葬，或为盗贼所发，或为僧所弃，不孝之罪，孰大于此"[4]。针对这种情形，朱子《家礼·丧礼》明确要求"三月而葬"，即亡人棺柩的安葬一般不超过三个月；

1　〔宋〕黎靖德编，王星贤点校：《朱子语类》第一册卷三，第 51—52 页。

2　赵金刚：《朱子思想中的"鬼神与祭祀"》，《世界宗教研究》2017 年第 6 期。

3　〔宋〕朱熹撰，〔日〕吾妻重二汇校：《朱子家礼宋本汇校》，第 109 页。

4　同上，第 87 页。

在葬地上，则援引司马光、程颐的话，对择地做出儒家化的解释：

> 然孝子之心，虑患深远，恐浅则为人所抇，深则湿润速朽，故必求土厚水深之地而葬之，所以不可不择也。
>
> 然则葬谓地之美者。土色之光润，草木之茂盛，乃其验也。父祖子孙同气，彼安则此安，彼危则此危，亦其理也。而拘忌者惑以择地之方位，决日之吉凶，不亦泥乎。甚者不以奉先为计，而专以利后为虑，尤非孝子安厝之用心也。惟五患者，不得不谨。须使它日不为道路，不为城郭，不为沟池，不为贵势所夺，不为耕犁所及也。一本云：所谓五患者，沟，渠，道路，避村落，远井窖[1]。

很显然，司马光、程颐和朱子都不反对慎重地选择葬地。但其所谓择地，与阴阳地理家颇有不同。阴阳地理家认为葬地会对丧主及其子孙后嗣的祸福产生神秘影响，这是一种迷信的说法。而司马、程、朱则认为择美地令亡人得到安处，乃是孝道的具体体现，择地的标准主要是"土厚水深""土色之光润、草木之茂盛"，并需要避开日常生活设施，以免亡人遗体或暴露于野，或为水所淹，或为沟、渠、道路等建设工程所扰动。朱子《家礼》援引并认同司马光、程颐的观点，是一种用儒家丧礼纠正民间陋习的尝试，反映出一种儒家式的道德理性主义意味。

尽管朱子不断强化儒家丧祭礼背后的道德理性主义意涵，但在后世民间社会的礼俗实践中，这一点却并未得到完全的贯彻。

1　〔宋〕朱熹撰，〔日〕吾妻重二汇校：《朱子家礼宋本汇校》，第 109—111 页。

如鲁迅的短篇小说《祝福》中，有一位学理学的鲁四老爷：

> 晚饭摆出来了，四叔俨然的陪着。我也还想打听些关于祥林
> 嫂的消息，但知道他虽然读过"鬼神者二气之良能也"，而忌讳
> 仍然极多，当临近祝福时候，是万不可提起死亡疾病之类的话的，
> 倘不得已，就该用一种替代的隐语，可惜我又不知道，因此屡次
> 想问，而终于中止了。

作为一名"讲理学的老监生"，鲁四老爷书房窗下的案头上，
摆着一部《近思录集注》，"鬼神者二气之良能"一类的理学话
语便出自其中。但他不过是将其当作猎取功名的敲门砖。故而在
死亡之事上有颇多忌讳，显示出极度迷信的成分。而这种迷信的
态度，本来是朱子所极力反对的，却也是明、清两代常人所共有的。
于此可以看出，朱子《家礼》的理学建构是艰难、艰深的，并不
总是能够得到普遍的理解。

二、朱子《家礼》的庶人精神

前文已经提到，唐宋国家礼典的"五礼体系"转变为朱子《家
礼》中的"四礼体系"，本身就是由门阀贵族社会向庶民社会转
化的结果。故朱子《家礼》之中，有着浓厚的庶人精神。郭齐勇
教授指出："程朱理学依持'理'本论所发展出来的所谓'格物
穷理''变化气质'的工夫论以及'家礼''乡约'等社群规范，
正好配合和适应了这一社会的'近世化''文明化'的过程，故

可以说理学的贡献和所起到的作用尤表现在它的社会功能上。"[1]

（一）家庙制度：传统礼制的等级观念

有学者曾说，在传统社会当中，祠堂是中国人的神庙，祖先是中国人的信仰。但事实上，直至朱子《家礼》作出明确规定以前，一般老百姓并没有建立祠堂的资格，能祭祀几代祖先也有极大限制。

祠堂是从传统宗庙制度和家庙制度演化而来的。西周直至春秋战国是一个以分封制为基础的等级社会，王、诸侯、大夫、士、庶人五个社会等级的立庙祭祀规格以及祭祀对象，都有着严格的礼法规定，如《礼记·王制》的记载：

> 天子七庙，三昭三穆，与太祖之庙而七。诸侯五庙，二昭二穆，与太祖之庙而五。大夫三庙，一昭一穆，与太祖之庙而三。士一庙。庶人祭于寝。

按照郑玄对本段的注释，天子七庙分为三个部分。一是由父（考）、祖父（王考或祖考）、曾祖（显考）、高祖（皇考）构成的"四亲庙"。二是由文王庙和武王庙构成的"二祧庙"（又称"二世室庙"），周王朝传承至第五代周穆王、第六代周共王，本来应当按照"亲尽则祧"的礼法原则，先后去掉文王、武王二庙，将神主迁入太祖之庙，但文王、武王奠定了周王朝的基业，功绩巨大，不可不祭，所以将其列为"世庙"，以表明世世祭祀、

---

[1]　郭齐勇：《中国哲学史》，第 252 页。

永远不祧之意。三是太祖之庙，也就是《史记》所记载的周王朝先祖后稷（姬弃）。以太祖庙为中心，四亲庙和二祧庙左右排列，左侧称"昭"，右侧称"穆"，如图2-1所示：

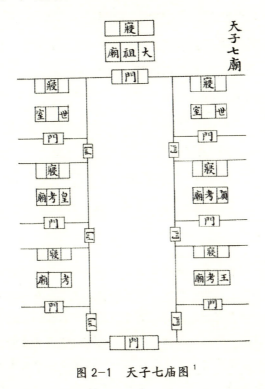

图 2-1　天子七庙图[1]

汉代另一位学者王肃提出了另一种解释。他认为，"天子七庙"是指四亲庙、高祖之父庙和祖庙，以及太祖之庙。郑、王二

1　〔清〕鄂尔泰等撰：《钦定周官义疏》卷四十五，景印文渊阁四库全书第99册，台湾商务印书馆1989年版，第505页上。

家学说虽然有异，但"天子七庙"乃是庙制中最尊贵的等级，其余社会等级所对应的庙数，都是在此基础上降杀（音 shài，意思是等级、等差）而来。诸侯五庙，即减去二祧庙或高祖之父祖二庙，祭祀四亲庙与太祖庙。大夫三庙，即祭祀父、祖二亲庙与太祖庙。这里需要说明的是，尽管诸侯、大夫均可以立太祖庙，但按照"诸侯不敢祖天子，大夫不敢祖诸侯"的礼法规定，他们所祭的不是作为周室共祖的后稷或文王、武王，而是最初的得国之君、封家之主，也就是最初获得诸侯、大夫身份的祖先。士则仅仅祭祀父考庙。庶人礼参照士礼进行，并且在士礼基础上又有所损削，即不再立庙，仅仅在"寝"也就是家中厅堂中祭祀自己的父考。

东周以后，传统家庙制度历经了数次转折，司马光对此曾概括说：

> 及秦非笑圣人，荡灭典礼，务尊君卑臣。于是天子之外，无敢营宗庙者。汉世公卿贵人多建祠堂于墓所，在都邑则鲜焉。魏晋以降，渐复庙制，其后遂著于今，以官品为所祀世之数差。唐侍中王珪不立私庙，为执法所纠，太宗命有司为之营构以耻之，是以唐世贵臣皆有庙。及五代荡析，士民求生有所未遑，礼颓教傓，庙制遂绝。宋兴，夷乱苏疲久而未讲，仁宗皇帝悯群臣，贵极公相，而祖祢食于寝，侪于庶人[1]。

秦自商鞅变法以来，就不再以血缘亲疏进行分封，而是改以

1　〔宋〕司马光著，李之亮笺注：《司马温公集编年笺注》第六册卷第七九，巴蜀书社 2009 年版，第 20 —21 页。

军功封爵。秦始皇灭六国以后，进一步废弃了宗法制度和封建制度，在全国范围内实施郡县制，故只有秦始皇可以建七庙以彰显皇帝的至尊至荣，其余大臣都不敢营建宗庙。汉代将分封制和郡县制相结合，除天子建七庙外，各诸侯王可以在自己的封国建立郡国庙，一般公卿贵人则不在自己的居所旁建宗庙，而是在祖宗坟茔墓地旁建祠堂以供祭祀之用。魏晋乃是以门第士族为主干的社会，士族长期把持了官位，形成了实际上的世袭制度。在他们的主导下，宗庙制度也得到了一定的恢复。

唐代以门阀贵族为建政之基，故社会结构仍与魏晋时期的社会结构有相似之处，上流贵族也往往建有祖庙。司马光文中所提到的王珪正出身"乌丸王氏"，乃南梁尚书令王僧辩之孙。隋文帝时，曾任秘书省太常治礼郎。唐朝建立以后，李渊委任他为中书舍人，辅佐太子李建成。玄武门事变以后，唐太宗将王珪、魏徵召回朝中，倚为股肱，先后任谏议大夫、礼部尚书、侍中等官，并于贞观十一年（637年）与群儒正定《五礼》。王珪本人深明礼学，也经常用礼法制度来劝诫李世民。我们可以根据正史记载，随举两例。

其一：

> 子敬直，尚南平公主。是时，诸主下嫁，以帝女贵，未尝行见舅姑礼。珪曰："主上循法度，吾当受公主谒见，岂为身荣，将以成国家之美。"于是，与夫人坐堂上，主执笲盥馈乃退。其

后公主降，有舅姑者备礼，本于珪[1]。

"舅姑"即公公、婆婆，按照《仪礼·士昏礼》的规定，新婚女子应当在"亲迎"的次日行"见舅姑礼"，以示舅姑与儿媳人伦关系的确定。然而唐代初年，公主下嫁却从不行此礼。这是一种彰显皇权的做法，即将君臣尊卑关系置于家庭伦理之上。王珪的儿子与南平公主成亲，王珪就此事向唐太宗提出了批评：您的行为举止都遵循礼制，为什么独独在公主下嫁之事上却违反礼法呢？我接受公主拜见，不是为了彰显自己身份地位的尊荣，而是要成全皇上遵循礼法的美德。唐太宗接受了王珪的建议。此后，唐代公主下嫁都要行"见舅姑礼"。

其二：

> （贞观十二年）春，正月，乙未，礼部尚书王珪奏："三品已上遇亲王于路皆降乘，非礼。"上曰："卿辈苟自崇贵，轻我诸子。"特进魏徵曰："诸王位次三公，今三品皆九卿、八座，为王降乘，诚非所宜当。"……上乃从珪奏[2]。

唐初，三品以上官员在路上遇见皇子已封亲王者，要下车行礼，王珪认为这同样不符合礼制。唐太宗并不认同，他认为废除这一成例，彰显了高阶文臣的尊贵，却降低了皇室尊严。魏徵也襄赞王珪的意见，指出三品以上的官员，至少已是九卿、八座之

1　〔宋〕欧阳修、宋祁撰：《新唐书》卷九十八，中华书局1975年版，第3889页。
2　〔宋〕司马光撰：《资治通鉴》卷一百九十五，中华书局2007年版，第2363页。

职。所谓"九卿"，即太常、光禄、卫尉、宗正、太仆、大理、鸿胪、司农、太府九寺的长官，"八座"则是尚书省的尚书令、左右仆射以及吏、户、礼、兵、刑、工六部尚书。而亲王的位阶，在中书省中书令、门下省侍中、尚书省尚书令（实际上是左右仆射）等"三公"之下，正与九卿、八座地位相当，自然没有让九卿、八座为亲王"降乘"的道理。唐太宗最后接受了王、魏二人的意见。

王珪本为簪缨世族之后，自己又长期执掌礼部，常常规劝唐太宗恪守礼法，为何在家庙一事上要故意违背礼法呢？《旧唐书》说：

> 珪少时贫寒，人或遗之，初不辞谢；及贵，皆厚报之，虽其人已亡，必赈赡其妻子。事寡嫂尽礼，抚孤侄恩义极隆，宗姻困匮者，亦多所周恤。珪通贵渐久，而不营私庙，四时蒸尝，犹祭于寝。坐为法司所劾，太宗优容，弗之谴也，因为立庙，以愧其心。珪既俭不中礼，时论以是少之[1]。

一方面，当时的豪族往往通过营建家庙来夸耀权势，务求崇高，极尽奢靡。王珪虽然出身名门士族，但历经了少年贫寒与中年显贵两个人生阶段。家境贫寒之时，自然无力营建家庙。至显贵以后，仍保持早年间的节俭习惯，有意地不建家庙。这一举动不仅被当时的人所鄙夷，而且还遭到了法司的弹劾，可见唐代的礼法制度是要求显贵之家必须营建家庙的。司马光正是据此得出了"唐世贵臣皆有庙"的结论。另一方面，王珪由贫寒到富贵，由不立

1　〔后晋〕刘昫等撰：《旧唐书》卷七十，中华书局1975年版，第2530页。

庙到必须立庙，可见乌丸王氏家庙之兴废乃是由人生之穷通来决定的，这就必然与传统家庙制度构成矛盾，一如清代学者毛奇龄所说：

> 古礼最重者贵贵，故祭先之礼，惟贵者始得立庙。如《王制》《祭法》所云："天子七庙，诸侯五，大夫三，适士二，士官师一，庶人祭父于寝。"其多寡等杀，皆以爵位为升降，此惟三代封建之世，世爵世官得以行之。今则贵不长贵，贱不长贱，父贱而子贵，则子立庙，子贵而孙贱，则孙又毁庙。即一人而朝进其官，则朝立庙，夕褫其爵，则夕又毁庙。不转瞬间而骤立骤毁，岂可为制？是以汉唐以来俱无建庙之文[1]。

毛奇龄说汉唐以来没有大臣建庙的礼制，可能过于武断，但他指出传统家庙以"世爵世官"的分封制为基础，则独具慧眼。汉唐以来，伴随着贵族社会的逐渐解体和社会流动的加速，传统家庙制度的社会基础也逐渐瓦解。汉代就有民谚说"朝为田舍郎，暮登天子堂"，又说"白屋出公卿"，指普通人如果孝行突出，得到名公巨卿的举荐，就可以由白身一跃成为朝廷重臣。然而，由于官职爵位不世袭，名公巨卿的子弟也可能沦为庶民，同时一个人终其一生，官职也有升降。如此一来，变动不居的官职与建不建庙、建几座庙、按照什么规制建庙等问题之间就产生了巨大矛盾。这种制度性的矛盾正是传统家庙制度隳败的主要原因之一。

1　〔清〕毛奇龄：《辨定祭礼通俗谱》，景印文渊阁四库全书第142册，台湾商务印书馆1989年版，第745—746页。

故而尽管两汉、魏晋、隋唐时期，仍有部分高官显贵遵循传统礼法要求营建家庙，但整体而言，家庙制度的确是越来越难以被遵守的，到五代十国之时，家庙制度就完全被破坏了。

北宋庆历元年（1041年），仁宗皇帝曾诏令朝臣恢复家庙制度，但直至皇祐二年（1050年），文武百官仍和庶民遵循同样的礼俗，仅仅在"寝"，也就是厅堂中祭祀祖先。直到嘉祐四年（1059年）秋，北宋著名政治家、军事家，历仕仁、英、神、哲四朝的名臣文彦博（1006—1097年）才首次建立家庙，这是北宋贵官有家庙之始。司马光《河东节度使守太尉开府仪同三司潞国公文公先庙碑》记载了这件事。而一般平民仍是不立家庙的，祭祀的对象也仅限于逝去的父母。

与家庙制度一样，在朱子以前的祭祀世数和木主制度，也充分反映了尊卑贵贱的礼制区别。祭祀世数直接与庙制相关，按郑玄的观点，天子可以祭四世，并上溯先祖和有功德之祖宗，如周朝之文王、武王；如果按王肃的观点，天子可以祭六世，并上溯先祖，有功德的祖、宗也应当祭祀，只不过不计算在七庙之内。诸侯祭四世与太祖。大夫祭二世与太祖。士和庶人都只祭一世，区别只在于行礼的场所是庙还是寝。传统木主制度也和祭祀者的身份贵贱相应。宋以前的礼制，"天子、诸侯有主"而"大夫、士无木主"[1]，即只有诸侯（汉制）和三品以上高官（唐制）才能

1　〔清〕凌廷堪撰：《礼经释例》卷十，台湾"中央研究院"中国文哲研究所2002年版，第530页。

用"主"，下阶官员和一般平民只能用神版。北宋文彦博建家庙时，仍"以庙制未备，不敢作主，用晋荀安昌公祠制作神板"。神版是木主的替代物，由晋代荀勖设计，礼制规格较木主颇有降低。吾妻重二根据古代文献，复原了多种古代木主和神版样式[1]，我们取其中两种，以了解木主和神版的区别，详见图 2–2、2–3。

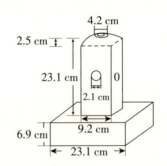

图 2–2　唐代的长方体木主（带底座）

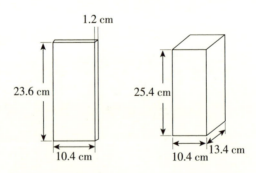

图 2–3　荀勖版神版（左）与神主（右）

1　［日］吾妻重二著，吴震编：《朱熹〈家礼〉实证研究》，第 174—175 页。

文彦博不仅自己被封为潞国公，而且他的曾祖、祖父、父亲也分别被赠封为燕国公、周国公、魏国公，所谓"褒荣三代"。以文氏之功业地位，家庙祭祀都只使用"神版"而不使用"木主"，毫无疑问，更低阶的官员和庶民自然也没有使用"木主"的道理。

概而言之，传统的家庙制度、木主制度以及祭祀世数等问题，都起源于宗法制度，是尊卑贵贱的社会等级在礼法上的具体显现。对于庶人而言，传统家庙制度更偏向于限制的方面，即不能立家庙、不能做木主、不能祭祀父考以上的祖先。这也正是传统礼法制度等级森严的显著表现。

（二）突破传统：祠堂、木主与祖先

等级森严的传统家庙制度与宋代平民社会显然是格格不入的，同时也不符合宋代理学的理性平等精神，故而当时上至名公巨卿，中至老师宿儒，下至平民百姓，都意识到必须改革相关礼法制度。两宋著名大臣、学者如韩琦、司马光、胡瑗、孙日用、杜衍、程颐、吕大防和吕大临、范祖禹、高闶等，都著有专门的日用礼仪著作，他们试图以家礼为中心，以家道和人伦关系的重整为基础，建立一套与当时社会结构相匹配的、稳定的社会秩序。

朱子清晰地理解了前贤们的用意，也继承了他们礼制改革的全部用心，但对于他们礼制改革的成果，则仍有批评：

> 三代之际，礼经备矣。然其存于今者，宫庐器服之制、出入起居之节，皆已不宜于世。世之君子，虽或酌以古今之变，更为一时之法，然亦或详或略，无所折衷，至或遗其本而务其末，缓

于实而急于文。自有志好礼之士，犹或不能举其契，而困于贫窭者，尤患其终不能有以及于礼也[1]。

在朱子看来，专注于贵族社会尊卑等级的传统礼法制度，固然已经不适应宋代平民社会，而宋代前辈学者们的家礼，仍是针对"士"或者说官宦之家制定的。这些礼仪过于强调"文""末"的这一面，冠、婚、丧、祭的礼数设计过于复杂、花费不赀，不仅一般平民无法周全，贫穷人家更有可能终身都无法履行。这样一来，"名分之守，爱敬之实"作为礼之"本""实"，也就不能在当时社会中得到全面贯彻和彻底落实了。换句话说，朱子前辈学者所制定的礼仪，同样不能满足宋代平民社会的礼法需求。

朱子纂写《家礼》，就是要提出一个适应宋代平民社会的礼治方案。故在家庙制度、木主制度、祭祀世数等三个问题上，都较前代礼制有了极大的突破。他的主张可以概括为三点，即"家必有庙""庙必作主""祭及高祖"。以上三个观点，实际上并非朱子的独创，而是继承程颐之说而加以发展的。

首先是"家必有庙"。程颐曾简短阐述过自己的家庙构想，即士大夫均可以立家庙，各种日常祭祀均在家庙中举行；庶人则在影堂——供奉着祖先画像的厅堂开展祭祀活动。由于家庙中同

1　〔宋〕朱熹撰，〔日〕吾妻重二汇校：《朱子家礼宋本汇校》，第1—2页。"本"，《家礼·序》谓："自其施于家者言之，则名分之守，爱敬之实，其本也。""文"，"冠婚丧祭仪章度数者，其文也"。"末"正与"本"相对，不能"谨名分、崇爱敬"的礼之浮文正是。

时供奉着多位祖先，这叫作"同堂异位"，故逢某一位祖先忌日，还要在"寝"，也就是家中的厅堂举行专门的祭祀。

其次是"庙必作主"。程颐主张士以上可以用木主，并根据古代诸侯木主制度加以删削，作为士人家庭的主式形制，具体如下引文和图 2-4 所示。

> 作主式用古尺。作主用栗，取法于时月日辰。趺方四寸，象岁之四时。高尺有二寸，象十二月。身博三十分，象月之日。厚十二分，象日之辰。身趺皆厚一寸二分。刲上五分为圆首，寸之下勒前为领而判之，一居前，二居后。前四分，后八分。陷中以书爵姓名行。曰故某官某公讳某字某第几神主。陷中长六寸，阔一寸。一本云长一尺。合之植于趺。身出趺上一尺八分，并趺高一尺二寸。窍其旁以通中，如身厚三之一，谓圆径四分。居二分之上。谓在七寸二分之上。粉涂其前，以书属称，属谓高曾祖考，称谓官或号行，如处士秀才几郎几翁。旁题主祀之名，曰孝子某奉祀。加赠易世，则笔涤而更之，水以洒庙墙。外改中不改[1]。

1　〔宋〕程颢、程颐著，王孝鱼点校：《二程集》第二册，第 627—628 页。

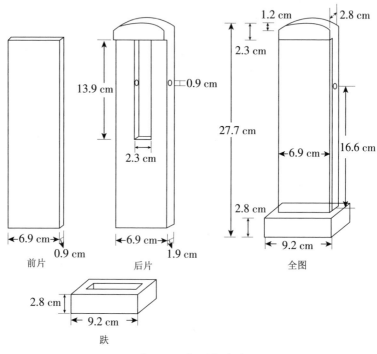

图 2-4　程颐定木主

　　最后是"祭及高祖"。北宋中期以后，包括杜衍、韩琦、司马光、张载、吕祖谦等著名官员和学者在内，均主张祭及三世，即曾祖、祖、父，当时平民礼俗也普遍祭祀三世。而从木主的题属来看，程颐却主张祭及高祖、曾祖、祖、父四代。这一观点显然是由儒家五服观念引申而来的，儒家礼制用五服表示亲属之间的亲疏远近关系：

1. 斩缞：五服中最重的一种。用粗麻布制成，左右和下边仅仅截断，不缝边，故称"斩"，服制为三年。子及未嫁女为父亲、父亲为嫡子、媳妇为公公、承重孙为祖父、妻子为丈夫等，均服斩缞。

2. 齐缞：五服中的第二等。用粗麻布制成，左右和下边均要缉边缝齐，故称"齐"。服期有三年、一年、五个月、三个月之分。如子及未嫁女为母亲、母亲为嫡子、媳妇为婆婆等，服齐缞三年；孙为祖父母、夫为妻服齐缞一年；曾孙为曾祖父母服齐缞五个月；玄孙为高祖父母服齐缞三个月。

3. 大功：五服中的第三等。用熟麻布做成，较齐缞稍细，较小功为粗，故称"大功"，服期为九个月。堂兄弟、未婚的堂姊妹、已婚的姑、姊妹、侄女及众孙、众子妇、侄妇等之丧，都服大功。已婚女为伯父、叔父、兄弟、侄、未婚姑、姊妹、侄女等服丧，也服大功。

4. 小功：五服中的第四等。用熟麻布制成，较大功为细，较缌麻为粗，服期为五个月。凡本宗为曾祖父母、伯叔祖父母、堂伯叔祖父母，未嫁祖姑、堂姑，已嫁堂姊妹，兄弟之妻，从堂兄弟及未嫁从堂姊妹；外亲为外祖父母、母舅、母姨等，均服小功。

5. 缌麻：五服中之最轻者。用细麻布制成，服期为三个月。凡本宗为高祖父母、曾伯叔祖父母、族伯叔父母、族兄弟及未嫁族姊妹，外姓中为表兄弟、岳父母等，均服缌麻[1]。

也就是说，服丧的上限是高祖父母，再往上就不再穿着丧服

---

1 〔宋〕朱熹撰，〔日〕吾妻重二汇校：《朱子家礼宋本汇校》，第89—98页。

了，这就叫作"亲尽服除"。所以，民间也用五服来划分亲疏关系。在五服之内就谓之"五服亲"，举凡生老病死、婚丧嫁娶等事，都有襄赞参与的伦理义务。五服之外也叫"出服"，彼此之间的伦理义务就与一般人相等同了。既然高祖以下，生前要讲究亲情伦理，身故要穿着丧服，那为什么独独祭祀却不及高祖呢？这显然违反了"事生如事死，事亡如事存"的礼法原则。故程颐立足于丧礼与祭礼的一致性，主张祭祀应当上溯四世，即父、祖、曾祖和高祖。

程颐"家必有庙""庙必作主""祭及高祖"的三大礼仪主张，反映了起自民间、通过科举登上朝堂的庶族官员的普遍愿望，极大地突破了前代礼制的限制。但细究起来，仍有两点不足。其一，程颐的主张仍有士庶二分的倾向，家庙和木主的使用范围扩大到了"士"所代表的社会精英阶层，却还没有向"庶"或者说平民开放，因此在"贵不长贵，贱不长贱"的社会上下流动过程中，仍存在立、毁不常的问题。其二，程颐仅仅提出了"士"可以设家庙、用木主，但家庙的形制如何，木主设于何时，具体的礼仪流程是怎样的，还缺少进一步的规划。

朱子《家礼》继承了程颐"家必有庙""庙必作主""祭及高祖"三大观念，并且做出了更为系统的筹划。家庙制度已在上章中述及，此处讨论后面两点。

其一是木主制度。儒家是从神与形、魂与魄的聚散来理解人的生死的。有灵识的神魂依附在木主上，才能为人所祭祀。朱子《家礼》之中，神魂的依附对象被分为三个阶段。第一个阶段，神魂依附的对象是亡者的上衣。亡人刚刚落气，神魂尚未远离，取其生前经常穿着的上衣，站在中室呼叫亡者的名字，以引导神魂依附在上面并返回躯体之中。这一礼仪在《仪礼·士丧礼》和《家礼》中都被称为"复"，民间则俗称为"招魂"。人死不能复阳，故"复"或"招魂"往往只是一个美好的朴素愿望。在确认亡者复阳无望以后，就要进入第二个阶段，即制作魂帛以供神魂依附。具体而言，是在丧礼的第一日，也就是"初终"时，先是明确了丧礼的各项职事，然后为亡者的遗体沐浴、更衣、饭含（把谷物或钱放入死者口中），紧接着就要用白绢制作魂帛以供神魂依附。最早规定魂帛之仪的人是司马光。他认为古代都是用木主，但今天的士大夫和庶民之家，对古代木主制度都已经不了解了，所以用束帛制作魂帛，供神魂栖居，这也是古代木主制度的一种遗存[1]。故魂帛乃是木主的替代物，其形式如图 2-5 所示。

---

1 〔宋〕朱熹撰，〔日〕吾妻重二汇校：《朱子家礼宋本汇校》，第 77 页。

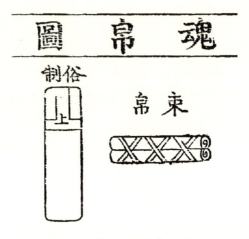

图 2-5　《四礼便览》魂帛图

　　司马光的家礼体系中，魂帛是作为木主的完全替代物出现的，但在朱子的家礼体系中，魂帛只是木主的临时替代物。到第三个阶段，还要制作木主。《家礼》规定，从"初终"开始计算，三个月以后就到"治葬"的环节，也就是准备下葬的器具与事务，其中就包括了制作木主。待安葬完棺枢（"下棺"）以后，还要题写木主。木主的形制和题名的格式，一如程颐的规定。子孙将木主奉回到家中，还要将魂帛埋藏在洁净之地，从此以后，供神魂附着的物质载体就由魂帛变成了木主。待到"虞祭"三次（下葬以后举行的三次祭祀）、"卒哭"（大约在死后一百天举行，从此以后就用吉祭替代丧祭）完成以后，就要举行"祔礼"，也就是将新死者的木主"祔"于祖宗神主之旁。"题主""祔"时，都要举行很隆重的仪式，这些仪式都是朱子根据前代礼仪和风俗创造而成，补充了程颐《作主式》的不足。从此以后，丧礼中"小祥"（一周年祭祀）、"大祥"（二周年祭祀）、"禫"（除去丧服，即丧礼的最后一个环节，一般于亡者去世后第二十七个月举行）的行礼对象都是木主。不止如此，冠礼、婚礼中的"告庙"，祭礼中各项祭祀活动、行礼对象也都是木主。显而易见，朱子在继承程颐《作主式》的基础上，引入了《仪礼》、司马光《书仪》，再加上自己的创造，建构起一个更为复杂、朝向一切士庶的木主制度。

　　其二是祭祀世数与祭祀礼仪。程颐规定了几种主要的祭祀，一是春、夏、秋、冬四时之祭，以高祖、曾祖、祖、父四世为祭祀对象。二是冬至祭始祖，祭祀"厥初生民之祖"。三是立春祭先祖，祭祀"初祖以下，高祖以上"的历代祖先。四是季秋（秋季最后一个月）的祢祭，祭祀逝去的父母。以上均为合祭。此外，当祖先忌日，还要为该祖先举行单独的祭日之祭，只不过场所不在家庙而在家中正厅，这是为了方便该祖先独享祭祀。朱子在祭及世数和祭祀名目等问题上，均继承了程颐的主张，但也从两个方面有所推进。一是规定了更多的祭祀名目。在四时、冬至、立春、季秋、祭日等祭祀之外，朱子还拟定了"墓祭"（相当于今天的扫墓）和"节祠"（也就是清明、寒食、端午、中元、重阳等民间节日的祭祀），每个月的初一（朔日）和十五（望日）还要至祠堂参礼。二是进一步明确了祭祀的具体礼仪流程。如四时之祭祀就包括如下环节：

1. 卜日：在每个季节的第二个月上旬，通过占卜选定举行祭礼的日子。

2. 斋戒：在举行祭礼前，主人、主妇以及参与祭祀的人都要沐浴更衣，斋戒三天。

3. 设位陈器：在举行祭礼前一日，打扫祭祀用的正厅，设置安放四世考妣以及祔位祖先木主的位置，陈列祭礼所用的各项礼器，如香案、香炉、香盒、茅、沙、酒架、桌子、各种酒器、各种食器、盐碟、醋瓶、火炉、汤瓶等。

4. 省牲、涤器、具馔：主人省视祭祀所用的牲畜，观看宰杀；主妇率领族中妇女洗涤祭祀所用的各种礼器，准备祭品。每位受祭对象都要准备六种果品，三种菜蔬，三种脯醢（hǎi，脯即肉干，醢即肉酱），肉、鱼、馒头、糕各一盘，羹、饭各一碗，新鲜的肝一串，肉两串。

5. 设蔬果酒馔：祭日当天天不亮，将祭品陈列好，准备玄酒（洁净的水）和酒，在火炉中燃烧炭等。

6. 奉主就位：祭日当天天刚亮，主人、主妇率领族中长幼，祷告后捧神主至正厅并安放，按照尊卑长幼的规则站立。

7. 参神：参拜神主。

8. 降神：主人将酒灌注在每位祖先神位前的茅草上（"灌茅"），拜两次，恳请祖先神灵降临在木主上，享受祭祀。

9. 进馔：主人先后进献鱼、肉、羹，主妇先后进献馒头、糕、饭。

10. 初献：主人向高祖考、高祖妣分别献酒，并祭酒在神位前的茅草上；主人兄弟中年长者向高祖考妣献烤过的肝；司仪（"祝"）朗读祭文。上述礼仪流程在每位正式受祭的祖先木主前重复一次。祔位的祖先则由兄弟子侄祭祀，献酒、献肝都是一样的，只是不朗诵祭文。

11. 亚献：主妇和诸妇女按照初献的礼仪，再次献祭，只是不读祝文。

12. 终献：兄弟和众子弟按照亚献的礼仪，三次献祭。

13. 侑食：主人为受祭诸祖先斟酒，主妇为其添饭、摆正筷子。

14. 阖门：祭祀者退出，关上厅门，等待祖先享用祭品。

15. 启门：打开厅门，全体祭祀者进入，主人、主妇和众子弟、诸妇女向受祭诸祖先奉茶。

16. 受胙：由司仪（"祝"）从受祭诸祖先的碗中、杯中，各取一点饭和酒，汇聚在一起交给主人，代表祖先的赐福；主人尝饭、饮酒。

17. 辞神：主人以下全体祭祀者拜两次，表示与祖先神灵告别。

18. 纳主：将木主收藏在木盒之中，奉归祠堂安放。

19. 彻：主妇将祖先享用过的酒归入瓶中，叫作"福酒"，将蔬果肉食等收藏好，还要监督诸妇女洗涤干净礼器。

20. 馂（jùn）：将祖先享用过的酒、食物分给亲友。余下的酒与食物，则由族中人分享。族中人按照男女分为内外，又按照尊卑世系排定座次，诸子弟向男性尊长、女性尊长献酒，诸妇女向女性尊长、男性尊长献酒。献礼完毕，大家欢聚燕饮[1]。

---

1 ［宋］朱熹撰，［日］吾妻重二汇校：《朱子家礼宋本汇校》，第175—190页。

　　以上二十项礼仪内容，犹只是举其大要而已。每个环节中还有一些礼仪流程，如进退、跪拜、献词等，并没有完全列举出来。四时祭作为"正祭"，是《家礼》中一切祭礼的原型，其余各种名目的祭礼都是在此基础上损益而来的。如冬至日举行的始祖之祭、立春日举行的先祖之祭，当然就不用"卜日"的环节了。"墓祭"只需要斋戒一天，举行完"三献礼"以后，先"辞神"，然后"徹"；紧接着又要向"后土神"行"三献礼"，并再次"辞神""徹"。由于行礼的场所由祠堂变为墓地，所以也没有"侑食""阖门""启门""受胙""纳主""馂"等步骤。

　　"祠堂制度""木主制度"和"祭祀世数"三个问题，并不仅仅属于丧、祭礼的范围，还与冠礼、婚礼密切相关，乃是朱子建立整个家礼体系的基础。按照《家礼》的规定，冠、婚、丧、祭等各项礼仪的举行，很大程度上都是围绕祠堂、木主和祖宗而展开的。在举行冠礼的过程中，要两次"告于祠堂"，一次是家长禀告将为儿子举行冠礼，另一次是家长禀告冠礼已经礼成。在婚礼的"纳采"（即定婚）、"亲迎""庙见"等三个环节，男女双方家长都要多次"告于祠堂"，也就是在祠堂中向祖先木主禀告礼仪的进展与结果。丧礼方面，自棺椁安葬以后，就要将木主安置在祠堂中，其后的礼仪基本上都在祠堂举行，如前所述。至于祭礼，则除墓祭和忌日之祭以外，其余祭礼都在祠堂中举行；除墓祭之外，各项祭礼的行礼对象都是祖先木主。正是以祠堂、木主和祖先的礼制规定为基础，《家礼》建立起一个以家族为单位的公共性、开放性的礼仪空间，社会全体民众无论贵贱，都可以以自家祠堂为中心开展各项社会性礼仪活动。从这个意义上讲，朱子《家礼》继承了程颐祭礼观念，并进一步加以完善和制度化，从而突破了传统礼制的限制，体现出更为平等、开放的庶民意识。

而在礼器和具体仪节等方面，《家礼》也做出了不少适应庶民社会的更改。例如丧礼，《仪礼·士丧礼》规定，小敛和大敛之间的晚上，要"为燎于中庭"，即在庭中燃起大火把；高级的士在"大敛"之日，国君要亲临视其大敛之礼。这两点都是基于贵族社会做出的规定，对于宋代的一般士庶而言，设燎于庭和国君亲临都已不太可能，故而《家礼》在"大敛"环节就不再沿袭这两个规定。周制大敛之时还要"殡"，《家礼》也不取：

> 按古者大敛而殡。既大敛，则累墼（jī）涂之。今或漆棺未干，又南方土多蝼蚁，不可涂殡，故从其便[1]。

所谓"殡"，就是在西阶的客位上挖一个坎，大小与棺材相若，高度与棺沿齐平，将棺材置于其中，移尸入棺、安置妥当以后，然后用泥和炭屑抟成的圆块层层涂抹棺材的外部。《家礼》则根据地宜做出简省，棺木放在堂中偏西的地方，用两把凳子承起来，而不用挖坎、涂殡。沿袭是为了保证礼的正统性，简省是为了强化礼的实用性。正是通过沿袭和简省，朱子推动士礼下降为士庶社会通行的礼俗。

---

1 〔宋〕朱熹撰，〔日〕吾妻重二汇校：《朱子家礼宋本汇校》，第87页。

一般认为，以祠堂为中心、以家族为单位、以祖先为信仰，乃是中国传统礼法社会的显性特征。而必须指出的是，上述特征正是以朱子《家礼》为蓝本，在长达数百年的历史中建构出来的。

（三）化俗为礼：礼的时代性与可行性

朱子《家礼》中的庶人精神，还体现在他依循俗情，将当时多种约定俗成的民间礼俗纳入家礼范围。前文提到过的"墓祭"与"节祠"就是两个典型代表。

《家礼》卷四有墓祭的设置。墓祭就是祭于墓，相当于我们今天所说的扫墓。与很多人想象的不一样，墓祭并不是儒家礼典的要求，而是起源于唐宋民间的一种礼俗。这种礼俗在其产生之初，是不为正统儒学理论所接受的。这是因为先秦儒学将"魂"和"魄"视作两件事物，并用其来解释生命与死亡。"魄"是指有形的躯体，具体而言包括骨肉精血，今天我们仍说"体魄强健"就证明了这一点。"魂"则是寄寓在躯体中的无形的精气。人之生，是魂魄互相依存、互相作用的结果；人之死，则是魂气离开躯体、骨肉精血消散的结果，所以有一个词语叫"魂飞魄散"。魂属神，魄属形，故儒家礼学分别对待之，如《礼记·檀弓下》所载：

> 骨肉归复于土，命也；若魂气则无不之也。

祖宗逝世后，要妥善地安葬躯体，使其归复大地并自然地消亡；魂气则始终存在，飘摇游荡，无所不往。子孙继承了祖宗的血气精神，只要精诚祭祀，就会感召祖宗的魂气，使之依附在某些事物上。一种方式是由孙子扮作祖先的模样，谓之"尸"；另一种方式是用木头制作成神主，供祖先栖灵，两种方式都是为了祖先享受子孙的祭祀。所以，在《仪礼》《礼记》等早期儒家礼典中，祭祀的对象一定是魂而非魄，祭祀的场所一定是祖庙而非坟茔。一言以蔽之，传统儒家祭礼乃是"祭神而不祭形，祭庙而不祭墓"。

朱子所处的时代，墓祭已经蔚然成风。《东京梦华录》就记载了北宋时期三个举行墓祭的时节：

> 清明节：凡新坟皆用此日拜扫。
>
> 中元节：城外有新坟者，即往拜扫。
>
> 十月一日：士庶皆出城飨坟[1]。

甚至如吕祖谦这样的大儒之家，也在寒食和农历十月一日举行墓祭。有鉴于此，朱子采取化俗为礼的方式，将这种民间俗礼纳入《家礼》之中。《家礼》所规定的墓祭的礼仪具体如下：通过占卜，在三月上旬选择一日举行典礼；提前斋戒一天，次日凌晨率领亲族子弟来到坟茔前，叩拜两次以后，环绕坟茔三周，打扫干净墓地，斩除杂草，奉上祭品，参拜并恳请祖宗神灵降临；先由主人奉酒，行"初献礼"，然后由亲族子弟按照伦辈依次奉酒，行"亚献礼"和"终献礼"；三次献礼举行完毕后，向祖宗神灵辞别，并撤去祭品；然后再重复礼仪流程，只不过这次祭祀的对象不再是祖先，而是护佑祖先遗体的后土神，同样行"三献礼"后，

1　〔宋〕孟元老撰：《东京梦华录》卷九，中华书局1985年版，第125、163、169页。

墓祭礼就宣告完成了[1]。

然而正如前面所说的，墓祭毕竟与传统儒家礼义不符，所以朱子在设计墓祭的过程中，也遭遇到了他的好友、同时期大儒张栻的严厉批评：

> 古者不墓祭，非有所略也，盖知鬼神之情状不可以墓祭也。神主在庙，而墓以藏体魄。体魄之藏而祭也，于义何居，而乌乎飨乎？若知其理之不可行，而徇私情以强之，是以伪事其先也。若不知其不可行，则不知也[2]。

张栻指出，只有神魂才具备认知、思维和情感，离开神魂的体魄显然不能感知子孙的祭祀。老百姓不了解这一点，根据自己对祖先的朴素情感而举行墓祭。朱子不能将民众引导到正确的礼仪上，反而主动设置墓祭之礼，要么就是明明知道这个道理，却故意地违反礼义而"徇私情"，要么就是根本不知道儒家祭礼的根本礼义！

张栻是站在传统儒家礼学的立场来看待墓祭的，他的批评既严肃，又严厉。朱子则站在宋代理学的立场上，援引程颢、程颐二先生"随俗墓祭，不害义理"的观点做出回应[3]。简简单单八个字却有着非常丰富的言下之意。从儒家义理的角度来说，墓祭与

1　〔宋〕朱熹撰，〔日〕吾妻重二汇校：《朱子家礼宋本汇校》，第207—210页。

2　〔宋〕张栻撰：《张栻全集》中册，长春出版社1999年版，第831—832页。

3　〔宋〕朱熹著、朱杰人等编：《朱子全书》（修订本）第二十一册，上海古籍出版社、安徽教育出版社2010年版，第1325—1326页。

传统礼学固然存在抵牾，但和亲睦族、慎终追远是儒家哲学更为
重视的义理。就社会礼俗层面而言，老百姓遵循自己内心的道德
情感而举行墓祭，也已形成了风俗，因此，今日的儒者就不用刻
板地固守古代礼法，而是应当按照礼法出自人情的基本原则，承
认墓祭的合理性，并通过改良礼仪，将人情和义理两方面恰当地
彰显出来。朱子墓祭的礼仪设计，有"参神""降神"等环节，
正是为了解决经礼与今礼、祭形与祭神、祭墓与祭庙的矛盾。

　　朱子的观点最终得到了张栻的认同。后来，张栻也为他父
亲——南宋名相张浚举行了墓祭 [1]。

　　《家礼》卷一"通礼"中还有"节祠"，就是在清明、寒食、
端午、中元、重阳等民间节日祭祀祖先。与墓祭相似，这些祭祀
名目大多是唐宋以来兴起的民间礼俗，不见于《仪礼》和《礼记》
的记载。一开始，朱子向张栻介绍自己的仪礼构想时，张栻就批
评"节祠"的设置有"祭数近渎"之弊，意思是朱子所设计的祭
礼太频繁了，不仅祖先神灵要疲于奔命，一般老百姓也无法负担
这样频繁的祭祀。

　　朱子则从人情安与不安出发，为节祠作辩护。他说：

　　　　盖今之俗节，古所无有，故古人虽不祭，而情亦自安。今人
　　既以此为重，至于是日，必具殽羞相宴乐，而其节物亦各有宜，
　　故世俗之情至于是日不能不思其祖考，而复以其物享之。虽非礼

1　〔宋〕张栻撰：《张栻全集》下册，第 1148 页。

之正，然亦人情之不能已者[1]。

后来他跟自己的弟子们也提到过这段话，意思就更加明白了：

> 向南轩废俗节之祭，某问至午日能不食粽乎？重阳能不饮茱
> 萸酒乎？不祭而自享，于心安乎[2]？

朱子承认，以往确实没有节祠，甚至连俗节都是近世的产物。
那么是否就依据古礼，不用俗节祭祀呢？要知道，祭礼的核心原
则是"事死如事生，事亡如事存"。祖先父母生前于端午吃粽子、
重阳节饮茱萸酒，那么亡故以后，后人在此时节就不免睹物而思亲，
所以用粽子、茱萸酒等时节之物来祭祀祖先父母，也是人情的自
然流露。如果拘泥于古制，废弃节祠，那么所谓俗节就只剩下吃
喝玩乐的休闲意味，人们思念亡亲的道德情感又将从何体现呢？
与其如此，不如因势利导，将节祠纳入儒家礼学体系中来，从而
将儒家的道德伦理观念落实在老百姓的日常生活之中。

只不过，张栻的批评对朱子也产生了影响。《家礼》中节祠
的具体礼仪是：节日当天，由主人和妻子供奉茶、酒、蔬果和应
节食物，行"再拜礼"（即叩拜两次），念一段祷告文字，然后
再行一次"再拜礼"，即宣告礼成[3]。相对于各种正祭而言，节祠
的礼仪设计有着简便易行的特点。由此可见，面对张栻"祭数近渎"

1　〔宋〕朱熹著、朱杰人等编：《朱子全书》（修订本）第二十一册，第1325—1326页。

2　〔宋〕黎靖德编，王星贤点校：《朱子语类》第六册，第2321页。

3　〔宋〕朱熹撰，［日］吾妻重二汇校：《朱子家礼宋本汇校》，第9—10页。

的批评，朱子虽然没有直接删减祭祀次数，但也通过降低祭礼层级以减轻礼仪负担。

朱子《家礼》并非一味地迁就风俗人情，而是强调通过儒家礼仪来改变不合理的风俗人情。如《家礼》卷三"昏礼"一开头，就对男女适婚年龄做出了规定："男子年十六岁至三十，女子年十四至二十岁。"[1]这一说法取自北宋司马光的《书仪》，而《书仪》的规定也是对古代礼制的综合。其中，男子十六、女子十四的年龄规定，应当出自唐代张守节《史记正义》所记录的古代礼制：

> 男八月生齿，八岁毁齿，二八十六阳道通，八八六十四阳道绝。女七月生齿，七岁毁齿，二七十四阴道通，七七四十九阴道绝。婚姻过此者皆为野合。

在古人看来，男子十六岁、女子十四岁迎来性成熟，分别于六十四岁、四十九岁时丧失生育能力。故婚姻须在这一时段内进行，过早或者过晚，都是不符合礼法规定的"野合"。这里的"野"，与"文"和"礼"相对。男子三十、女子二十的规定，则来自三礼之一的《礼记》。《礼记·内则》说：男子"三十而有室"；女子"二十而嫁"，除非家中有重大变故，如父母逝世需守孝三年，则略为延迟至"二十三年而嫁"。司马光《书仪》就分别取此二者，以《史记正义》为下限，以《礼记·内则》为上限，得出了男女适婚年龄。在男女适婚年龄问题上，当时还有两种不同的认识。

---

1 〔宋〕朱熹撰，〔日〕吾妻重二汇校：《朱子家礼宋本汇校》，第48—49页。

一种是国家法令的规定，"男年十五，女十三以上，并听昏嫁"；民间则盛行指腹为婚和童婚，即"世俗好于襁褓童幼之时，轻许为昏，亦有指腹为婚者"[1]。前者缺少传统礼制的渊源，也与当时人的生理知识不吻合；后者则存在极大的不确定性，容易酿成毁婚弃约的恶果。因此，司马光稽考古仪、参酌人情，提出了自己的主张。面对男女适婚年龄的三种说法，朱子《家礼》不取宋代官方的礼制规定，也不盲从民间风俗，而是继承了司马光《书仪》的说法，实际上也就表明了自己制定礼仪的基本态度，那就是既应追溯古代礼制、又要随顺当时人情，做到理礼双彰、情理两安。

总而言之，朱子以合理性、历史性、时代性、可行性为自己的制礼原则，一方面通过"不违俗情，化俗为礼"的制礼方法，将"墓祭""节祠"等民间礼俗纳入儒家礼学体系当中；另一方面又以"理礼双彰，情理两安"作为目标追求，在适婚年龄等问题上，用儒家学者的礼仪创制来规约社会生活。正是在此过程中，朱子《家礼》彰显出"礼时为大"的儒家传统礼学精神，也表现出强烈的新兴庶人精神。朱子《家礼》正是基于理学蔚兴和庶民社会的双重背景来进行礼仪建构的。

三、朱子《家礼》的撰述目的

朱子通过艰难地权衡、斟酌损益，将新兴的理学精神和庶民

1　〔宋〕司马光撰：《书仪》，第 473—474 页。

精神贯注于人生通过礼仪当中，苦心孤诣地制定出这部《家礼》，到底是为了什么呢？或者说，他究竟希望这部著作在当时的社会中发挥怎样的作用呢？这就涉及礼在传统国家社会治理体系中的功能与地位，同时也涉及《家礼》一书的撰述目的。

（一）"德礼政刑"与礼的功能地位

在儒家民本主义政治思想体系中，"民"是邦国和天下的根基，一如《尚书·夏书·五子之歌》所说：

> 民惟邦本，本固邦宁。

所谓天下、邦国，指的就是庶民。离开了庶民，天下、邦国只不过是一个空架子，土地、珍宝只不过是一堆无人理会的死物。良好的政治就是统治者凭借自己超卓的德行来和合万民，使其聚集在自己周围、跟随自己的领导，如此一来，土地自然得到利用，财富自然蓬勃增长，祭祀天地所需的各种祭品自然丰饶足用。正如《礼记·大学》所说："有德此有人，有人此有土，有土此有财，有财此有用。"安邦治国，本质上就是治理万民，使其各安其分、各得其所、各遂其生。问题在于，用什么来实现这一点呢？

对国家统治者和文化精英（他们往往也是潜在的政治精英）而言，要想实现对国家和社会的良好治理，有两条互相支持的路径，其一是政治治理，其二是道德教化。政治治理主要包括两个方面的内容，即从上而下的政令，以及禁止和惩罚各种极端行为的法令。教化治理也主要包括了两个方面的内容，即道德伦理教育，以及礼仪规范的制定与实施。这就是《论语·为政》所说的：

> 道之以政，齐之以刑，民免而无耻；道之以德，齐之以礼，
> 有耻且格。

以政令来管理庶民，以刑罚来约束庶民，庶民虽不敢犯罪，但不以犯罪为耻；以道德来引导庶民，以礼法来约束庶民，庶民不仅遵纪守法，而且引以为荣。相较于强制性的"政"和禁止性的"刑"而言，本有性的"德"和引导性的"礼"是更为高明的治理之术。但这绝不是说只需要道德、礼仪，不需要政令、刑罚。事实上，圣明的统治者治理天下的方式是四者并举，一如《礼记·乐记》所说：

> 故礼以道其志，乐以和其声，政以一其行，刑以防其奸。礼
> 乐刑政，其极一也，所以同民心而出治道也。

用礼仪来引导人们的志向，用音乐来调和人们的歌声，用政令来统一人们的行为，用刑罚来防止奸邪小人。礼、乐、政、刑四者虽然各有其用，其最终目标却又是一致的，都是为了和同民心、推行治道。这里没有单独提到"德"，因为德是礼、乐、政、刑四者之所出的依据，是更为根本的东西。一如朱子本人对《论语·为政》"道之以政"章的解释：

> 政者，为治之具；刑者，辅治之法；德礼，则所以出治之本，

而德又为礼之本也。此其相为终始 [1]。

朱子为四者做出了"德—礼—政—刑"的排序。这一排序既是依据重要性而言的，同时也是从治理手段的发生过程而言的。首先是"德"。德是一切治道生发的根源与本体，是礼、政、刑等具体治理手段的合法性、正当性的最终依据。无德之礼即"非礼"，无德之政即"酷政"，无德之刑即"虐刑"，都是儒家所极力反对的。其次是"礼"。礼是儒家理想中的圣人治理这个世界的主要方式。圣人拥有崇高的德行，故而其所言所行，都是自然而然地合乎礼的，他用这种方式来感化天下众庶，令他们都知晓礼义，从而乐于接受他的统治与教化。但是，并不是所有人都能直接领悟到圣人的礼乐教化，所以在礼的基础上，又衍生出第三项"政"。《论语·颜渊》云"政者，正也"，统治者基于内在的盛德和礼义，所发出的政治措施就一定是正当的、合乎普遍的人性人情的，故而社会大众乐意接受这种统治，良好的政治秩序于是乎形成了。但是，一定会有少部分愚顽嚚狠之人，不服从礼乐的教化与政治的统领，所以又要有第四项"刑"，用来惩罚他们的极端危害行为，同时也对未来可能的犯罪做出防范。在生成论意义上，德是根源性、根本性的；礼、政、刑是从德衍生出来的具体的治理手段；而作为德的直接呈现，礼又是政、刑的根源与根本。

朱子实际上是将"德—礼—政—刑"区分为两个关联性的部

1　〔宋〕朱熹：《四书章句集注》，第54页。

分，第一个部分即"德—礼"，对应的是礼的教化功能，即所谓"以
礼教民"；第二个部分是"礼—政—刑"，对应的是礼的治理功能，
即所谓"以礼治民"。礼则是贯通和沟通教化与治理两个系统的
关键所在，既为道德教化提供实施途径，也为政治治理提供道德
基础。"德—礼"的教化路径能成立必须包括两层含义：一是礼
可以教化民众；二是民可以被礼教化。这两层含义早就被孔子和
孟子所提出，也为孔子、孟子以降的绝大多数儒家学者所共同坚
持。《论语·阳货》记载：

> 子之武城，闻弦歌之声。夫子莞尔而笑，曰："割鸡焉用牛刀？"
> 子游对曰："昔者偃也闻诸夫子曰：'君子学道则爱人，小人学
> 道则易使也。'"子曰："二三子！偃之言是也。前言戏之耳。"

弦歌之声，是宗周礼乐文明的象征。武城不过是鲁国的一个
小地方。令孔子意外的是，这个小地方居然保存着宗周礼乐文明
精神。或许心情过于放松，孔子难得开了一次玩笑，脱口说出了"杀
鸡焉用牛刀"的戏言。好在他的弟子子游提醒了他，并举出了孔
子曾经说过的"君子学道则爱人，小人学道则易使"。孔子幡然
有醒，表示"前言戏之耳"，他还肯定了子游提出的那句话，表
示那才是自己的一贯主张。因此，在孔子那里，民是被治理的对
象或者客体，更是道德主体和礼仪实践的主体；道或者礼乐文明
也不是大人君子的专利，而是天下人都可以共学的，即使是斗筲
小民也有学道的需要。唯其如此，他们才能接受道德伦理的教育，
切实践行礼仪规范，并将自己与整个王朝、邦国的秩序紧密联系

起来，更乐于接受正确的行政命令，且不容易违法犯禁；小民也能更好地承担起作为国人的社会责任与政治义务，上位者的政令才能得到彻底的贯彻，整个社会才会在共同的价值观引导下变得更为团结而有力量。正是在这个意义上，孔子才会强调德、礼的教化手段，较之政、刑的治理手段更具优越性。正如瞿同祖所说："儒家所争的主体，与其说是德治，毋宁说是礼治。"[1]

"礼—政—刑"的治理路径也将导向同一个结论。儒家意识到，评判现实政治与刑罚是否合理、是否正当，不在于至高却又渺茫的天意，而在于老百姓基于切身感受所发出的民意，这就是《孟子·万章上》所说的"天视自我民视，天听自我民听"，以及《国语·周语》所说的"民之所欲，天必从之"。而将民意视作天意的展现，将统治者的职责规定为代天理民，则意味着被政刑所统率、治理、规导的庶民，与发布政刑的天子、诸侯、公、卿、大夫、士之间，并不存在绝对的鸿沟。唯其如此，庶民普遍的喜好与憎恶，才能反映出人情之所同，成为治理者施政、施刑的依据；统治者的政治、法律措施，才能符合庶民的本质需求，成为庶民赖以生存的保障。由此必然也推论出，庶民与圣人在潜在的道德能力上是没有区隔的。《孟子·告子下》中有"人皆可以为尧舜"，《荀子·性恶》中有"涂之人可以为禹"，都表示一般的庶民具有成为尧、舜、禹、汤一类圣人的潜在可能。除董仲舒等少数人以外，绝大部分儒家学者都承认"民"有主动实现自我发展、自我提升的可能。

1　瞿同祖：《中国法律与中国社会》，商务印书馆 2010 年版，第 370 页。

如《礼记·大学》有一段话：

> 汤之盘铭曰："苟日新，日日新，又日新。"《康诰》曰："作新民。"《诗》曰："周虽旧邦，其命惟新。"是故君子无所不用其极。

第一处"汤之盘铭"，即历史上有名的圣王、商代开国君主汤在其盥洗沐浴用的青铜器上所作的铭文，用每天都要沐浴以自新其身，隐喻王者每天都要进取以自新其德。第二处出自《尚书·康诰》，这篇诰文是周成王任命康叔治理殷商旧地民众时发布的命令。郑玄在注释《尚书》时，将"作新民"一句解释为"为民日新之教"[1]，孔颖达在注解《礼记》时，将这句话解释为"自念其德为新民也"[2]，而朱子《大学章句》的解释是"鼓之舞之谓之作，言振起其自新之民也"[3]，意思是倘若康叔改变商纣王留下的恶俗，就可以使庶民顺应其德政，走上"自新"之道。第三处出自《诗·大雅·文王》，意思是周虽然是一个旧有的邦国，但却膺受了崭新的天命。三句话分别对应三个主体：圣人、庶民、邦国。圣人是庶民中的先觉者，庶民可以在圣人的引领下，依据天所赋予的"明德"，通过"自新"实现自我发展，最终抵达"至善"的终极境界，乃至整个邦国都可以通过这种方式获得崭新的生命。因此，圣人是可学而至的，庶民与圣人之间，只有程度的区别，而没有本质

1　〔清〕阮元校刻：《十三经注疏·尚书正义》，第203页下。

2　〔清〕阮元校刻：《十三经注疏·礼记正义》，第1674页中。

3　〔宋〕朱熹：《四书章句集注》，第5页。

的区隔。这是原始儒家、宋代新儒家以及历代经典诠释者的基本共识。美国学者赫伯特·芬格莱特（Herbert Fingarette）有一部著作名为《孔子：即凡而圣》（*Confucius: The Secular as Sacred*），书名就抓住了这种一以贯之的儒家精神。

总而言之，在先秦儒家的政治哲学中，包含了用礼来教化和治理民众，以及民众有资格接受礼的教化和治理这两层理论含义。但是，从春秋战国一直到隋唐，就宏观而言仍是一个贵族门阀社会，庶民在这样的社会里，并没有机会"学道""学礼"。只有经历了唐宋社会文化大变革以后，贵族门阀社会转向平民社会，"以礼教民、以礼治民"才具备了社会基础。

（二）"序民人而安社稷"的目的

传统儒家肯定人民之地位、重视礼之功能，强调以礼教民是增进和维系社会道德伦理的主要方式，以礼治民则是实现国家社会长治久安的主要途径。而在德、礼、政、刑或者礼、乐、政、刑的治理体系中，政与刑显然是统治者的专利，有德的儒者要想干预现实政治与社会，则必须借助德与礼的力量。

从汉代开始，儒者主要借助德与礼的力量来干预王朝政治。儒者劝诫皇帝，自身要有德行，才能符合天命的期待；要始终施行仁政，才能获得小民的拥戴；要使用礼来治理天下，而不能纯任刑罚威力。如果天子胡作非为，上天就将降下灾殃，至为严重的情况下，还将取消天命，重新任命合格的统治者来取代不德之人。前者是积极的干预，叫作"致君尧舜"，也就是激励自己的君王成为尧、舜、禹、汤一样的圣人。后一种是消极的干预，叫作"格君心之非"，也就是阻止君王的私心邪念成为道德化政治的阻碍。无论是积极的干预还是消极的干预，都有两个至关重要的前提条件，一是儒者能立身朝堂，二是能赢得君王的信任。只有满足了这两个条件，儒者对君王的劝诫才能生效。因此，这条道路的本质，就是"得君行道"。

宋代平民社会的形成，为儒者干预政治和社会提供了更多选项。在宋代蓬勃增长的士人群体中，并不是所有的读书人都有机会立身朝堂、得君行道。但是，他们仍有改良政治与社会的天然诉求。他们中的绝大多数，与自己的族人一道居住在乡村，对当时的社会秩序有着切身的感受。而在取消了官爵世袭制度以后，如何长久地保有和延续家族的兴旺，也成为一项值得投入极大热情的课题。因此，士人们自然而然地将目光投向了社会，尤其是社会组成的基本单位——家。在儒家思想体系中，家有着极为重要的地位。家是一切伦理关系的起源，正如《易·序卦传》所谓"有男女然后有夫妇，有夫妇然后有父子，有父子然后有君臣，有君臣然后有上下，有上下然后礼义有所错"，最初的两种人伦关系夫妇与父子，是构成家最核心的两个要素。家也是个人道德的习练养成之所，《礼记·祭义》有云"立爱自亲始，教民睦也。立教自长始，教民顺也。教以慈睦，而民贵有亲；教以敬长，而民贵用命。孝以事亲，顺以听命，错诸天下，无所不行"，人们总是通过爱自己的父母兄长亲人，学习到孝与敬的道理，并将之推行于君臣、上下、朋友、乡党乃至陌生人。不止如此，家还是连接个体与国家至关重要的一环，是从私领域过渡到公领域的关键。《大学》的"八条目"，就是格物、致知、诚意、正心、修身、齐家、治国、平天下，其中，前四个条目可以统摄在修身之下，从齐家开始，就从个体自我转向了公共领域。儒家学者普遍认为，个体自我修身有成，可以用于治家，而治家的经验则能移植在治理国家上，正如《礼记·大学》云"一家仁，一国兴仁；一家让，一国兴让；一人贪戾，一国作乱；其机如此"，治家与治国的道理是相通的。正因为家既是道德修习的场域，又是伦理关系的起源，还是公私领域的连接点，因此，建构家礼就成为培植个人道德、夯实社会伦理基础、建设良性公共秩序的关键。这是"仁义内在""推己及人"的观念在"家""国"范围内的具体实践。北宋的韩琦、司马光、程颢、程颐，南宋的朱子、张栻、吕祖谦，他们纷纷关注家礼、编修家礼，实际上都是试图通过以礼教民的方式，来实现儒家的道德理想和政治理想。而这条道路的本质，就被称之为"觉民行道"。

　　觉民行道的意图充分反映在朱子亲手所作的《家礼·序》当中。这篇文字虽然不长，却非常重要，我们全录如下：

　　　　凡礼，有本有文。自其施于家者言之，则名分之守、爱敬之实，其本也。冠昏丧祭、仪章度数者，其文也。其本者，有家日用之常体，固不可以一日而不修。其文又皆所以纪纲人道之始终，虽其行之有时、施之有所，然非讲之素明、习之素熟，则其临事之际，亦无以合宜而应节，是亦不可以一日而不讲且习焉者也。

三代之际，礼经备矣。然其存于今者，宫庐器服之制、出入起居之节，皆已不宜于世。世之君子，虽或酌以古今之变，更为一时之法，然亦或详或略，无所折衷，至或遗其本而务其末，缓于实而急于文。自有志好礼之士，犹或不能举其契，而困于贫窭者，尤患其终不能有以及于礼也。

熹之愚，盖两病焉。是以尝独究观古今之籍，因其大体之不可变者而少加损益于其间，以为一家之书。大抵谨名分、崇爱敬以为之本，至其施行之际，则又略浮文、务本实，以窃自附于孔子从先进之遗意。诚愿得与同志之士熟讲而勉行之，庶几古人所以修身齐家之道、谨终追远之心，犹可以复见，而于国家所以崇化导民之意，亦或有小补云[1]。

在朱子看来，家礼的核心本质是由两个方面的内容组成的，其一为"名分之守"，也就是伦理规则，其二为"爱敬之实"，也就是道德情感。家礼的具体呈现也包括两个方面的内容，其一为冠婚丧祭等人生通过礼仪，其二是为了保障这些礼仪普遍实施而对居所、衣服、器物所做出的一系列制度规定。最初的礼仪、制度，记录在作为周代礼乐文明遗存的礼经（参见第三章第一部分）之中。但这并不意味着遵循礼经的记录、恢复古礼，就可以从礼仪、制度直接通达伦理规范与道德情感。这是因为生活世界已经发生了巨大的改变，过去的制度、礼仪已经不再适宜于今天的世界。

1　〔宋〕朱熹撰，〔日〕吾妻重二汇校：《朱子家礼宋本汇校》，第1—2页。

几乎每一个时代都有有志于恢复礼治的君子，根据古今变化斟酌损益，制定礼仪，然而要么过于烦琐，没办法真正实行；要么过于疏略，无法表现礼仪背后的礼义。于是乎礼的本质与形式相分离，没法从仪节制度出发，鼓励人们切实地遵守伦理规范、高扬自己的道德情感。至于卑贱、贫穷的老百姓，更是无法负担礼所需要的各种花费，于是终其一生都没办法过一种有礼仪的生活。朱子一方面有慨于古礼已不适于今，另一方面则有慨于今礼建构不完备，于是将礼经以及历朝历代的礼典、礼书汇合起来，将其中不变的、本质性的内容抉择出来，根据当下的社会生活而加以斟酌损益，定为《家礼》一书。这部书在本质上以发扬人类文明的伦理规范、豁显人类的道德情感为目标，在形式上则以节省虚文、简便易行为自己的诉求。朱子希望，一开始在自己家族中实施《家礼》，进而推广至其他士大夫家庭，然后将实施经验汇聚起来，加以研究讨论、修改完善，由此便可以形成一部完善的《家礼》。因此，对朱子而言，《家礼》的制作与实施，于私而言是为了体现修身齐家之道、谨终追远之心，于公而言则是协助国家实现崇化导民的目的。序民人而安社稷，便私家而利公家，正是朱子编纂《家礼》的现实目标。事实上，这也正是儒家典籍对"礼"的功能的共识，一如《左传·隐公十一年》所说："礼，经国家、定社稷、序民人、利后嗣。"

　　与朱子差不多同时代的人，也是这样来评价朱子《家礼》的。如南宋进士邓炎就说：

嗟乎，纪纲法制，礼之施于国者也；仪章度数，礼之施于家
者也。政刑既繁，德礼用衰，此朱子《家礼》之作，所以修之
千二百年后，而于化民成俗之意，不重有赖哉[1]！

周道衰微以来，政、刑烦琐，却背离了德、礼的本体，故而
无法令社会变得更为合理、有序。朱子正是有鉴于此，抓住"家"
和"礼"两个关键，用家礼来培植国家、社会的道德基础，也用
家礼来为政、刑等提供合理的源头性秩序，最终实现化民成俗的
治理目的。这就意味着，在儒家政治哲学的理论框架内，朱子《家礼》
再一次理顺了德—政—刑的治理关系，从而奠定了宋代以来国家、
社会治理的基础。

1　〔清〕李其昌纂修：《江西莲花厅志》卷二，中国国家图书馆藏清同治四年（1865
年）刻本。

第三章

《家礼》与国家礼典

　　朱子《家礼》面世以后，伴随着理学影响力的不断增强，一部分"理学家庭"主动选择遵循《家礼》。明清两代，朱子学成为国家意识形态的组成部分[1]，朱子《家礼》也被纳入国家礼典，普遍深入地影响到一般老百姓，由此产生了一个"以士人为主导，以学校为中心，以执礼为目标，以民间为指向的具有创造性精神的社会礼仪化过程"[2]。正是在此过程中，朱子礼学亦从官方意识形态的构成部分，下沉为一种应用意识形态以及意识形态实践[3]。不止如此，为使《家礼》得到更好的实施，历代学者围绕《家礼》一书展开注释、改写、仿写，促进了《家礼》的地域化和时代化发展。从而以《家礼》为核心，建构起一个"近世礼教时代"[4]。

1　参见杨志刚：《明清时代〈朱子家礼〉的普及与传播》，台湾高雄师范大学经学研究所主编：《经学研究集刊》2010年10月第9期。

2　赵克生著：《修书、刻图与观礼：明代地方社会的家礼传播》，《中国史研究》2010年第1期。

3　官方意识形态、应用意识形态和意识形态实践是美国学者高彦颐（Dorothy Ko）提出的一组概念。官方意识形态是指明清两代科举考试的课程中呈现的宋代理学的规范。应用意识形态是指表达于识字课本和训诫中的、对官方意识形态的解释和普及。而意识形态实践，则指经过前两种意识形态训练的个体对社会变化具体而切实的响应。较诸笼统的意识形态概念，这一组区分体现了意识形态的内在层级、多重面向和参与主体的多样化。参见[美]高彦颐著，李志生译：《闺塾师——明末清初江南的才女文化》，江苏人民出版社2005年版，第19页。

4　参见[日]伊东贵之著：《从"气质变化论"到"礼教"——中国近世儒教社会"秩序"形成的视点》，[日]沟口雄三、[日]小岛毅主编，孙歌等译：《中国的思维世界》，第525—552页。

一、 礼经、礼典与礼书

俞荣根教授认为，中国古代礼法是一个复杂的构成体，包括礼典、律法、习惯法三个子系统[1]。这里的礼典当然是广义的、泛指的。如果进一步细分的话，广义的礼典又至少包括了三个层面的文献系统。第一个层面的文献系统是以三礼为核心，包括历代诠释著作所共同构成的源头性礼学文献，可以简称为礼经系统。第二个层面的文献系统是由汉唐以来历代王朝所颁布的礼典所构成的历史文献和政治文献，可以简称为礼典系统。第三个层面的文献系统是由礼仪手册所构成的民间礼书文献，可以简称为礼书系统。这三个文献系统互相影响、彼此支撑，却又各自独立、各有功用，共同构成了广义的礼典系统。

（一）礼经系统

礼经系统的核心是三礼，即《仪礼》《周礼》《礼记》这三部儒家礼学典籍。

三礼之中，《仪礼》成书最早。周代以礼乐文明著称，《论语·八佾》记载了孔子的观感："周监于二代，郁郁乎文哉！吾从周。"无论是周王室，还是诸侯国，都有很复杂的礼乐制度，由专门的人传承、研习。春秋时期，伴随着周代国运的衰微，负责礼乐的官员纷纷离开职守，正如《论语·微子》所记载的：

1　俞荣根、秦涛著：《礼法之维：中华法系的法统流变》，第 15—22 页。

> 大师挚适齐，亚饭干适楚，三饭缭适蔡，四饭缺适秦，鼓方
> 叔入于河，播鼗武入于汉，少师阳、击磬襄入于海。

这里提到了太师及其七位属官，他们负责宫廷礼乐，同时也
负责贵族的礼乐教育，不仅教导他们用礼乐来修身，同时也教导
他们用礼乐来治世。而到孔子生活的时代，乐官们纷纷流落各地，
这反映出周代礼乐文明的崩解和官方文教制度的崩溃。因此在礼
崩乐坏的时代用文字记录古代礼仪就显得尤为必要，据《礼记·杂
记下》记载：

> 恤由之丧，哀公使孺悲之孔子，学士丧礼。《士丧礼》于是乎书。

恤由是鲁国的士。由于礼崩乐坏，士僭卿大夫之礼，诸侯僭
天子之礼，以至于恤由逝世时，鲁哀公已不知道应当如何为其举
行丧礼，于是命令一位叫孺悲的人跟随孔子学习士丧礼。孔子将
士丧礼授诸笔端，便形成了今天《仪礼》中的《士丧礼》（也有
学者认为孔子所作包括《丧服》《士丧礼》《既夕礼》《士虞礼》
四篇）。今天所见到的《仪礼》大约出自孔子及其弟子之手，这
就是《史记·孔子世家》所说的"故《书传》《礼记》自孔氏出"。
《仪礼》是一本记录周代礼仪制度的著作，涉及古代贵族生活的
各个方面。今天所能见到的《仪礼》共十七篇，按照内容可分
为冠、婚、丧、祭、朝、聘、乡、射等八种礼仪。宋代学者王应
麟将其分为四类，如表 3-1 所示。

表 3-1 《仪礼》分类

类别	篇目
吉礼	《特牲馈食礼》《少牢馈食礼》《有司彻》
凶礼	《丧服》《士丧礼》《既夕礼》《士虞礼》
宾礼	《士相见礼》《聘礼》《觐礼》
嘉礼	《士冠礼》《士昏礼》《乡饮酒礼》《乡射礼》《燕礼》《大射礼》《公食大夫礼》

当然，《仪礼》十七篇仅仅是保留、流传下来的，而非古《礼》的全貌。事实上，根据《汉书·艺文志》记载，汉代曾经发现过"礼，古经五十六卷"，也就是用六国文字记载的古《礼》书五十六卷。其中，有十七篇与《仪礼》内容基本相同，但还有三十九篇则不在《仪礼》之中。可惜的是，古《礼》在汉代没有被列为学官，即获得官方地位，也缺少人传习，所以到魏晋时又一次失传了[1]。但古《礼》书的存在，足以说明今之《仪礼》记录的犹不是周代礼仪制度的全部。相比之下，由于《仪礼》系对周礼的记载，又出于孔子之手，所以很早就被称为《礼》或《礼经》，从而顺利地保留了下来。又由于《仪礼》首篇是《士冠礼》，其内容也主要是士这一贵族阶层的礼仪制度，所以又被称为《士礼》。如果采取历史的眼光，《仪礼》当然可以被视作周代的礼典。但之所以我们没有将其归为第二个层面，正是因为对于"儒教中国"

---

1 张舜徽：《汉书艺文志通释》，华中师范大学出版社 2004 年版，第 208—209 页。

而言，《仪礼》绝不仅仅是历史上某个朝代的礼典而已，而是源头性的儒家经典。几乎任何一次朝廷典制的拟定与删削，或者大事的礼制辨析与议定，都要深入到《仪礼》中去寻求源头。围绕《仪礼》这部经典，也产生了汉代郑玄《仪礼注》、唐代贾公彦《仪礼疏》、清代胡培翚《仪礼正义》等几部重要的诠释性著作。从这个意义上说，《仪礼》确乎构成了中国礼学的经典源头。

　　《周礼》是一部讲述分官建职的典籍，该书"以王朝职官设置为架构，所述多关王朝的政治、经济、军事、文化的经验总结和制度设计"[1]。关于这部书的成书时代，有两种最主要的观点。一种是古代的主流观点，以西汉刘歆、东汉郑玄、清代孙诒让为代表，他们将《周礼》视为"周公致太平之书"，也就是认为《周礼》出自周初的政治家周公旦之手，反映了圣贤对周王朝政治体系和礼乐制度的整体设计，朱子也是这种观念的同调。另一种观点出自东汉的何休、张禹、包咸等，他们将《周礼》视作"六国阴谋之书"。现代学者一般采信后一种观点，认为这部典籍确实是战国时期思想家所作，其中部分内容出自古代记录，但更多的内容则是战国时期思想家对即将到来的大一统国家的政治设计，是一种理想化的国家典制。《周礼》包括"六官"，即天官，主管宫廷之事；地官，主管民政之事；春官，主管宗族之事；夏官，主管军事；秋官，主管刑罚之事；冬官，主管营造之事。六官对

1　姜广辉：《汉唐的"三〈礼〉之学"》，《中国传统文化研究》2020 年第 1 期。

应的是上下和四方。每一种官之下，又设定若干小官职，一共有三百六十种，并将人类社会中的大小事务都系于这些官职之下，所以《周礼》又叫作《周官》。三百六十职对应的是一个周天的三百六十度（一说对应一年三百六十天）。事实上，早在汉代，《冬官》就已经亡佚了，据说是河间献王取《考工记》补足之，使其仍为六部。后世的《周礼》诠释著作，有汉代郑玄《周礼注》，唐代贾公彦《周礼疏》，清代孙诒让《周礼正义》，是学者们研习《周礼》的三部门径著作。不止如此，《周礼》对中国传统政治、法律的影响极大，例如唐代定型的吏、户、礼、兵、刑、工"六部制"，就是以《周礼》为原型的。中国历史上很多次政治改革，例如两汉之际的王莽改制、南北朝时期的宇文泰革制、北宋的王安石变法等，也都打着"复周礼"的旗号，从《周礼》中汲取思想元素。

《礼记》成书于东汉，是春秋战国一直到汉初的儒家学者所作的各种短篇论文即所谓"记"，以及经典解释作品即所谓"传"的集合。这些文献以往大多是单篇流传，经汉宣帝时期的戴圣整理成书。戴圣的叔叔名叫戴德，也整理了一部《礼记》。戴圣整理的称《小戴礼记》，共四十六篇，其中《曲礼》《檀弓》《杂记》都分上下篇，故也可说四十九篇；戴德整理的称《大戴礼记》，原有八十五篇，现存四十篇。传统的观点认为，戴德删古《礼》二百零四篇为八十五篇，即《大戴礼记》；戴圣删《大戴礼记》

为四十九篇，即《小戴礼记》[1]。但清代学者反驳了这种说法，因为《大戴礼记》中很多篇目，虽然篇名与先秦、秦汉传世典籍如《孔子家语》《荀子》《逸周书》《小戴礼记》部分篇目相同，但是文字差异也很大，如果《小戴礼记》是就《大戴礼记》删节而来，这种差异本不应出现。因此，他们主张这两本《礼记》很可能有着共同的文献来源，但却各自依据古本删定而成。时至今日，当代学者对大、小戴《礼记》的关系问题仍颇有争议。两部《礼记》产生的时间相近，编纂的方式也相同，但此后的命运却大不一样。东汉末年，有"遍注群经"之称的经学家郑玄完成了《小戴礼记》的系统注释工作。这部《礼记注》迅速成为学者、士人研习礼学的重要书籍。《大戴礼记》则因"文多假托，不立学官，世无传者"[2]，直到北周时才有卢辩为其作注。二者的经典地位，从此便判若云泥了。一般人们援引、讨论"礼记"时，特指的就是《小戴礼记》。汉代郑玄根据刘向的《别录》——中国第一部目录学著作，将《礼记》各篇分为九个主题，如表3-2所示。

表3-2　《礼记》分类表

类别	篇目
通论	《檀弓上》《檀弓下》《礼运》《玉藻》《大传》《学记》《经解》《哀公问》《仲尼燕居》《孔子闲居》《坊记》《中庸》《表记》《缁衣》《儒行》《大学》
制度	《曲礼上》《曲礼下》《王制》《礼器》《少仪》《深衣》

1　〔唐〕陆德明：《经典释文》卷一引陈邵《周礼论序》（佚），《中华再造善本》，北京图书馆出版社2003年版，第25页。

2　〔清〕阮元校刻：《十三经注疏·毛诗注疏》，第524页下。

续表

类别	篇目
明堂阴阳	《月令》《明堂位》
丧服	《曾子问》《丧服小记》《杂记上》《杂记下》《丧大记》《奔丧》《问丧》《服问》《间传》《三年问》《丧服四制》
世子法	《文王世子》《内则》
祭祀	《郊特牲》《祭法》《祭义》《祭统》
吉礼	《投壶》
吉事	《冠义》《昏义》《乡饮酒义》《射义》《燕义》《聘义》
乐记	《乐记》

历代注释《礼记》的著作，要多于注释《仪礼》《周礼》两部经典的著作。除汉代郑玄所作的《礼记注》，唐代孔颖达所作的《礼记注疏》之外，宋代卫湜所作的《礼记集说》、元代陈澔所作的《礼记集说》、清代孙希旦所作的《礼记集解》等，都取得了极高的成就。

三礼之中，《仪礼》主要侧重于礼仪、礼器的记载，重点在于人生通过礼仪；《周礼》的主要内容是分官建职，重点在于政治制度；《礼记》也记载了一些礼仪，甚至为《仪礼》所无，但主要侧重于礼义的解释。三礼之中，孰为"礼经"，历史上也有过不同的看法。

一是以《周礼》为礼经。这种观点出自汉代郑玄，他注解《礼记·礼器》中"经礼三百，曲礼三千"一句时，明确表示：

> 经礼，谓《周礼》也。《周礼》六篇，其官有三百六十。曲犹事也。事礼谓今礼也。礼篇多亡，本数未闻，其中事仪三千。

在他看来，"经礼三百"指的就是《周礼》的三百六十官，这是礼乐制度的基本框架；"曲礼三千"指的就是《仪礼》所记载的事为之礼，相较于职官而言，这些仪节烦琐而具体，由于卷帙散佚，今本《仪礼》只剩下十七篇，但在未散佚之前，所记录的事为之礼应当有三千篇之多。三国时期的韦昭、唐代的颜师古，都支持郑玄的这一观点。故汉唐时期的主流观点是以《周礼》为礼经。

二是以《礼记》为礼经。唐孔颖达奉唐太宗之命编纂《五经正义》，于三礼中没有选择《周礼》《仪礼》，而是选择了《礼记》。他以皇侃《礼记讲疏》和熊安生《礼记义疏》为基础，编纂成《礼记注疏》，即《礼记正义》一书。编成以后的《礼记注疏》被运用于科举取士，故而孔氏退《周礼》《仪礼》而尊《礼记》的行为影响也十分显著。唐玄宗开元年间，国子监的大臣数次上书，称当时士人"以《礼记》文少，人皆竞读"，而《周礼》《仪礼》《公羊》《穀梁》《左传》竟沦入无人研习、殆将废绝的境地。在科举制度的影响下，很长一段时间里，学者士子均以《礼记》为礼之正经，不复知有《仪礼》《周礼》。明代的郝敬就认为："《周礼》尤多揣摩，杂以乱世阴谋富强之术；《仪礼》枝叶繁琐，未甚切日用。惟此（指《礼记》）多名理微言、天人性命易简之旨，圣贤仁义中正之道，……故三《礼》以《记》为正。"[1]

三是以《仪礼》为礼经。按照近代学者黄侃的划分，礼包括三个层面的东西：一个叫作礼文，也就是仪节制度；一个叫作礼器，也就是行礼所需要的各种器物；一个叫作礼意，是隐藏在礼文和礼器背后的礼的意义和价值。《仪礼》记载的是礼文和礼器，这些礼文和礼器具体指什么，究竟有何用意，则主要记载在《礼记》中。因此，《仪礼》和《礼记》是互相配合的，《礼记》是解释《仪礼》的。这种说法应当追溯至北宋大儒张载：

> 冠、昏、射、乡、燕、聘，天下之达礼也。《仪礼》所载谓之礼者，礼之经也。《礼记》所载谓之义者，皆举其经之节文，以述其制作之义也[2]。

朱子继承了张载的观点。他本人对三礼的认识，可以一语以蔽之，叫作"《仪礼》为经，《礼记》为传，《周礼》为纲领"[3]。首先是《仪礼》与《礼记》的关系，他说：

> 《仪礼》是经，《礼记》是解《仪礼》。如《仪礼》有《冠礼》，《礼记》便有《冠义》；《仪礼》有《昏礼》，《礼记》便有《昏义》；以至《燕》《射》之类，莫不皆然[4]。

1　〔清〕朱彝尊：《经义考》卷一三九，中华书局1998年版，第734页。
2　〔元〕陈澔：《礼记集说·冠义第四十三》，上海古籍出版社2016年版，第669页。
3　蔡方鹿：《朱熹经学与中国经学》，人民出版社2004年版，第458—461页。
4　〔宋〕黎靖德编，王星贤点校：《朱子语类》第四册卷八十五，第2353页。

《礼记》中，"《中庸》《大学》是说理之书，《儒行》《乐记》非圣人之书，乃战国贤士为之"[1]，这些篇章都不是直接解释《仪礼》的，真正作为《仪礼》这部"经"的"传"的，是《礼记》中的《冠义》《昏义》《燕义》《聘义》诸篇。在此，以《士冠礼》为例：

《仪礼·士冠礼》开篇第一句是：

> 士冠礼。筮于庙门。

《礼记·冠义》则曰：

> 凡人之所以为人者，礼义也。礼义之始，在于正容体、齐颜色、顺辞令。容体正，颜色齐，辞令顺，而后礼义备。以正君臣、亲父子、和长幼。君臣正，父子亲，长幼和，而后礼义立。故冠而后服备，服备而后容体正、颜色齐、辞令顺。故曰：冠者，礼之始也。是故古者圣王重冠。

很显然，《礼记·冠义》的一段话，就是围绕《仪礼》"士冠礼"三个字而展开的。它回答了两个问题：其一，为什么要设置士冠礼？其二，冠礼在整个礼仪体系中居于怎样的位置？按照《礼记》的解释，举行加冠礼是为了表示受冠者已经是一位真正意义上的成年人了，自此以后，他应当按照礼制的要求穿着适当的礼服、参与各项社会活动。能正式穿着礼帽礼服，才谈得上履行容体正、颜色齐、辞令顺的礼仪要求；能参与各项社会活动，才谈得上承担正君臣、亲父子、和长幼的社会伦理义务。而凡此种种，都是

1　〔宋〕黎靖德编，王星贤点校：《朱子语类》第四册卷八十七，第 2387 页。

从加冠的那一刻开始的，这就是《仪礼》要设置士冠礼，并将其当作"礼之始"的原因。由此一例观之，张载、朱子"《仪礼》是经，《礼记》是传"的判断，是确凿无疑的。而在论定《仪礼》《礼记》的关系之余，朱子也讨论了《周礼》：

> 《周礼》一书，也是做得缜密，真个盛水不漏[1]！
>
> 如《周礼》一书，周公所以立下许多条贯，皆是广大心中流出[2]。
>
> 大者如《周礼》所载，皆礼之大纲领是也[3]。

朱子认为《周礼》是周公所作，是周代政治文明的大纲领。这一观点并没有得到更多的证据支持，而是一种基于文化信仰和本人礼学观念的"认定"。事实上，朱子强调"《仪礼》是经，《礼记》是传"必然会带来一个理论后果，那就是强调"事"在整个礼学体系中的先在地位，因为离开了"事"，所谓"义"是无所附着的——这就说明了朱子为什么要在撰写一部以"理"为中心的《四书章句集注》的同时，还要撰写一部完全以"事"为中心的《家礼》。而当他坚持《周礼》是周公致太平之具时，他实际上强调了礼学的现实目标必定是制定一整套广大悉备的礼仪制度，用以维系天、地、鬼、神、人、我、身、心、家、乡、邦国、王朝的秩序。如果将"横渠四句"，即"为天地立心，为生民立命，为往圣继绝学，

1　〔宋〕黎靖德编，王星贤点校：《朱子语类》第四册卷八十六，第2362页。

2　〔宋〕黎靖德编，王星贤点校：《朱子语类》第二册卷三十三，第915页。

3　〔宋〕黎靖德编，王星贤点校：《朱子语类》第二册卷四十九，第1299页。

为万世开太平"视作宋代理学的整体目标，那么要真正能达至这一目标，显然就要有两重手段，一是理学的理论创发，二是以理学为基础的礼制建构。前者为世界的存有提供理论说明，后者则引领这个世界从实然走向应然。

（二）礼典系统

在"家国同构"的周王朝政治体制下，"周礼"正是宗族和国家治理手段的统称。礼学为儒家所继承后，始终将理想中的"三代之治"悬为鹄的，而三代之中的周代，其"郁郁乎文哉"的礼乐文明，在经过孔子以及儒家的不断创造后，对后世形成了极为深远的影响，奠定了中华文明的底色。因此，所谓周礼，既是周代的礼典，也因为其源头性、神圣性，而被后世视为礼经。

秦王朝曾以严刑酷法治理著称，然而却"二世而亡"，汉王朝统治者吸取这一历史教训。汉高祖入咸阳，废除秦律，与百姓"约法三章"，就表明新兴的政权将不再专任刑律。汉初定鼎，汉高祖见功臣飞扬跋扈，饮酒酣醉之余，甚至拔剑砍击宫中木柱，于是命儒生叔孙通制定朝廷礼仪。叔孙通采取古代礼仪和秦律，作《傍章》，又称《汉仪》《礼仪》《礼品》《汉礼仪》等。汉武帝确定"罢黜百家，独尊儒术"的政策以后，儒家学说正式上升为国家意识形态，儒家礼学也逐渐与国家体制紧密结合在一起，形成了新的礼法之治。虽然伴随着汉王朝的灭亡，《汉仪》也亡佚在历史长河之中，但随后只要是大一统王朝，几乎都有盛世修礼的举动，也因此形成了不同时代的国家礼典。其中，存世的主要有《大唐开元礼》（以下简称《开元礼》）、《大唐郊祀录》、《中兴礼书》、《太常因革礼》、《政和五礼新仪》（以下简称《新仪》）、《大明集礼》、《大清通礼》等。我们以唐、宋两代为重点加以介绍。

唐代鼎定之初，唐太宗于贞观十一年（637年）敕令修成《贞观礼》，其特点是简明扼要、易于施行。唐高宗时，因《贞观礼》过于简略，遂于显庆三年（658年）制定《显庆礼》。但是，二者内容之间存在着明显的冲突与矛盾。开元十四年（726年），通事舍人王喦上疏，请"改撰《礼记》，删去旧文，编以今事"，集贤院学士、右丞相张说认为，"《礼记》汉朝所编，遂为历代不刊之典。去圣久远，恐难改易"[1]，于是建议取《贞观礼》《显庆礼》两种"五礼仪注"，折中异同，以为《开元礼》。唐玄宗下诏由张说领衔，率学士右散骑常侍徐坚、左拾遗李锐、太常博士施敬本等人编修礼典。编纂过程中，张说、徐坚和施敬本先后去世。开元十八年（730年），集贤院学士萧嵩奏任起居舍人王仲邱负责继续修撰，最终于开元二十年（732年）九月完成了全书一百五十卷的编纂，并公开颁行。与《开元礼》同期编纂的，还有一部《唐六典》，起于开元十年（722年），成书于开元二十六年（738年）。前者是按照《礼记》的方式来编纂的，后者是按照《周礼》的方式来编纂的，二者相配合，正体现了开元盛世重造经典的勃勃雄心，一如吴丽娱教授所说："《六典》作为政典，其针对和替换者乃《周礼》；《开元礼》乃礼书，使为不刊之典而针对和替换者乃《礼

---

1 〔唐〕杜佑撰，王文锦等点校：《通典》，第1122页。

记》……两者就内容言是礼法、制度兼顾，就模仿和取代的对象是均属上古三《礼》。"[1] 修成以后的《开元礼》，包括如下内容，如表3-3所示：

表3-3　《大唐开元礼》主体内容一览表[2]

主题	卷数起讫	具体内容
序目	卷1—3	序例，包括择日、神位、俎豆、皇帝及其近亲的卤簿、衣服、斋戒、祈祷、杂制等
吉礼	卷4—78	以皇帝祭天、祭祖的礼仪制度为中心，例如冬至时祀昊天上帝于圜丘、夏至时祀皇地祇丁方丘等，每章均规定祭祀时所用的陈设、牲器，及祭祀前后的斋戒、銮驾出宫、奠玉帛、进熟和銮驾还宫等程序。此外吉礼还包括皇帝皇太子视学礼仪、皇帝巡狩、封禅礼仪及诸州县祭岳镇海渎、社稷和祈神的礼仪
宾礼	卷79—80	藩王或使者来朝时皇帝如何接待、宴请并接受其上表和贡品的礼仪制度
军礼	卷81—90	皇帝亲征、遣大将出征及讲武、田狩等军事活动的礼仪制度
嘉礼	卷91—130	皇帝纳后、元正和冬至时接受朝贺、册命皇后皇太子和王公大臣，以及皇太子纳妃、亲王纳妃和公主出嫁等庆典活动的礼仪制度，并按品级规定官员的婚礼及其嫡子、庶子的冠礼
凶礼	卷131—150	皇帝在发生水旱虫灾的凶年赈抚诸州、劳问诸王疾苦，为亲人、大臣、藩主等举哀办理丧事活动的礼仪制度，也包括皇后等后妃为亲人举哀的礼仪，并按品级规定官员的葬礼仪制

《开元礼》的制定，"使唐前期五礼更加定型化，从而确定了中古礼制的框架，实现了国家强盛、经济繁荣之际的礼仪辉

1　吴丽娱：《营造盛世：〈大唐开元礼〉的撰作缘起》，《中国史研究》2005年第3期。

2　本表根据《中国大书典》"大唐开元礼"一节制作。参见黄卓越、桑思奋主编：《中国大书典》，中国书店1998年版，第368页。

煌……表现了唐国家礼仪完全不同于上古礼的时代特色"[1]。不仅如此，《开元礼》按照序列和"吉、宾、军、嘉、凶"五礼分类编撰的方式，也被后来的《新仪》《大金集礼》《大明集礼》《大清通礼》等普遍采用。故而历代学者对《开元礼》的评价都非常高，如唐代史学家杜佑曾称赞该书："於戏！百代之损益，三变而著明，酌乎文质，悬诸日月，可谓盛矣。"[2] 宋代欧阳修也谓《开元礼》使"唐之五礼之文始备，而后世用之，虽时小有损益，不能过也"[3]。清代《四库全书总目提要》称赞说："其讨论古今，斟酌损益，首末完备，粲然勒一代典制。"[4] 同为清代史学家的王鸣盛更是说："唐礼莫著于《开元》。"[5]

北宋以文教立国，故开宝四年（971年）四月，宋太祖赵匡胤就令御史中丞刘温叟等人，以《开元礼》为蓝本编纂宋代礼典。至六月，修成缴进，这就是《开宝通礼》二百卷。作为宋代第一部完备的礼典，修纂得如此迅速，原因在于"《开宝通礼》全体是《开元礼》，但略改动"[6]。故其创修目的与其说在于实际施行，毋宁说在于表明朝廷崇尚礼教的态度，所以《开宝通礼》中所制

1 吴丽娱：《营造盛世：〈大唐开元礼〉的撰作缘起》，《中国史研究》2005年第3期。
2 〔唐〕杜佑撰，王文锦等点校：《通典》，第1122页。
3 〔宋〕欧阳修、宋祁撰：《新唐书》卷一一，第309页。
4 〔清〕永瑢、纪昀等撰：《钦定四库全书总目》，景印文渊阁四库全书第2册，台湾商务印书馆1989年版，第697页下。
5 〔清〕王鸣盛著：《十七史商榷》卷八二，商务印书馆1959年版，第892页。
6 〔宋〕黎靖德编，王星贤点校：《朱子语类》第四册卷八十四，第2339页。

定的仪文，从一开始就不能完全适用于北宋社会[1]。为了弥补《开宝通礼》之不足，自太宗、真宗朝起，国家举行典礼，每每都需要随事讨论，由此出现了数量庞大，甚至礼官都无从稽考的变礼。仁宗嘉祐年间，欧阳修任太常寺同判，奏请将太宗、真宗、仁宗数朝变礼汇编一处，至英宗治平二年（1065 年），乃编成《太常因革礼》。是书之创，其意在补充《开宝通礼》，而非成就一代礼典，故编成以后，不过藏诸秘阁以备参考，并未刻板颁行天下。宋时礼典，犹阙而未备。

　　至大观元年（1107 年），设立议礼局，以徽宗《御制冠礼沿革》为楷式，编《大观新编礼书》。政和元年至三年（1111—1113 年），又为《大观新编礼书》制定更为详细的仪注，这便是北宋末年最重要的礼典——《新仪》。《新仪》的编纂，以"详求历代礼乐沿革，酌今之宜，修为典训，以贻永世"和"安上治民至德著，移风易俗美化成"[2]为目标、方针，故相较于以往的北宋国家礼典，有两个显著的特点。其一，出现了针对庶民的礼仪制度。事实上，唐代《开元礼》就出现了庶人礼仪，但相对烦琐的皇家礼仪、朝廷礼仪而言，显得极为简略。《新仪》是第一部有详细庶人礼仪的国家礼典，包括"庶人婚仪""庶人冠仪""庶人丧仪"等。其二，《新仪》曾面向民间社会进行推广。和北宋《开宝通礼》《太常因革礼》

1　张文昌著：《制礼以教天下——唐宋礼书与国家社会》，（台北）台大出版中心 2012 年版，第 159 页。

2　〔清〕徐松辑，刘琳、刁忠民、舒大刚、尹波等点校：《宋会要辑稿》第五册，上海古籍出版社 2014 年版，第 3130 —3131 页。

徒具条文不同,《新仪》没有藏于秘府,而是于政和六年(1116年)刊本给各州县,"诏开封尹王革编类通行者,刊本给天下,使悉知礼意"[1],甚至一度下令在乡村设置礼生,专门负责在民间推行朝廷制定的礼仪。同时要求天下臣民一体遵行,不遵者交官府论罪。

但在实施过程中,《新仪》却呈现出一些根本性的不足。例如自身有一致命缺陷,即"俗儒胶古,便于立文,不知达俗"[2],故抵牾、不便施行处极多。又如《新仪》要求百姓日常的冠、婚、丧、祭,要分别于堂、寝、陛、户等处行礼如仪,然而贫民之家,家居狭隘,又何来如此多处所呢[3]?更严重的是,在民间推广过程中,身荷教习之责的礼生,偏偏又"责其毕备,少有违犯,遂底于法"。于是乎"立礼欲以齐民,今为害民之本"。施行未足十年,至宣和初年(1119年)即遭罢废。各郡州所存之《新仪》,也旋即在靖康之祸中,多毁于战火[4]。如此一来,宋代政府行政和民间生活再次出现了巨大的礼仪真空。即便有心礼治者,亦往往无从稽考,只能承袭风俗、因循成例。至南宋朱子担任福建同安知县时,地方礼治已呈荒嬉废弛之象。县学中释奠礼这样的常行礼,本应

1　〔元〕脱脱等撰:《宋史》卷九十八,中华书局1985年版,第2423页。

2　〔宋〕不著编者,司义祖整理:《宋大诏令集》卷第一百四十八,中华书局1962年版,第548页。

3　〔宋〕姚宽、陆游撰,孔凡礼点校:《西溪丛语·家世旧闻》,中华书局1993年版,第203页。

4　详参张文昌著:《制礼以教天下——唐宋礼书与国家社会》第三章第一、二、三节,(台北)台大出版中心2012年版,第133—220页。

由知县或掌管县学的官员来主祭，以示郑重其事，然而同安县之成例，竟然是由官府中的胥吏行礼，地方官、县学生均不参与。民间百姓的婚配也充斥着违背礼法的现象：

> 本县自旧相承，无婚姻之礼，里巷之民贫不能聘，或至奔诱，则谓之引伴为妻，习以成风。其流及于士子富室，亦或为之，无复忌惮[1]。

所谓"引伴为妻"，就是不履行婚姻的六礼程序而直接同居，"奔诱"则近乎拐卖、诱骗了。这种非法无礼的情形是如此普遍，以至于连读书明理的士大夫之家和家资产丰饶的富裕家庭，都不免被恶俗所侵染。这一点极大地刺激了朱子，所以他曾经向朝廷请求再次颁布《新仪》，用以规范民间婚嫁礼仪：

> 欲乞检坐见行条法，晓谕禁止。仍乞备申使州，检会《政和五礼》士庶婚娶仪式行下，以凭遵守，约束施行[2]。

他希望一方面由官府出面禁止这种不良的婚姻习俗，另一方面则希望将《新仪》有关庶民婚礼的部分重新颁布天下，让地方老百姓有可以遵循的礼法。而在他真正看到《新仪》以后，他的想法似乎发生了改变。他指出，《新仪》并不合于当时社会现实，甚至还不如沿袭唐代旧制的《开宝通礼》：

1　〔宋〕朱熹著、朱杰人等编：《朱子全书》（修订本）第二十一册，第896页。
2　同上。

唐有《开元》《显庆》二礼，《显庆》已亡，《开元》袭隋旧为之。本朝修《开宝礼》，多本《开元》，而颇加详备。及政和间修《五礼》，一时奸邪以私智损益，疏略牴牾，更没理会，又不如《开宝礼》[1]。

针对《新仪》的不足，朱熹提出了五条补救措施，即：修纂并颁布《绍兴纂次政和民臣礼略》，州县设礼学以教民，中央统一祭器准式，礼服准《新仪》，考正礼仪以补《新仪》之不足并为之制图[2]。要言之，就是以《新仪》为底本，对其中关乎治事之急、风俗之大者，详加议论，择其可行者而行之，其不可行者则改之，以期实现移风易俗、成就善治的礼治主义理想。

尽管《新仪》存在诸多不足，但为庶民制礼的做法，仍是由这部礼典开启的。这一点也为后来的《大明集礼》《大明会典》和《大清通礼》等国家礼典所沿袭。故刘永华教授指出，《新仪》"应视为理解王朝礼仪与乡村社会之间关系的一个制度史出发点"[3]。

（三）礼书系统

以唐宋之际的社会变革为背景，宗族与宗法主义在宋代得到了复兴。"宗法主义的目标说到底就是防止家系的没落并以宗族

1　〔宋〕黎靖德编，王星贤点校：《朱子语类》第四册卷八十四，第2339页。

2　参见〔宋〕朱熹著、朱杰人等编：《朱子全书》（修订本）第二十三册，第3352—3354页。

3　刘永华：《礼仪下乡：明代以降闽西四保的礼仪变革与社会转型》，生活·读书·新知三联书店2019年版，第10页。

为单位树立名门家系"[1]，同时也是对唐末、五代社会伦理与政治秩序完全崩解所带来的巨大灾难的彻底反思：

> 呜呼！家人之道，不可不正也。夫礼者，所以别嫌而明微也。甚矣，五代之际，君君臣臣父父子子之道乖，而宗庙、朝廷、人鬼皆失其序，斯可谓乱世者欤！自古未之有也[2]。

因此，宋代士大夫亟须找到一个有效的工具，用来组织和维系家族，并贯彻儒家理想的"齐家之道"。他们找到的工具就是以"家"为场域而实施的各种礼仪，由此形成的文本就是礼书。

礼书就是指由私人撰述的，以家庭、个人为写作对象，以民间日常生活礼仪为内容，期待付诸具体实施的礼仪手册。以朱子《家礼》为界，宋、元、明、清时期的礼书编纂，可以显著地分为两个时期。在朱子《家礼》编成之前，甚至同时代，北宋、南宋出现了很多由著名官员、著名学者编纂的实用性礼书。其中著名的有韩琦《古今家祭式》，程颐《婚礼》《祭仪》，张载《横渠张氏祭礼》《冠婚丧祭礼》，司马光《书仪》《家范》，吕祖谦《家范》等。在朱子《家礼》编成并出版以后，绝大部分的礼书都是以《家礼》为蓝本，对其进行本地化、时代化的改写，如明代丘濬的《仪节》（《家礼仪节》）；或者以《家礼》为基础，增益更多与日常生活相关的内容，如清代梁杰的《家礼全书》。

1　[日]井上徹著，钱杭译，钱圣音校：《中国的宗教与国家礼制：从宗法主义角度所作的分析》，上海书店出版社2008年版，第87页。

2　〔宋〕欧阳修：《新五代史》卷十六，中华书局1974年版，第173页。

朱子《家礼》以后的礼书编纂，此处暂不深论，这里先介绍几部朱子以前和同时代的礼书。

首先是韩琦的《古今家祭式》。韩琦历任宋仁宗、英宗、神宗三朝的宰相，有"两朝顾命，定策元勋"之称。《古今家祭式》即作为高官显贵的韩琦，为自己家族祖先祭祀而作的一部实践礼书。这部书今天很可能已经亡佚了，其序则保留在《安阳集》之中。从这篇仅存的序言，我们可以看到该书的编纂背景，是唐末至五代乱世，礼乐废缺，以至于公卿大夫等岁时祭祀，都仅仅因循礼俗，而缺少礼仪上的定制与讲究。庆历元年（1041年），宋仁宗下诏，命令文武官员可以依照旧的礼制创立家庙。这件事情交给礼部讨论后，一直没有形成决议。但家族祭祀不可缺礼，于是韩琦便综合了郑正则《祠享仪》、孟诜《家祭礼》、范传正《寝堂时享仪》、周元阳《祭录》、贾氏《家荐仪》、徐闰《家祭仪》、孙日用《仲享仪》等七家礼书，"采前说之可行，酌今俗之难废者，以人情断之，成十三篇，名曰《韩氏参用古今家祭式》"。韩琦还特意说明，这部礼书"将使子孙奉而行之，非敢传于外也"，也就是非公开的著作，"他日朝廷颁下家祭礼，自当谨遵定制云"[1]。从《古今家祭式》的编纂可以看出，从唐代至北宋，为应对家族礼仪需求，郑正则、孟诜直至韩琦等士大夫已投身家礼的建设，而礼书的产生，本质上是为了弥补朝廷礼典的缺失。由于韩琦的身份极其尊显，

---

1 〔宋〕韩琦撰，李之亮、徐正英笺注：《安阳集编年笺注》（上），巴蜀书社2000年版，第745—746页。

故而《古今家祭式》成书后，其流传范围绝不仅在于韩氏家族内部，还受到士大夫的广泛欢迎。朱子编次《家礼》时，也将韩琦《古今家祭式》列为重要的参考书。而《家礼》中的节祠部分，正是从《古今家祭式》中得来的。

同样出自北宋宰相之手的，还有司马光的《书仪》。司马光历仕仁宗、英宗、神宗、哲宗四朝，是王安石新政的反对者和保守派的领袖。所谓书仪，乃是旧时士大夫私家关于日常生活所用各种书札体式及相关典礼仪注的著作。元丰四年（1081 年）左右，司马光的《书仪》编纂成功。该书原书为八卷，四库全书本分为十卷：第一卷为书札体式，包括表奏、公文、私书、家书等；第二卷为冠仪；第三、四卷为婚仪；第五至十卷为丧仪。《书仪》成书以后，即得到士大夫的高度重视，成为朱子《家礼》以前最流行的家礼著作。朱子《家礼》中的居家杂仪、婚礼、祭礼，以及其他一些仪节制度就取材于《书仪》。即便在《家礼》流行开来以后，这部著作仍是历代士大夫最重视的礼书之一，仅次于《家礼》。在北宋家礼著作中，朱子对《书仪》的制礼思路与制礼成就评价也最高：

> 叔器问四先生礼，曰："二程与横渠多是古礼，温公则大概本《仪礼》，而参以今之可行者。要之，温公较稳，其中与古不甚远，是七八分好。若伊川礼，则祭祀可用。婚礼，惟温公者好。"[1]

与朱子同时代而稍晚一点，福建地区的丁升之还编纂了一部

1　〔宋〕黎靖德编，王星贤点校：《朱子语类》第四册卷八十四，第 2340 页。

婚礼类书——《婚礼新编》。作者丁升之的生卒年月不详，研究者根据书中引用的著作最晚者，以及本书的避讳情形，推断作者应当生活在南宋高宗至宁宗时期，而《婚礼新编》成书则在南宋光宗绍熙年间（1190—1194年）[1]。该书共二十卷，前十卷包括婚礼制度和婚礼书仪，后十卷为历代婚礼典故。将古代婚礼制度、书仪、典籍、文献、典故汇编到一起，形成了一部"满足当时婚礼的查检需求专门编纂而成的日用生活型通俗类书"[2]。值得特别指出的是，这部著作没有引用朱子《家礼》的婚礼内容。这或许是受到两个因素的影响，一是当时针对朱子及其弟子的"党禁"方严；二是《家礼》此时还属于"佚失"的状态，仅仅以誊抄本的形式在少数学者中流传。故丁升之很可能没有见过《家礼》，自然也无从采辑。

以韩琦《古今家祭式》、司马光《书仪》、丁升之《婚礼新编》为代表的家礼类著作，共同体现了宋代儒者"齐家"的诉求。朱子《家礼》的制定，也以用于自家本族为目的，本来也属于礼书之列。但是，随着朱子学在元、明、清三代的正统化，《家礼》的地位也不断提升，进入了国家礼典系统，甚至具有了"拟经"[3]的地位。

1　〔宋〕丁升之辑，柳建珏校注：《婚礼新编校注》（上），上海古籍出版社2021年版，第1—2页。

2　同上，第1页。

3　拟经，即模拟儒家经典。参见赵培：《波动的权威　游移的道统——经典化视域下儒家创经、拟经、广经、续经与补经现象》，《学术月刊》2021年第2期。

二、《家礼》的"礼典化"

《家礼》的"礼典化"，也就是《家礼》进入国家礼典、成为国家礼制和国家意识形态的组成部分的过程。这个过程肇兴于元代忽必烈统治时期，至明代洪武初年就已基本完成。此后明、清两代，都将《家礼》奉为国家礼典中冠、婚、丧、祭等人生通过礼仪的主要标准。

（一）宋元时期《家礼》地位的抬升

朱子《家礼》誊录本复现于世，引起了朱门弟子的高度重视。他们分别在广州、余杭、临漳、潮州、萍乡等地刊刻该书。在他们的着力推动下，《家礼》伴随着理学的流布迅速传播开去，形成了不分卷本、四卷本、五卷本、八卷本、十卷本等多种版本，也形成了钞配本、集注本等不同的体裁类型[1]。短短五十年时间，《家礼》俨然成为当时最流行的实用礼仪手册。

《古今合璧事类备要》（以下简称《事类备要》）是南宋谢维新所编纂的一部大型类书，成书于宝祐五年（1257 年），全书前集、后集、续集、别集、外集合计三百六十六卷，一百一十七门，二千三百一十七个子目。其中，前集卷五十九"冠礼"、前集卷六十一"婚礼门"、外集卷八"祭祀门"、外集卷三十五"服饰门"，分别征引了《家礼》"冠礼""昏礼"和"深衣制度并图"

1　彭卫民：《朱熹〈家礼〉刊本考》，《济南大学学报》2017 年 4 期。

的主要内容，以及"祭礼"中的"四时祭"部分。我们以"婚礼门"中的"亲迎"一节为例，说明《事类备要》的征引方式。该书首先是将《仪礼》《礼记》所记载的礼仪，分为"男先女""父醮子""父送女""婿揖妇"四个事类，并在每个事类下引用礼经原文。然后以"政和昏仪"为事类之名，将《重修政和五礼新仪·昏仪》中"亲迎"一节的内容系于其下。再以"文公家礼"为事类名，将《家礼·昏礼》中"亲迎"一节的内容系于其下[1]。由此可见，谢氏是以礼经为纲，《新仪》《家礼》为辅的。按照前面的分类，《仪礼》《礼记》属于礼经，《新仪》属于国家礼典，《家礼》则属于民间礼书。谢维新将《家礼》与《新仪》并列，很可能与他身为福建建安（今福建建瓯）人有关，而福建正是朱子学最先流布的区域（朱子学亦称闽学）。其在《家礼》之外，不再别引司马光《书仪》等书，则说明在谢氏心目中，《家礼》实为民间礼书之代表。但需指出的是，《事类备要》前集卷六十五"丧纪门"既没有引用《家礼》，也没有征引《书仪》等礼书，而是主要征引了《仪礼》《礼记》《论语》《孟子》《通典》以及《韩文公集》等。这在一定程度上也说明，《家礼》当时虽已为学者所推崇，但犹未达到定于一尊的地位。

蒙元入主中原以后，元世祖忽必烈至元八年（1271 年），《家礼》的"昏礼"部分通过中央政府行政命令的方式，率先成为国

1　〔宋〕谢维新：《古今合璧事类备要》，景印文渊阁四库全书第 939 册，台湾商务印书馆 1989 年版，第 488—489 页。

家礼制的一部分。《元典章》记载：

> 至元八年九月，尚书礼部：契勘人伦之道，婚姻为大。即今
> 聘财筵会，已有定例。外据拜门一节，系女贞风俗，遍行合属革
> 去。外据汉儿人旧来体例，照得《朱文公家礼》内"婚礼"，酌
> 古准今，拟到下项事理。呈奉尚书省札付，再送翰林院兼国史院
> 披详相应，移准中书省咨：议得登车、乘马、设次之礼，亦贫家
> 不能办。外据其余事〔理〕，依准所拟，遍下合属，依上施行，
> 仍关各部照会[1]。

在元代政治精英看来，《家礼》有关婚姻部分既继承了古代
婚礼的制作精神和主体内容，又针对当时社会做出了因革损益，
已经成为"汉人旧来体例"，也就是汉人的礼法准则。但元代社
会毕竟是一个由蒙古人、色目人、汉人、南人所组成的等级社会，
这一点和宋代已经有了明显区别。朱子《家礼》是以下层精英阶
级，也就是"士"为蓝本来进行制度创设的，因此也不能完全适
应下层贫民阶级的日常生活所需。所以，元代政治精英在《家礼》
基础上做出了一些改变。

一是增设了婚书立约。元代民间婚礼，有立婚书文约的，也
有不立文约、仅凭男女双方及媒人的口头约定的。男女双方围绕
聘礼财物、赘婿赡养女方父母的时间期限等问题发生争执时，往
往要到官衙打官司。为了节省司法资源，元世祖忽必烈至元六年

1　洪金富校订：《校定本元典章》（中），台湾"中央研究院"历史语言研究所2016年版，
　　第972页。

（1269 年），中书省户部发布规定，要求民间婚礼必须写立婚书文约，内容主要是聘财礼物的数目。如果是招上门女婿，还要写明究竟是养老女婿（侍奉女方父母终老）还是年限女婿（奉养女方父母达到一定年限后，允许认祖归宗、析家别居），如系年限女婿，还要写明具体年限[1]。男方的婚书由男方家长和媒人画押签字，女方的婚书由女方家长和媒人画押签字，两件婚书对照无误后，在背面写上"合同"二字，交男女双方妥藏[2]。朱子《家礼》中的婚书主要是礼仪性的，元代官方规定的婚书则兼具礼仪和法律属性，是一份具有民事效力的"合同"。

二是按照品官等级增设了礼仪规定。如规定嫁娶聘礼分为上、中、下三等。上户聘礼包括金一两、银五两、彩缎六表里、杂用绢四十匹，筵席则用三味；中户用金五钱、银四两、彩缎四表里、杂用绢三十匹，筵席也用三味；下户不用金，银三两、彩缎二表里、杂用绢十五匹，筵席则用二味[3]。至元八年（1271 年）又规定，聘礼按照当时的元宝钞进行折算。品官聘财：一品、二品官，五百贯；三品，四百贯；四品、五品官，三百贯；六品、七品官，二百贯；八品、九品官，一百二十贯。至于庶人，仍按照上中下三等，上户一百贯，中户五十贯，下户二十贯。筵会所用菜肴，品官不超过四味，上户、中户不超过三味，下户不超过两味[4]。以上规定，

1　洪金富校订：《校定本元典章》（中），第 654 页。

2　同上，第 652 页。

3　同上，第 652 页。

4　同上，第 654—655 页。

显然是为了防止过于奢靡。

三是解除了一些限制性的条文。《家礼》"婚姻"的"亲迎"环节，女方要在家门口设临时性的帐幄，供亲迎者等候时使用，男方家要准备车马，新婚丈夫乘马，新婚妻子乘车。礼部最先拟定的婚礼条例，实际上是对《家礼》的抄录，仍保留了车、马、帐幄等事物。而中书省讨论的结果，则认为上述事物也是平民家庭难以负担的，故而加以删削。

四是革除了拜门、出羞等弊俗。以拜门为例，此本为女真族的礼俗，清代《满洲源流考》记载了两种拜门之礼。一种是在"纳币"之前，女婿和男方亲属用车载着美酒佳肴，来女方家中拜访，车辆少者有十多辆，多者甚至上百辆。女方家人不论大小，坐在炕上，男方家人则罗列在炕下行拜礼。男方还要准备上百匹马供女方挑选，女方从中挑选好马留下，每留下一匹马，则需要送女婿一袭衣。另一种是"亲迎"以后，男子携妻子归宁省亲，也叫作拜门，但其礼俗没有记载[1]。礼部既然以"聘财筵会，已有定例"为理由，革去源自女真族的拜门之礼，那么所谓拜门显然指前者。

《家礼》中"昏礼"为何会率先成为元代国家礼制的一部分？有学者认为是中央和地方之间的张力所导致的。"元代地方官府裁决权受到限缩，并长期缺乏成文法典可依，导致民间细事纠纷大量涌入中央省（中书省）、院（枢密院）、台（御史台）与六部，

1　〔清〕阿桂等撰，孙文良、陆玉华点校：《满洲源流考》，中国国际广播出版社2016年版，第378—379页。

等待裁决。中央期待透过婚书契约化、聘财标准化，减少婚姻争讼量。地方上的官员，则透过观风察俗的义务，议论何为汉人本俗，建议恢复唐律，并要求中央对单一婚俗进行道德禁止与管理，借此洗去他们眼中的异俗，不仅主导了元代时期法律传统的发展，也将理学注入法律之中。"[1] 但是，《家礼》中只有婚礼进入了国家法典，也给《家礼》在民间的实施带来了一些困难。有人遵照《家礼》的范式举行祭礼，反而遭到了无赖的敲诈。《元典章》记载的"祖先牌座事理"，正是这样一个例子。

大德四年（1300年），有人告发江西萍乡朱惠孙，在祭庵中供奉着亡母苏氏的牌位，上面写着"皇妣"字样，乃是犯上之举。这项指控无疑是想用"谋逆"一类十恶不赦的大罪来构陷朱惠孙。州府官员经过调查，指出朱惠孙是一位理学信徒。他称亡母为"皇妣"，乃是本于礼经和礼书。《礼记·曲礼下》说祭祀亡故的父母时，"父曰皇考，母曰皇妣"。朱子《家礼·丧礼》的"题主"部分也规定，亡故父母的木主，前方应当分别题写"皇考某官封谥府君神主""皇妣某封某氏神主"的字样。无论是《礼记》还是《家礼》，"皇考""皇妣"之"皇"，都不是皇帝、皇家的意思，而是对先代的一种敬称。据此而论，朱惠孙并没有僭越、谋逆之举。但当地的官员也指出，《礼记》《家礼》固然做出了规定，称先

---

1 洪丽珠：《元代各从本俗下的风俗议论与法律走向——以汉族婚姻法与婚俗为例》，台湾"中央研究院"历史语言研究所、中国法制史学会主编：《法制史研究》2018年12月第34辑。

父先母为"皇考""皇妣"的做法却并没有得到国家礼典的肯定。地方官员谨慎地将情况层层上报，同时也将判断朱氏的行为究竟是合礼还是违法的决定权一并交给了中央。在经过刑部、礼部、翰林院、国史院会商后，中书省得出了处理决定："于经典理宜回避所犯，今将已追牌座当官烧毁，今后遍行禁止相应都省。"[1]也就是说，尽管礼经、礼书中有明确的规定，但普通人使用"皇"字仍被视作犯禁之举，故毁掉木主，并向地方申明这一处理办法，至于朱惠孙本人，则显然不需要进行处理。

在元代政治、文化精英的努力下，《四书章句集注》成为科举考试的定本，《家礼》的"昏礼"部分也得到中央政权的肯定和推行，成为国家礼制和法制的组成部分。以上现象均意味着朱子学地位的抬升，但我们绝不能因此高估朱子《家礼》在元代国家意识形态中的地位。其一，元代国家礼制向来有"内蒙外汉"之称，正如论者所言，"元之五礼皆以其国俗行之，惟祭祀稍稽诸古"[2]；而即便是祭礼当中的祭天，也是祭祀长生天的"国俗旧礼"，和祭祀昊天上帝的汉族礼仪并用。在此二元礼的格局之下，朱子《家礼》只能起到部分规范民间礼俗作用。其二，朱子《家礼》中，冠、婚、丧、祭本是一个整体，仅仅截取其中的"昏礼"部分，是否能完全发挥《家礼》协和家庭关系、构建家庭伦理的效力，也是一件值得怀疑的事。其三，礼部以朱子《家礼》的"昏

1　洪金富校订：《校定本元典章》（中），第990页。
2　王福利：《元朝祭祀之礼及其用乐》，《内蒙古大学学报》2005年第1期。

礼"为基准，所推出的行政命令是否在民间得到普遍遵守，尚缺少相关文献证明。是在元代政权迅速衰落后，用理学和《家礼》来标举自身统治的合法性才成为朱明王朝有意识的行为。正是在此过程中，《家礼》的地位得到了进一步提升和巩固。

（二）明清时期《家礼》地位的确定

元代统治仅仅维系了一段不长的时间，就迎来了社会矛盾的全面激化。朱元璋攻灭蒙元，扫平各个割据势力，最终建立了明朝。在总结历史经验教训的过程中，朱元璋对礼制作为社会秩序的功能与作用，形成了深刻的认识。他将元朝覆灭的原因归结为"僭礼败度"：

> 太祖谕廷臣曰："古者帝王之治天下，必定礼制，以辨贵贱，明等威。是以汉高初兴，即有衣锦绣绮縠、操兵乘马之禁。历代皆然。近世风俗相承，流于僭侈，闾里之民，服食居处与公卿无异，而奴仆贱隶往往侈肆于乡曲。贵贱无等，僭礼败度，此元之失政也。中书其以房舍服色等第，明立禁条，颁布中外，俾各有所守。"[1]

因此，建构一套完整的礼制，为明王朝奠定一个坚实的制度基础，实现王朝的长治久安，就成为朱元璋最关心的事——"明太祖初定天下，他务未遑，首开礼乐二局，广征耆儒，分曹究讨"[2]。

1　〔明〕朱元璋：《明太祖宝训》，台湾"中央研究院"历史语言研究所校印1962年版，第131页。

2　〔清〕张廷玉等撰：《明史》第五册，中华书局1974年版，第1223页。

整个明代国家意识形态，均以程朱理学为基础和主干；而礼经、唐宋礼典和朱子《家礼》所代表的民间礼学，则承担起取代元代所定的"胡礼"，树立新王朝的正统性和合法性，以及加强中央集权、组织民间社会的各项功能。从洪武元年（1368 年）开始，新的明朝政权致力于将理学和礼学引入国家意识形态建构。直至洪武三年（1370 年）九月，《大明集礼》完成，标识着被称为"洪武初制"的明代早期礼制基本完成。正是在此过程中，朱子《家礼》也顺理成章地渐次进入国家礼制。此后，沿着《大明集礼》所开辟的礼制格局和礼仪精神，历代明朝皇帝均有制作，于明孝宗弘治十五年（1502 年）编成《大明会典》一书，该书经世宗、神宗两朝的增益以后，最终形成了"一代成宪"，也就是明代礼制的成熟形态。接下来，我们就以明代中央政府的礼仪规定为依据，从通礼、冠礼、婚礼、丧礼、祭礼五个方面讨论朱子《家礼》进入国家礼典的经过。

一是通礼。朱子《家礼》"通礼"部分的核心是对祠堂、深衣的规定。从《明史·礼志》和《大明集礼》的记载来看，明初的家庙制度区分为品官、庶人两个层级。有品级的官员，其家庙形制为"堂三间，两阶三级，中外为两门"，内部陈设为"堂设四龛，龛置一桌。高祖居西，以次而东，藏主椟中。两壁立柜，西藏遗书衣物，东藏祭器"，均与《家礼》"通礼"部分的规定相符。庶人则不立家庙，在"寝"，也就是家中正堂供奉神主，而且神主也不用木椟装盛，极有可能是用布帛包裹收藏。

二是冠礼。礼始于冠，但两汉魏晋以来，即便是簪缨之家也并不重视冠礼，遑论庶人家庭了。《家礼》将冠礼重新确立为"四礼"之首，要求"士庶通行"，显然有厘正儒家礼法系统的用意。明太祖洪武元年（1368年），"诏定冠礼，下及庶人，纤悉备具"[1]，以品官为基准制定冠礼，庶人在此基础上降杀之，就继承了《家礼》的遗意。洪武元年冠礼的施行效果并不好，"然自品官而降，鲜有能行之者，载之礼官，备故事而已"[2]。《大明集礼》在洪武元年冠礼基础上，"以《文公家礼》为准，而定士庶冠礼"[3]，做出了两个方面的修订。一是规定了官、民冠礼"三加"时应当穿着的不同服饰，品官用公服、带、靴、笏，庶民用襕衫、带、靴，其余皂衫、深衣、大带、履、栉、帨（xū）、掠等服饰则为官民通用。二是在筮日、戒宾、醴（lǐ）、祝等四个礼仪环节，不采用《家礼》的规定，而是遵循更古老的《仪礼》。

三是婚礼。礼的一项重要功能就是区分贵贱尊卑，但在主持洪武初制的儒臣们看来，婚礼却是个例外。《仪礼·士昏礼》中有"婚礼下达"一句话，本意是指男家请媒人向女家传递合婚之意。主持洪武初制的明代礼官却将这一句话理解为婚礼的礼制规定，是通高低贵贱而言的，无论是皇室宗亲、天潢贵胄，还是品官名士、庶民百姓，婚姻之礼都要经历纳采、问名、纳吉、纳征、

1　〔清〕张廷玉等撰：《明史》第五册，第1385页。

2　同上。

3　〔明〕徐一夔：《大明集礼》卷二十四，美国加利福尼亚大学伯克利分校藏嘉靖（1522—1566年）内府刊本。

请期、亲迎六个环节，这就叫"六礼之行，无贵贱，一也"[1]。根据这一理解，《大明集礼》虽然区分了"品官昏仪"和"庶人昏仪"，但二者颇有相通之处。具体而言，洪武初制的婚礼部分，主要有三个方面的特点。一是没有采用《仪礼》的六礼体系，而是采取朱子《家礼》的"三礼"体系（"议婚"作为预备环节，不计入"三礼"之中），即将纳采、纳币、亲迎（《明史》误作"请期"）当作婚礼的核心环节。其余铺房、见舅姑（公婆）、庙见（拜见家庙）等仪节，也基本遵照朱子《家礼》的规定。二是规定了男女婚配的年龄，即男性十六岁、女性十四岁，同时还禁止指腹婚、襁褓婚等民间陋俗，以上均与朱子《家礼》相符。三是允许庶民向上"假借"品官之仪，如规定庶人娶亲可以穿着九品官员的公服，此条并不见于《家礼》，大概是出于隆重、吉庆的心理，当时民间已有此风俗，至此则得到明文允许。但品官、庶民之间仍有两处区别。一是品官婚礼用"媒"（媒人）以及"宾"（男方使者）负责送信、下聘礼等，庶人则有"媒"而无"宾"。二是婚书、禀告家庙、告诫儿子的措辞，品官也与庶民略有差异。总而言之，洪武初制的婚礼大体上是继承朱子《家礼》而来的，但与前面说到的祠堂制度、冠礼制度不同，洪武初制的婚礼部分不严格区分品官与庶民，而是一种士庶通行的礼制。

四是丧礼。洪武初制的丧礼同样被区分为"品官丧仪"和"庶人丧仪"两部分。但与婚礼类似，当时的礼官们认为丧礼也是通

1　〔清〕张廷玉等撰：《明史》第五册，第 1403 页。

行之礼：

> 五服之制，无间乎上下；礼经所载公卿士庶之礼，多可通行；
> 而唐宋之所定，《家礼》之所载，庶人与品官亦不甚悬绝。所不
> 同者，衣衾、棺椁、仪物、器馔之厚薄而已[1]。

洪武礼官总结周代礼经、唐宋两代礼典、朱子《家礼》等近
世礼书，发现公、卿、士大夫和庶民的丧礼基本相同，仅在礼器、
礼物上有所损益隆（升）杀（降）。故他们制定明代初年的丧礼
仪制时，就以"本之周经，稽诸唐典，而又参以朱子《家礼》之编"[2]
为方法。由此形成的洪武初制，品官和庶民的丧礼礼仪流程仍基
本保持一致，仅通过礼仪规制来体现丧者、丧主的身份高低。唐、
宋、明墓地大小规制如表3-4所示：

表3-4 唐、宋、明墓地大小规制表[3]

品级	朝代		
	唐	宋	明
一品	方七十步，坟高丈六尺	墓田九十步，坟高一丈八尺	茔地九十步，坟高一丈八尺
二品	方六十步，坟高丈四尺	八十步，坟高一丈六尺	茔地八十步，坟高一丈四尺
三品	方五十步，坟高丈二尺	七十步，坟高一丈四尺	茔地七十步，坟高一丈二尺
四品	方四十步，坟高一丈一尺	六十步，坟高一丈二尺	茔地六十步，坟高八尺
五品	方四十步，坟高九尺	五十步，坟高一丈	茔地五十步，坟高八尺

---

1 〔明〕徐一夔：《大明集礼》卷三十七下。

2 〔明〕徐一夔：《大明集礼》卷三十七上。

3 〔明〕徐一夔：《大明集礼》卷三十七上、三十七下。

续表

品级	朝代		
	唐	宋	明
七品	—	七品以下二十步，坟高六尺	七品以下二十步，坟高六尺
庶人	方七步，坟高四尺	方一十八步，坟高六尺	茔地九步，穿心一十八步

由墓地大小一事可见，洪武初制区分不同品阶官员之间、官员和庶民之间墓地的大小和坟茔的高低，是继承唐代《开元礼》和宋代《新仪》而来的，并非《大明集礼》的独创。此外，洪武丧礼也有不同于前代的创制，如宋元以前以"家无二尊"为礼制原则，规定儿子为母亲服"齐衰三年"。洪武七年（1374 年），朱元璋下令编纂《孝慈录》，则以"父母等恩"为礼仪原则，规定"父母并斩衰，长子降为期年，正服旁服以递而杀"[1]。也就是说，儿子应当为母亲服"斩衰"三年，与为父亲所服相同（详见本章第三部分）。该书编成后，旋即被"纳入《大明律》之首，由礼入律，成为有明一代的丧服定制，并为清代所承袭"[2]。

五是祭礼。同样分为品官和庶民两个层级。品官在祭及世数上，按照《家礼》的规定，是祭高、曾、祖、考四世的，神主平时用木椟装盛；祭祀名目则包括春、夏、秋、冬四季第二月举行的四时祭，以及腊月、忌日和岁时俗节的"荐礼"，其礼仪较之

1　〔清〕张廷玉等撰：《明史》第五册，第 1224 页。

2　萧琪著：《父母等恩：〈孝慈录〉与明代母服的理念及其实践》，东方出版中心 2019 年版，第 85 页。

四时正祭有所减省。洪武六年（1373 年），按照品官等级，对祭物做出了规定：二品以上官员，用羊和豕各一只；五品以上官员，用羊一只；五品以下官员，用豕一只。庶民祭礼的内容与品官相同，但是只祭祖、考二世。此外，庶民神主不用木椟，祭祀场所不在家庙而在寝，已如前述。以上种种均显示出品官与庶民之间的等级区别。

《大明集礼》将朱子《家礼》的主要内容加以拆分，分门别类地纳入到吉、凶、嘉礼体系之中，相较于《元典章》而言，乃是一个显著的进步，表明朱子《家礼》已全面进入国家礼制。一如常建华教授所说："朱熹《家礼》的内容列入国家典制，在中国礼制上是一个突破。"[1] 但是，《家礼》与《大明集礼》仍有滞碍之处。一方面，《家礼》"士庶一体，便于施行"的制礼原则，体现出强烈的庶人精神，而洪武初制则处处官、民分列，礼制设置上充分体现出官员士大夫的特权。这种做法无疑违背了明朝平民社会兴起的整体趋势，也与《家礼》的根本精神不符。另一方面，洪武初制固然赋予了《家礼》正统性地位，但《大明集礼》修成后一直藏于宫中，直到嘉靖八年（1529 年）才刊布中外，故其对当时民间礼俗的影响极其有限。在民间，一部分理学士大夫家庭以朱子《家礼》为准绳，另一部分士大夫和庶民则依据当时的礼俗行事。朱子《家礼》在民间的施行与接受仍是自发性的、非制度性的。以上两点均要求国家礼制必须有进一步的调整。

1　常建华：《明代宗族祠庙祭祖礼制及其演变》，《南开学报》2001 年第 3 期。

　　洪武三十一年（1398 年），祭礼方面的士庶之别首度获得突破。这一年公布的《教民榜文》"民间祭祀祖考祝文式"提供了士、民祭祀曾、高、祖、考的文辞范本，这意味着朱子《家礼》无分士庶、一体祭祀四世的思路得到了官方的承认与继承。相较于深藏禁中的《大明集礼》，《教民榜文》才是民间礼俗必须依循的官方礼制文献。正是由于《教民榜文》深刻影响到民间礼俗，"所以明代人常有官民通行祠堂之制即祭祀四代祖先的说法"[1]，甚至皇族的部分丧、祭礼仪也采用了《家礼》的规定。如朱元璋逝世时，其遗诏要求"神主用栗，制度依《家礼》"[2]。又宣德二年（1427 年），"令王府祭宗庙，用《文公家礼》"[3]。可见在帝国最高统治者看来，《家礼》是可以适用于皇族、士人、庶人一切人等的。

　　朱子《家礼》的主要内容进入《大明集礼》，制礼思路也在《教民榜文》中得到体现，表明明朝开国皇帝对朱子《家礼》的重视。但终洪武一朝，《家礼》只是这两份官方礼制文献的取材对象，仅在民间才得到自发性的整体继承和使用。到明成祖永乐年间，朱棣"颁《文公家礼》于天下"，实际上是替代未颁的《大明集礼》，要求全国各地民间社会冠、婚、丧、祭等人生通过礼仪，都要按照《家礼》行事。至此，朱子《家礼》自身的合时代性，在政治权力的

1　常建华：《明代宗族祠庙祭祖礼制及其演变》，《南开学报》2001 年第 3 期。

2　〔清〕张廷玉等撰：《明史》第五册，第 1446 页。

3　〔明〕徐溥等撰，〔明〕李东阳重修：《大明会典》卷五十四，景印文渊阁四库全书第 617 册，台湾商务印书馆 1989 年版，第 586 页下。

推动之下，终于转化为意识形态的正统地位。此前部分士大夫施行朱子《家礼》的自发行为，也在官方的统一要求下，转化为全体士、庶理论上必须一体遵行的强制规范。但是，从朱子《家礼》颁布到社会普遍施行，仍需要一定的时间。朱子《家礼》作为明王朝建构社会秩序的主要手段，与作为明代最高礼典的《大明集礼》之间的矛盾，也并未随着《家礼》的颁行就此消失。故明宪宗、世宗两朝，仍分别围绕木主陈列和祭及世数两个问题，展开过重要讨论。

明宪宗成化十一年（1475 年），国子监祭酒周洪谟上书要求规范官员家庙中木主安放事宜。他说：

> 臣庶祠堂神主，俱自西而东。古无神道尚右之说，惟我太祖庙制，合先王左昭右穆之义。宜令一品至九品，皆立一庙，以高卑广狭为杀。神主则高祖居左，曾祖居右，祖居次左，考居次右[1]。

在周洪谟的观察中，当时无论官员还是庶民，祠堂神主都是按照高、曾、祖、考的顺序，从西（右）向东（左）依次排列的。而这正是朱子《家礼》的规定。由此可见朱子《家礼》在官方推动下，确实影响到了士庶家庭的祭祀活动。但周洪谟认为，从右到左依次排列的方式，既与"神道尚左"的传统相抵牾，也与帝王庙制中"左昭右穆"的格局存在不一致之处。故从这两个方面考虑，

1　〔清〕张廷玉等撰：《明史》第五册，第 1342 页。

他建议品官无分等级，各立家庙，以建筑物的高低、房间的多少来彰显品官等级，神主的次第则效仿帝王庙制，按照左昭右穆，高曾在上、祖考居次的顺序排列。这次谏言似乎是以《大明集礼》官民分列为出发点的，试图在帝王庙制和官民神主之间坚持统一的礼仪原则，不能谓之无事生非。但周洪谟的建议颇为模糊，譬如官员品级和家庙规制之间究竟如何对应，他本人并没有明确的建议。同时，他的构想也会带来一些棘手的问题，例如品官官秩不数年一迁，难道家庙也要随着官职的升降而增减？这些问题都有很大的讨论空间。故"帝下礼臣参酌更定"，礼臣们讨论的结果如何则不得而知，很可能是争论一番以后就此偃旗息鼓。

明世宗嘉靖十五年（1536年），礼部尚书夏言又就庙制问题提出了新的建议。他主张三品以上的官员效仿古代诸侯祭祀五世祖先，并遵循唐代制度，建立以"五间九架"，即由六个"九架梁"构成横向（传统叫"通面阔"）五开间为标志的家庙，中间一间奉五世祖的神主，旁边四间分别奉高、曾、祖、考的神主。三品以下的官员乃至一般平民则按照程颐、朱子的主张祭祀四世祖先，家庙规制为四个"五架梁"所构成的"三间五架"格局；中间奉高、曾二祖的神主，左右二室分别奉祖、考的神主。尤其重要的是，他还主张官民士庶都可以按照《家礼》的规定于冬至日祭祀"始祖"，即得姓之祖，只不过无须为"始祖"做固定的木主，祭祀时制作一块纸牌子，祭祀完毕焚掉即可。那么如何处理上下阶层流动带来的礼制困惑呢？夏言建议，三品以上的贵官，后世子孙即便担任中下级官僚或为平民，并不需要毁其家庙、削其祭祀世数，只需将中间一室的五世祖神主，换为当初有资格建"五间九架"家庙的祖先神主，世世代代加以祭祀；旁边四室则仍奉高、曾、祖、考四世神主，一如三品以下官员和平民的家庙神主制度[1]。这样一来，他们的祭祀世数与中下级官员和平民相同，仍是高、曾、祖、考四世。不同的是，他们保有了代代祭祀三品以上贵官祖先的资格，同时也保留了这位祖先所留下的家庙规制。

如果说自洪武朝始，明代制礼路线就存在"官民分列"和"士庶一体"的冲突，那么礼部尚书夏言的奏章则标志着后一种路线的胜出。他不再拘泥于效仿"诸侯五庙、大夫三庙、士一庙"的古代礼制，也不再刻板地谋求官员品级与家庙制度的对应关系，而是仅仅保留了三品以上官员的较高礼制规格，因这些官员要么是功勋贵戚，要么是首辅尚书，其余官员乃至平民则按照次一等的规制建立家庙、祭祀祖先，且不作礼制上的区分。而祭祀始祖这类原来只有最高等级贵族才能享有的礼制特权，也向一般官员和平民开放。这一做法最低限度保留了明代官民分列的礼制特点，而更多地遵循了《家礼》士庶一体的要求，顺应了平民社会"礼下庶人"的历史趋势。因此，他的建议奏上以后，明世宗"从之"，这意味着《家礼》实际上取代《大明集礼》的各项规定已经获得了最高权力的认可，也意味着民间早已流行的《家礼》在权力的加持下成为明代民间社会组织的最高原则规范。

---

1 〔清〕张廷玉等撰：《明史》第五册，第1342—1343页。

三、《家礼》的"拟经化"

儒家典籍系统，是由经以及解释经的文献——传、记、注、疏等共同构成的。从文本生成的时间顺序来说，当然是先有经，后有解释经的传、记、注、疏；从文本生成的逻辑顺序来说，解释性文本的产生才标识着经的地位的确立。正是在后一种意义上，宋、元、明、清四代产生了解释《家礼》的文献[1]，也标识着《家礼》获得了一种类似于"四书五经"的地位，成为事实上的儒家典籍之一。我们将这一过程称为《家礼》的"拟经化"。

（一）宋元时期的《家礼》注释著作

最先注释《家礼》的，是先后问学于黄榦和朱子的杨复。朱子逝世前，将继续编纂《仪礼经传通解》的任务交给自己的学术传承人、女婿黄榦。黄榦孜孜不倦地终身从事于该书的编纂，犹未完成，于是又将任务交给了自己的学生、同时也曾问学于朱子的杨复。正是通过朱子、黄榦、杨复三代人的学术接力，《仪礼经传通解》才真正完稿。而在编纂《仪礼经传通解》的过程中，杨复发现了《家礼》存在的一些先天缺陷：

> 愚按《家礼》一书，今之士大夫家冠婚丧祭多所遵用。然此书始成，辄复失之，先生未尝再加审订，则世或未之知也。初，

1　本节有关宋、元、明、清四代《家礼》类注释文献的讨论，主要依据吕振宇《〈家礼〉源流编年辑考》，华东师范大学 2013 年博士学位论文。

先生所定家、乡、邦国、王朝礼，专以《仪礼》为经，及自述《家礼》，则又通之以古今之宜[1]。

杨复说得比较委婉，但表达的意思很明确。其一，《家礼》成稿后便佚失，朱子没来得及对其进行审定，故而《家礼》并不代表朱子最终的礼学意见。其二，朱子在编纂《仪礼经传通解》的过程中，包括家礼、乡礼在内的各个层级的实践礼学，都以《仪礼》为旨归，但《家礼》是斟酌古今而成书的，所以两者间不免有抵牾之处。有鉴于此，杨复选取了朱子四个方面的意见，逐条系诸《家礼》对应的条文之下。一是平日对古礼新仪的"去取折衷之言，有以发明《家礼》之意者"；二是在礼仪实行过程中，"后来议论始定，不必守《家礼》之旧仪者"；三是朱子本人的礼学创造，"超然独得于心、不用疏家穿凿之说，而默与郑注本义契合"者；四是在师生问答、学术辨析中，"有用先儒旧义，与经传不同，未见于后来之考订议论者"[2]。杨复的《家礼附注》成书于宋宁宗嘉定十六年（1223 年），宋理宗绍定四年（1231 年）、宋理宗淳祐二年（1242 年）曾经两度刊刻出版。到淳祐五年（1245 年），上饶人周复认为杨复的"附注"系诸《家礼》各条之下，"恐其间断文公本书"[3]，于是将杨复"附注"又从各条之下抽出来，重新汇编为一处，作为《家礼》的附录置于全书的最后。周复还

1　〔元〕马端临：《文献通考》卷一百八十八，中华书局 2011 年版，第 5496 页上。

2　参见〔元〕马端临：《文献通考》卷一百八十八，第 5497 页。

3　〔宋〕朱熹撰，〔日〕吾妻重二汇校：《朱子家礼宋本汇校》，第 240 页。

认为，《家礼》是一部朝向当下生活的、简明扼要的实践礼书，《仪礼经传通解》是一部朝向历史考据的、烦琐庞杂的著作，二者文本性质并不相同，即："窃谓《仪礼》存乎古，《家礼》通于今，《仪礼》备其详，《家礼》举其要，盖并行不相悖也。"[1] 换言之，绝不能以后者来判定前者的得失。这一观点似乎表明，《家礼》在部分学者心目中，已经具备了与《仪礼》相当的经典地位。

此外，据吕振宇博士的考订，宋理宗时期，金华王侸依据《家礼》进一步简省节录，形成了一部简易版的《家礼》。朱子的弟子、建阳刘垍作《家礼集注》。黄榦、杨复的学生，仙游郑鼎新作《礼学从宜》。宋代末年，平湖方氏作《考订家礼》，将司马光《书仪》、朱子《家礼》、吕祖谦《家范》、杨简《冠记》《昏记》《丧礼家记》《家祭记》，以及高氏（姓名、著作均不详）五家的家礼学著作编校为一书。吉州邓炎作《家礼举要》，旨在补充《家礼》的居家规仪，具体包括"存天良""修身""敬祖""孝父母""敦手足""正家室""务耕读""和宗族""慎交游""维风俗"十个方面。黄岩车垓作《内外服制通释》以丰富《家礼》的羽翼，解释《家礼》丧服制度背后的学理[2]。

元代，伴随着理学名声的恢复并逐渐成为时代的主流思想，《家礼》的注释、节录、改写、仿写以及某方面内容的专门化研究，也愈发蓬勃。在此略举数种，以概见元代《家礼》学的兴盛。

1　〔宋〕朱熹撰，〔日〕吾妻重二汇校：《朱子家礼宋本汇校》，第 241 页。

2　吕振宇：《〈家礼〉源流编年辑考》，华东师范大学 2013 年博士学位论文，第 35—40 页。

元代初年，福建刊刻了《纂图集注文公家礼》十卷。该本每半页七行，行十四字，小字双行二十一字，细黑口，左右双边，卷首刊刻了朱子手书的"家礼序"和"大宗小宗图"。目录和卷一均题名为"门人秦溪杨复附注，后学复轩刘垓孙增注"，卷二开始则题名为"门人杨复、刘垓孙集注"。有学者根据后者认为刘垓孙亦系朱子弟子，但吕振宇认为很可能是杨复的门人[1]。我们也倾向于后一种意见。此本用皮纸刻印，字体风格用的是"闽柳"，即福建建阳地区刻工所惯用的柳体字，行格疏朗，刊刻精致，被判断为元代前期福建地区的家刻本。该本完好地保留至今，是目前所能够见到的最早的《家礼》全注本。

元末明初，刘璋（生卒、地望不详）再次补注和刊刻《纂图集注文公家礼》一书，新的本子题为"门人杨复附注，刘垓孙增注，刘璋补注"。稍晚一点的明代《性理大全》，其中的《家礼》部分，内容、图式与刘璋刻本几乎完全相同，学者据此认为，"似即承袭是本"[2]。此外，大德九年（1305 年），安福黄瑞节编《朱子成书》，不仅包括《家礼》一书，还将自己的注解作为附录纳入其中。庐陵刘将孙在为该书所写的序中称："冠昏丧祭，折衷三千年之异同而归之一，莫备于《家礼》。"[3] 这大约可以代表元代理学逐渐取得中心地位以后，学者们对《家礼》一书的态度与认识。

---

1 吕振宇：《〈家礼〉源流编年辑考》，华东师范大学 2013 年博士学位论文，第 42 页。
2 同上，第 57 页。
3 〔元〕黄瑞节：《朱子成书》卷首，《中华再造善本》，北京图书馆出版社 2005 年版。

　　另一种是对朱子《家礼》中某一种仪节或者礼器、服饰的专门性讨论。例如深衣制度，就有休宁陈栎的《深衣说》、黄岩牟楷《深衣刊误》、淳安汪汝懋《深衣图考》、平洲程时登《深衣翼》等。陈栎认为，《家礼》有关深衣制度的原文、附注颇有异同，"不敢泥未定之书以学文公也"[1]，于是参取郑玄注释和诸家学说，考订深衣制度，作《深衣说》一篇，以挽《家礼》之失。歙县吴霞举作《文公丧礼考异》，将《仪礼》《礼记》及其注疏，朱子《家礼》、朱子论丧礼的其他言论汇纂到一起，考订其异同，间附以己意[2]。松江卢子聪作《五服集解》，将经传礼文中有关丧服制度的文字汇纂起来，并绘制了服制的隆杀、丧服的式样之图[3]。这类著作的出现，表明当时学者已将《家礼》当作一门专门的学问加以研究。

　　当时还出现了多种效仿《家礼》用于家庭家族礼仪实践的著作，如至元年间（1335—1340年），浦江郑氏家族的郑大和、郑钦、郑铉、郑涛等依据朱子《家礼》，四修《郑氏家范》，这一修礼活动延续了百余年的历史，一直到明代初年。至正十二年（1352年），浦江郑泳还效仿《家礼》，作了《家仪》。这些著作的出现，均是以《家礼》为蓝图，并对其进行时代化、地域化、家族化的改造，令其变得更加易于实施。

1　〔元〕陈栎：《陈定宇先生文集》卷一，中国国家图书馆藏清汪氏裘抒楼抄本。

2　参见〔明〕程敏政：《新安文献志》卷十九，中国国家图书馆藏明弘治十年（1497年）刻本。

3　参见〔明〕陈威、顾清纂修：《松江府志》卷十六，中国国家图书馆藏明正德年间（1506—1521年）刻本。

在宋、元儒不遗余力地推行《家礼》、注解《家礼》的风气之下，也有人怀疑《家礼》非朱子所作。武林应季（字本中）作《跋三家礼范》，明代丘濬记录了他的主要观点：

> 宋光宗绍熙甲寅，文公已于《三家礼范》自言"顾以衰病不能及"，岂于孝宗乾道己丑已有此书？况勉斋先生亦云"未及脱稿而文公没"，则是书非文公所编，不待辨而明矣[1]。

应季胪列了朱子本人及其弟子门人针对《家礼》的三个说法。其一，绍熙五年（1194 年），朱子在为张栻《三家礼范》所作的跋文中，明确说自己曾打算在司马光《书仪》基础上作一部实践礼书，"顾以衰病不能及"。其二，朱子门人李方子《紫阳年谱》记载，早在乾道五年（1169 年），朱子已编成《家礼》。其三，黄榦在《家礼序》中有朱子晚年讨论家、乡、邦国、王朝礼，尚未来得及脱稿，朱子便过世的说法。应季认为，第一、三种说法均与第二种说法相矛盾，故判定《家礼》并非出自朱子之手。换句话说，《家礼》乃是一部托名朱子的伪书。事实上，应季的说法经不起推敲，丘濬就曾逐条驳斥。其一，所谓"未及脱稿"者，指的是《仪礼经传通解》这部书，而非谓《家礼》，应氏将《仪礼经传通解》的"家礼"部分，与《家礼》这部书相混淆了。其二，所谓"顾以衰病不能及"，是朱子《家礼》成稿后，还没有参考

---

1 〔明〕丘濬撰：《家礼仪节》第一册，中国国家图书馆藏明万历三十六年（1608 年）钱时刻本。

诸家学说、裁定增损，创成一部尽善尽美的礼书，而不是说没有《家礼》这样一部书。其三，朱子本人作有《家礼序》，黄榦、陈淳、李方子、杨复等朱门弟子都不怀疑《家礼》系朱子的作品，生于百年以后的应季何以能独断其为他人伪托之书呢？丘濬很好地反驳了"伪书说"。但是，清代康乾时期的学者王懋竑作《朱子年谱》，却采信了应季的说法。于是乎在很长一段时间里，《家礼》"伪书说"竟成为学界的主要观点。直到近二三十年来，现代学者重新检讨了"伪书说"的论证逻辑，发掘出更多的内外证据，"《家礼》不伪"才重新为学者们所接纳。

（二）明清时期的《家礼》注释著作

如果说唐宋之际的社会变革主要是由贵族社会转向平民社会，士大夫主动选择朱子《家礼》，以期实现自我修养和家族组织；那么到了明代初年，朱子《家礼》被收入国家礼典，《家礼》就与地方治理体系相结合，成为实现地方控制、建构社会秩序的重要手段，同时也成为"王朝理念与地方社会的结合"[1]的一个重要标识。在这一社会背景下，注释、节录、改写、改编、实施《家礼》，几乎成为全国各地略有名望的儒家知识分子的共同志业。明代礼学的主要成果，也正是"以朱子《家礼》为基础，配合着现实，

1　科大卫（David Faure）著，卜永坚译：《皇帝和祖宗：华南的国家与宗族》，江苏人民出版社 2009 年版，第 67 页。

不断改编以合实用的各种本子"[1]。《家礼》的注释文献和礼仪手册是如此之多，达到了令人咋舌的程度，我们只能选取其中最具代表性的著作予以介绍。

改写类的著作，当以丘濬《仪节》为代表。丘濬是琼州琼台（今海南海口，当时属广东）人，明代宗景泰五年（1454年）进士，历任经筵讲官、侍讲、侍讲学士、翰林学士、国子监祭酒、礼部侍郎、尚书、文渊阁大学士、户部尚书兼武英殿大学士等中央显职，同时也是明代中期影响力最大的程朱理学家之一，死后谥"文庄"。丘氏有两部极具代表性的著作，其一为《大学衍义补》，系对南宋大儒真德秀《大学衍义》的扩写；其二为《仪节》，则是对朱子《家礼》的改造。明宪宗成化十年（1474年），丘濬《仪节》一书脱稿，当年便于广州刊刻。广州本的错讹比较多，所以第二年便在北京刊了另外一个重校改正本。旋即又考虑到北京本没有句读，怕乡间一般的儒生临事翻检，不能很快地通晓其意，于是又令人增添句读，并交给福建建阳的民间书坊刊刻。我们今天见到的《仪节》刻本，基本上就是以建阳本为祖本翻刻或者重刻的。

在该书的序言中，丘濬提到了作这部书的两层目的。其一是排斥释、道等"异端之学"。他认为，"异端所以能肆行者，以儒者失其礼之柄也"，儒家不讲丧礼、祭礼，于是佛道二家的追荐之礼、祷禳之礼就遍行天下，儒者反而亦步亦趋地为佛道的礼

1 王汎森：《权力的毛细血管作用：清代的思想、学术与心态》（修订版），北京大学出版社2015年版，第37页。

俗所牵引约束而不自知。只有推行《家礼》，令家谕户习，才能从根本上振兴儒家之道。其二是以朱子学和《家礼》为核心，推动儒家化社会秩序的建立。他说："濬生遐方，自少有志于礼学，意谓海内文献所在，其余是礼必能家行而人习之也。及出而北仕于中原，然后知世之行是礼者盖亦鲜矣。"《家礼》既然早在明初便已写入国家礼典，为何到明中期仍未在民间得到全面的贯彻落实呢？丘濬也总结了《家礼》的两个主要不足，在于"礼文深奥，而其事未易行也"。针对这两个不足，丘濬采取"窃取《文公家礼》本注，约为仪节，而易以浅近之言"的办法，对《家礼》做出了全面的改造，令其变得更具实践性[1]。

新刊成的《仪节》，在《家礼》五卷的基础上扩充为八卷，卷一仍为通礼，卷二为冠礼，卷三为婚礼，卷四为丧礼，卷五为丧葬，卷六为丧虞，卷七为祭礼，卷八为杂录。其文献来源主要包括如下五个方面。其一是《家礼》的杨氏附注、刘氏补注、刘氏增注，以及《文公大全集》《文公语类》《黄勉斋文集》《河南程氏遗书》《三家礼》等能够反映程朱学派礼学主张的著作。其二是《仪礼》《礼记》《周礼》《春秋左传》《春秋公羊传》一类儒家经典，以及《白虎通》《汉书》一类的前代史籍。其三是《开元礼》《政和五礼》一类的前代官方礼典，以及郭氏《葬经》、《古今家祭礼》《温公书仪》《晁氏客语》《韩魏公古今家祭式》《吕汲公家祭仪》《高氏厚终礼》《义门郑氏家仪》一类的私家礼书。

1　〔明〕丘濬撰：《家礼仪节》第一册。

其四是《宋朝文鉴》《事物纪原》等大型文集、类书，以及李鹰《师友谈记》、罗氏《鹤林玉露》、吴氏《支言集》、朱氏《白云稿》等私家笔记。其五是《御制孝慈录》《圣朝稽古定制》《御制性理大全》《大明集礼》等官方礼典。丘濬正是以朱子《家礼》的本注为基础，旁采上述文献，来实现对《家礼》的改造的。

我们以冠礼中"一加"的礼仪环节为例，说明《仪节》是如何以语言浅易和仪节清晰为目标，对《家礼》实施改写的。在"宾揖。将冠者就席，为加冠巾。冠者适房，服深衣，纳履，出"正文的一句之后，《家礼》和《仪节》二书的内容对照如表3-5所示。

表3-5 《家礼》与《仪节》内容对照表

《家礼》[1]	《仪节》[2]
宾揖。将冠者出房，立于席右，向席赞者取栉纚掠，置于席左，兴，立于将冠者之左。宾揖，将冠者即席西向，赞者即席，如其向跪，进为之栉。合纚，施掠。乃降，主人亦降。宾盥毕主人揖，升，复位。执事者以冠巾盘进。宾降一等，受冠笄，执之，正容徐诣将冠者前，向之祝曰："吉月令日，始加元服。弃尔幼志，顺尔成德。寿考维祺，以介景福。"乃跪加之。赞者以巾跪进。宾受加之，兴，复位，揖。冠者适房，释四襆衫。服深衣，加大带，纳履，出房。正容南向，立良久。○若宗子自冠，则宾揖之就席，宾降盥毕，主人不降。余立同	礼生唱：1. 宾揖，将冠者即席。宾举手揖之，将冠者即席。2. 跪。将冠者即席，西向跪，赞者亦即席，如其向跪。3. 栉发。赞者改其发，梳之。4. 合纚，包网巾讫，赞者降，行始加礼。5. 宾诣盥洗所。宾升阶，主人从之，宾洗毕。6. 复位。主人揖宾升，俱复初位。7. 执事者进冠、笄。以盘子盛冠并簪子进，至阶。8. 宾降受。宾降阶一等，受冠、笄，执之，正容徐行。9. 诣将冠者前。宾向将冠者。10. 祝辞。宾祝曰："吉月令日，始加元服。弃尔幼志，顺尔成德。寿考维祺，以介景福。"11. 跪。宾跪。12. 加冠、笄。以冠并簪子加将冠者之首，赞者代簪之。13. 加幅巾。赞者又以幅巾跪进，宾受，加之。14. 兴。宾起。15. 复位。16. 冠者兴。起。17. 宾揖冠者适房易服。宾举手揖之，冠者入房，解童子服，服深衣，加大带，纳履。18. 冠者出房。出房，南面立，未即席

1　〔宋〕朱熹撰，〔日〕吾妻重二汇校：《朱子家礼宋本汇校》，第39—40页。

2　〔明〕丘濬撰：《家礼仪节》第一册。

　　右侧《仪节》的正文部分，将"一加"之礼分为十八个礼仪"节目"，也就是由礼生高声唱出来，表示礼仪节段的名目，其文字则均取自朱子《家礼》。注释楷体小字则为丘濬所改定，是对"一加"过程中行礼的主体、动作朝向、相关物品使用的具体说明。这些具体做法和礼仪流程，既充实了各个"节目"，也衔接起"节目"，从而使得整个礼仪流程变得流畅。而在正文大字和注释小字中，丘濬都将《家礼》中的繁难字眼改为生活化的字眼，例如"栉䚢掠"改为"梳头发""包网巾"，"四襈衫"改为"童子服"等。通过廓清仪节、改易文字，《仪节》大大降低了阅读门槛，礼仪环节、流程更为清晰，自然也更利于实施了。

　　赵克生教授的研究表明，在仪节化处理和浅近表达之外，丘濬还至少运用了"补""调""改"三种方法，对《家礼》进行了改造[1]。所谓"调"，即调整和改变《家礼》某些礼目的次序，使其更符合礼义逻辑。例如《家礼·丧礼》"初终"部分，其基本流程是"疾病，迁居正寝。既绝乃哭。复。立丧主、主妇、护丧、司书、司货。乃易服，不食。治棺，讣告于亲戚僚友"[2]。《仪节》则将"乃易服，不食"移动至"复"之后，也就是在对逝者进行招魂无果以后，亲人的服饰、饮食就应当脱离日常状态，进入到丧礼状态中来。又如丧礼的"大祥"部分，《家礼》是在完成"大祥"之后、"禫"之前，亲人"始饮酒食肉而复寝"。《仪节》

1　赵克生：《丘濬〈家礼仪节〉及其礼学贡献》，《人文论丛》2020 年第一辑。
2　〔宋〕朱熹撰，〔日〕吾妻重二汇校：《朱子家礼宋本汇校》，第 67—71 页。

则将此条移至"禫"之后，也就是在丧服已去除以后才能饮酒、食肉，回到自己的床上睡觉。这是因为《礼记·间传》明确要求"中月而禫，禫而饮醴酒"，而丧礼全部结束再回归正常的生活状态，也比较符合一般的人心人情。所谓"改"，即对《家礼》部分内容进行时代化的变通与简化。例如"丧礼"部分，朱子《家礼》有"奉柩朝于祖"一条，也就是在发引前一天，将亡者的棺柩运到祠堂以朝见祖先，与死者生前远行必须面辞家中的长辈乃是同一个意思。丘濬考虑到"今人家多狭隘，难于迁转"[1]，于是主张用"魂帛"来代替棺柩。魂帛是未制木主以前，供亡者灵魂暂时栖居的之物（参见第二章第二部分）。用魂帛替代棺柩，将其奉入祠堂、向尊者告辞，更加符合儒家的灵魂观念，在施行上也更为简便[2]。

《仪节》对《家礼》最重要的改写，还在于"补"。文字性的增补主要有三个方面。一是增补具体的仪节，使之变得更为完整。例如祭礼"立春祭先祖"，在"陈器、具馔"以后、"厥明，夙兴，设蔬果酒馔"之前，补入了"省牲"一个环节，原因在于"四时祭"有这一环节，那么同为正祭之一的"先祖祭"（参见第一章第二部分）也理应有此一环节。二是于每卷末尾都作有《考证》，分为《通礼考证》《冠礼考证》《昏礼考证》《丧服考证》《丧礼考证》《改葬考证》《祭礼考证》等，其中《丧礼考证》共三篇，《祭礼考证》

---

1 〔明〕丘濬撰：《家礼仪节》卷五。
2 以上三则例子均受到了赵克生研究的启发，但此处做了重新的疏释。参见赵克生：《丘濬〈家礼仪节〉及其礼学贡献》，《人文论丛》2020 年第一辑。

共二篇，合计十篇。这十篇文字主要是依据《仪礼》《礼记》等典籍，以及前代历史记载，对相关仪节、制度、礼器（物）等做出考订。三是第八卷"杂仪"部分，对整个《家礼》体系做出了系统化的补充。《家礼》卷一"通礼"的后半部分原有"温公居家杂仪"，卷四"丧礼"后半部分也有"居丧杂仪"。《仪节》将这两部分内容挪至全书之末，然后又依据"居丧杂仪"的例子，补充了"冠礼杂仪""婚礼杂仪""祭祀杂仪"等内容。此外，《仪节》还补充了"家书""居乡杂仪"，以及冠婚丧祭的主要文启书辞。整个卷八"杂仪"的具体内容及其文献来源如表 3-6 所示（带 * 的部分系《仪节》一书所增补）。

表 3-6　《仪节》第八卷内容及其文献来源表

条目	内容与来源
居家杂仪	司马光《书仪·居家杂仪》之一部分
冠礼杂仪 *	《礼记·冠义》"凡人之所以为人者"条；《国语》"晋赵文子冠见栾武子"条
昏礼杂仪 *	《礼记·曲礼》"男女非有行媒"条；《礼记·郊特牲》"壹与之齐，终身不改"条；《礼记·昏义》"敬慎重正而后亲之"条；《家语》"礼，男必三十而有室"条；"鲁师春姜曰夫妇（人）以顺从为务"条（疑引自《仪礼经传通解》）；《汉书·王吉传》"夫妇人伦大纲"条；《文中子》"昏娶而论财"条；《汉书·匡衡传》"妃匹之际生民之始"条；《胡氏遗训》"嫁女必须胜吾家者"条；《河南程氏遗书》"世人多慎于择婿"条、"媚妇于理似不可取"条；《袁氏世范》"男女议亲不可贪其（门）〔阀〕阅之高资产之厚"条
居丧杂仪	朱子《家礼·丧礼》"居丧杂仪"，包括《礼记·檀弓》"始死充充如有穷"条、"颜丁善居丧"条、"大功废业"条、"高子皋执亲之丧"条；《礼记·杂记》"少连大连善居丧"条、"三年之丧言而不语"条、"疏衰之丧"条；《礼记·丧服四制》"仁者可以观其爱焉"条；《礼记·曲礼》"居丧未葬读丧礼"条、"头有创则沐"条；《礼记·丧大纪》"父母之丧非丧事不言"条

条目	内容与来源
祭祀杂仪*	《礼记·曲礼》"齐者不乐不吊"条；《礼记·祭义》"霜露既降"条；《礼记·祭统》"齐之为言齐也"条
居乡杂仪*	辈行之等；相见之礼；往还之数；名帖之类；进退之节；迎送之礼；拜揖之礼；道途之礼；请召之礼；齿位之序；献酢之礼；劳饯之礼；庆吊之礼；献遗之礼（综合《吕氏乡约》"礼俗相交"部分，朱子《增损吕氏乡约》"礼俗相交"部分而成）
家礼附录*	**通礼家书：**《上祖父母父母书》（据司马光《书仪》多篇合并）；《与内外幼属书》 **冠礼：**刘屏山《字朱元晦祝词》；吴草庐《虞采虞集字辞》；朱子《刘生瑾字说》；朱子《魏甥恪字叙》 **昏礼：**程伊川《聘定启》；朱子《回启》 **丧礼：**司马光《慰人父母亡疏》；司马光《父母亡答人慰疏》；司马光《慰人祖父母亡启状》；司马光《祖父母亡答人启状》（以上均出自《书仪》，而为《家礼》所采） 《拟祖父母父母亡谢人吊赙会葬不行躬谢疏》（丘濬自拟）；朱子《刘十九府君墓志铭》；朱子《建安郡夫人游氏墓志铭》；朱子《先考朱府君迁墓记》；朱子《先妣祝孺人圹记》；朱子《祭延平李先生文》；朱子《祭吕伯恭著作文》；朱子《祭蔡季通文》；朱子《又祭蔡季通文》；朱子《祭刘氏妹文》（以上俱出自《文公大全集》） **祭礼：**司马光《归胙于所尊书》；司马光《所尊复书》 朱子《时祭祝文》；朱子《岁祭祝文》；朱子《焚黄文一》；朱子《焚黄文二》；朱子《焚黄文三》；朱子《赠官告皇考文》；朱子《致仕告家庙文》；朱子《迁居告家庙文》；朱子《告考妣文》；朱子《祭告远祖墓文》；朱子《归新安祭墓文》；朱子《祭土地神文一》；朱子《土地文二》（以上据《文公大全集》）

从上表可以看出，丘濬《仪节》卷八部分，又从三个方面对《家礼》做出了增益与补充。一是在冠、婚、丧、祭等人生通过礼仪之外，补充了居家杂仪和居乡杂仪，这些日用礼节填充了人生重大礼仪之间的空隙，进一步提升了日常生活的礼仪化、秩序化程度。二是援引《礼记》等儒家经典，对冠、婚、丧、祭等人生通过礼

仪背后的核心礼义进行了说明，为平民百姓过一种礼仪化的生活做出了必要性论证。三是从朱子文集和司马光《书仪》中挑选出冠、婚、丧、祭以及日常交往的各种礼仪文书，并将其改造为范例。因此，尽管《仪节》的增补名为“杂仪”，但却极大地提升了《家礼》的完整性、系统性与实用性。

另一种增补方式则为礼图。朱子《家礼》的早期刊本中，就已经出现了木主式、深衣图、周尺图等礼图。明代修订的《性理大全》中，则出现了家庙之图、祠堂之图、深衣前图、深衣后图、着深衣前两襟相掩图、裁衣前法裁衣后法、深衣冠、履之图、行冠礼图、昏礼亲迎之图、衿鞶箧笥椸椸图、小敛图、袭含哭位之图、大敛图、丧服图式、冠绖绞带图式、斩衰杖履图、齐衰杖履图、丧祭器具之图、丧舆之图、本宗五服之图、三父八母服制之图、妻为夫党服图、外族母党妻党服图、神主式、椟韬藉式、椟式、尺式、大宗小宗图、正寝时祭之图、每位设馔之图三十一幅礼图[1]。

而《仪节》在此基础上，又颇有增益，礼图数量达到了六十二幅。具体名目如表 3–7 所示。

表 3–7　《仪节》礼图一览表

类别	名目
通礼	祠堂三间之图、祠堂一间之图、祠堂时节陈设之图、家众叙立之图、义门郑氏祠堂位次图、五世并列之图、祭四世之图、神主图、尺式、神主全式、神主分式、椟式、深衣前图、深衣后图、深衣掩袷图、新拟深衣图、大带、缁冠（新图、旧图）、幅巾图、履图、屈指量寸法图、伸指量寸法图

1　〔明〕胡广等撰：《性理大全》，第 405—415 页。

类别	名目
冠礼	长子冠图、众子冠图
昏礼	醮婿图、亲迎图、醮女图、礼妇图
丧礼	袭含哭位之图、灵座灵床之图、幎目巾、握手帛、魂帛图（束帛式、结帛式）、小敛图、大敛图、裁辟领图、裁衽图、两衽相叠图、裳制、衰衣图（前式、后式）、冠制（斩衰冠、齐衰冠、大功冠）、绖带图（首绖式、腰绖式、绞带式）、三父八母、服制之图、本宗五服之图、出嫁女为本宗降服之图、妻为夫党服图、妾为家长族服之图、外族母党妻党服图、大舆旧图、大舆新图、新制远行舆图、竹格图（旧式、新式）、功布、翣（fǔ）翣、黻（fú）翣、云翣、方相图、发引图
祭礼	正寝时祭之图、每位设馔旧图、两位并设馔图

　　这些礼图，有些是从旧有的一个图中拆分而成的，例如《性理大全》中的行冠礼图（如图3-1所示），就被拆分为长子冠图和众子冠图（如图3-2所示）。这是因为《家礼》对长子和众子的冠礼安排，颇有一些礼仪差异。如"三加"以后的"醮仪"，即贵宾向冠者敬酒、冠者无须回敬这个礼仪环节，"长子，则傧者改席于堂中间少西，南向。众子，则仍故席"[1]。这一礼仪安排是继承了《礼记·郊特牲》的说法，即："适子冠于阼，以著代也，醮于客位，加有成也。"《礼记·冠义》说法也极为相似。嫡长子面朝东，冠于东侧的主人之位，以表明其继承人的身份；面朝南，醮于西侧的宾位，则是嘉勉其不断修德敬业，以真正克承家业。由于众子没有继承人的身份，故冠和醮都在主人东侧的客位，不再变换位置和朝向。《性理大全》用一张图表示这些差异性的

1　〔宋〕朱熹撰，〔日〕吾妻重二汇校：《朱子家礼宋本汇校》，第41页。

礼仪安排，固然颇为集约，但也有眉目不清的问题。《仪节》以嫡长子为一图、众子为一图，并用文字方向表明冠者的朝向变化，显然更为清晰简明。出于同一目的，丘濬也大大减少了礼图中的文字，礼图主要用来说明空间方位，具体流程的解释则交给正文及其注释。

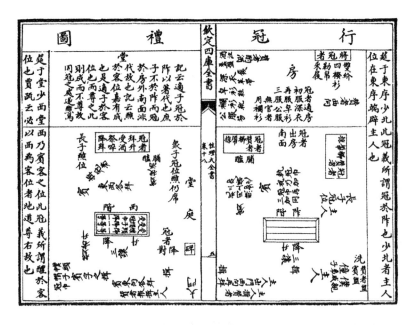

图 3-1　明《性理大全》所载行冠礼图

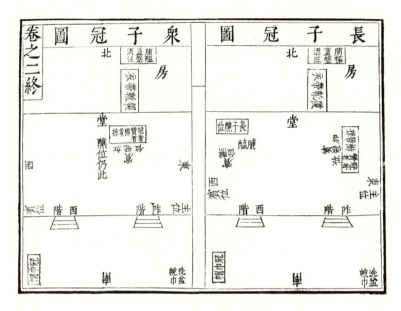

图 3-2 《仪节》冠礼图

有些礼图则是新增的，例如家众叙立之图（图 3-3）就是依据《家礼·通礼》中的一段话而绘制的：

> 主人北面于阼阶下，主妇北面于西阶下。主人有母，则特位于主妇之前。主人有诸父诸兄，则特位于主人之右少前，重行西上。有诸母姑嫂姊，则特位于主妇之左少前，重行东上。诸弟在主人之右少退。子孙、外执事者，在主人之后，重行西上。主人弟之妻及诸妹在主妇之左少退。子孙妇女、内执事者在主妇之后，重行东上[1]。

---

1 〔宋〕朱熹撰，〔日〕吾妻重二汇校：《朱子家礼宋本汇校》，第 6—7 页。

　　将这段话图像化后，便是《仪节》中的家众叙立之图（如图3-3
所示）：

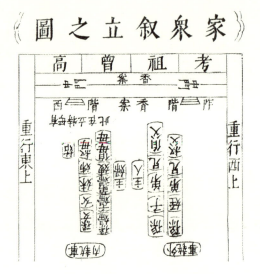

图3-3　《仪节》家众叙立之图

　　虽然说《家礼》中的这段话并不难理解，但经过图像化以后，
行礼者便毋庸检索相关文字规定，径直按照图式排列队伍即可。"昏
礼"一卷中的醮婿图、醮女图、礼妇图，都是这种文字的图像化
产物。

　　另一种新增的礼图则是为了标识家礼的古今之变、礼俗之交。
如祠堂内祖先木主的陈列方式，《仪节》提供了义门郑氏祠堂位
次图（如图3-4所示）、五世并列之图（如图3-5所示）和祭四
世之图（如图3-6所示）三种礼图。但丘濬本人对前两图并不完

全满意，之所以要胪列清楚，主要就是为了廓清古今礼俗之变。

图 3-4 义门郑氏祠堂位次图

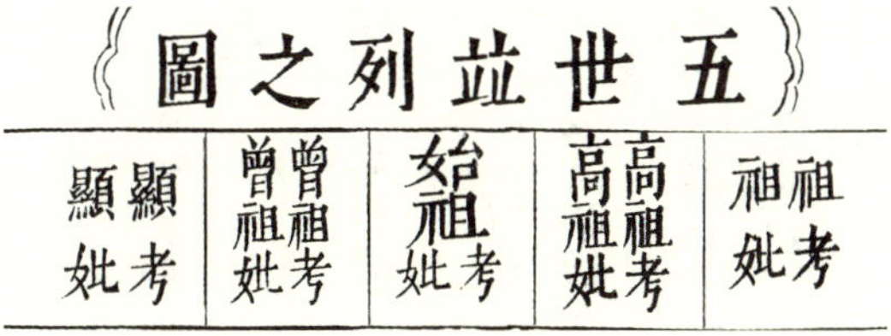

图 3-5 五世并列之图

　　义门郑氏祠堂位次图中的义门郑氏，就是前文提到的浦江郑氏家族。他们以第四世祖为不祧之祖，祠堂中祖先的位次也是以第四世祖考（妣）为中心，然后按照高曾祖考、高曾祖妣雁行排列在左右两侧，这里的左右都是从祖宗木主的角度而言的。但丘濬认为，郑氏的位次排列在礼学上有说不通之处。"考"一行居于第四世祖西（右）侧，"妣"一行居于东（左）侧，意味着位次排列以西（右）为尊。但从高—曾—祖—考的顺序来看，则尊者处于第四世祖考（妣）之东（左），意味着位次排列又以东为尊。五世并列之图则以始祖（妣）为中心，高、曾、祖、考（均含妣）则按照左昭右穆的顺序，分居始祖左右。如此一来，不仅每一世考在东（左）、妣在西（右），而且高祖考、高祖妣一定在曾祖考、曾祖妣的左侧，祖考、祖妣一定在考、妣的左侧，故而保证了始终以东（左）为上。但也存在着礼学上的缺陷：一是普通人直接祭祀始祖，于礼而言有僭越之嫌；二是高祖考与祖妣相邻，换言之也就是公公和孙媳妇紧挨着，似乎也不太妥当。丘濬本人主张的乃是第三种方案：

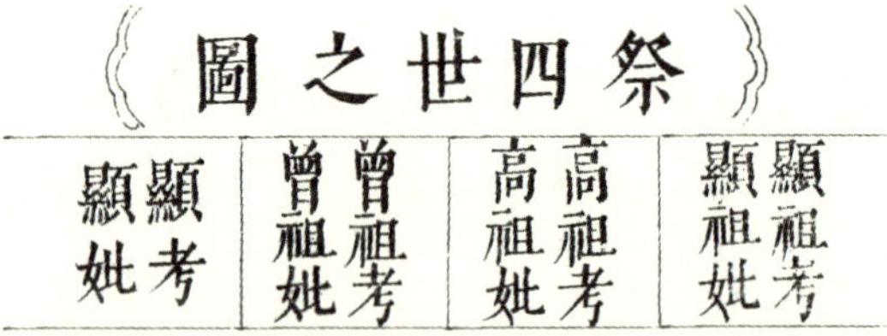

图 3-6　祭四世之图

这张礼图实际上就是在图 3-5 的基础上，去掉了有僭越嫌疑的始祖考或始祖妣。至于高祖考与祖妣相邻的问题，则采取制作木龛的方式，令每一世的考、妣都有一个单独的木龛，这样一来也就没有所谓翁媳相邻的问题了。

要言之，丘濬《仪节》以朱子《家礼》为蓝本，对其进行了仪节化、通俗化的改造，同时增补了大量的文字和礼图，从而令《家礼》变得更具可操作性。相较于《家礼》原书而言，《仪节》确实更为精密，也更为适合在明代社会中推行。再加上丘濬久居中枢，他以高级文官的身份所精心创作的《仪节》极容易引起上至达官、下至一般读书人的注意。建阳又是当时全国最大的图书刊刻和交易中心，有着非常成熟的全国图书分销渠道。在多种因素的共同作用下，《仪节》一书遂在很短的时间内风行天下，明清两代复刻、翻刻达到数十次之多，而民间日常行家礼，所依据的主要也就是丘濬的《仪节》，影响之大，"几成为与朱熹《家礼》并行的新经典"[1]。

类似的例子还有清代梁杰所撰的《家礼全书》。这部书虽然以"家礼"为名，实际上则是民间各种礼仪文书的集成，正如韦佩琼在该书序言中说的："举凡冠婚丧祭、科甲荣寿，邀请帖式，答拜仪注，往来酬酢，称呼上下，年节仪目，无不具备。"[2]所以他的编纂方式，似乎更贴近于《书仪》和《家礼》的结合体。

随着《仪节》《家礼全书》承担起日常礼仪实践指导手册的功能，朱子《家礼》的实践性也逐渐消退。但是，实践性的削弱并不意味着《家礼》地位的下降。恰恰相反，以《仪节》《家礼

1　赵克生：《丘濬〈家礼仪节〉及其礼学贡献》，《人文论丛》2020年第一辑。

2　〔清〕韦佩琼：《家礼全集序》，〔清〕梁杰纂：《家礼全集》，哈佛大学图书馆藏光绪乙未年（1895年）上海徐锡昌石印本。

全书》为代表，越来越多的日常实践礼仪手册宣称自己取法《家礼》，效仿《家礼》，或者是对《家礼》做出了因时因地的通俗化改造。它们承担着民间实用礼书的功能，而朱子《家礼》自身"礼书"的实践功能在逐渐减少，而作为"礼经"的指导意义则在不断增强。各种变异的家礼著作都是从《家礼》衍生出来的，《家礼》也赋予了这些文本以合法性地位。如此一来，《家礼》就与《仪礼》《礼记》一样，具备了根源性、权威性和经典性——正是在这个意义上，《家礼》俨然成为一部新的"儒家经典"。

　　尽管说在朱子《家礼》出版流行以后的明、清两代，绝大部分家礼著作都是对朱子《家礼》的改写、仿写，但其中也有例外，例如明太祖朱元璋下令编纂、面向士民普遍推行的《孝慈录》。按照《仪礼》的规定，在一个家庭中，唯有父、夫、长子与为人后者，即主持祭礼者，才有资格承受最高等级丧礼，所谓"斩衰三年"。为母者，则依照自身的身份角色，如嫡母、继母、慈母、庶母、出母、养母、嫁母、乳母等，以及儿女的身份差异，如嫡、庶、传重与否等，还有如父亲是否在世等情形，也各有适用的丧制。但是，最重的母服就是父亲逝世的情形下，嫡子为母亲服第二等的丧服"齐衰三年"（参见第二章第二部分），此外则根据各种情形降杀，为的是体现"天无二日，家无二尊"的绝对礼法原则。唐代武则天时期，以人情为由，改为父在，子为母服齐衰三年，并最终进入《开元礼》成为国家礼典。而朱元璋命宋濂所作的《孝慈录》则是对母服的第二次重大改革。在这部著作中，宋濂完全承仰了朱元璋的意思，首次提出应当平等地为父亲和母亲持服，即：

夫父母之恩一也。父服三年，父在，为母则期年，岂非低昂太甚乎？其于人情何如也！

每闻汉唐有忌议丧事者，在朕则不然。礼乐制度出自天子，于是立为定制：子为父母，庶子为其母，皆斩衰三年；嫡子、众子为庶母，皆齐衰杖期，使内外有所遵守[1]。

《孝慈录》按照"父母等恩"的原则重新设计母服制度，具体而言，就是改变丧服制度的"叙服"部分，对究竟在何种亲属关系、何种情形下应当服斩衰之服作出了重新规定。如"斩衰制度·叙服"曰："子为父母。庶子为所生父母。子为继母。子为慈母。子为养母。女在室为父母。"[2] 在上述亲属关系下，应当服斩衰之服。所服的对象，不仅有传统礼俗一贯主张的"父"，还有传统礼制中应该降服的"母"。但不可忽视的是，在丧服的具体形制上，它又完全继承、采取了朱子《家礼》的规定，例如最重要的"斩衰制度"和"齐衰制度"两节，开篇即引用《家礼》以及朱子再传弟子杨复的附注，然后再对斩衰、齐衰两种丧服的形制进行补充说明[3]。要言之，《孝慈录》改写了《家礼》丧服制度的制礼原则，却保留了《家礼》的形制规定。由此可见，即便作为《孝慈录》所要改革对象，《家礼》的根源性、权威性仍得到了部分的承认。这也再次证明了《家礼》的"拟礼经"地位。

1　杨一凡点校：《皇明制书》第二册，社会科学文献出版社2013年版，第677—678页。

2　同上，第682—686页。

3　参见杨一凡点校：《皇明制书》第二册，第682—685页。

《家礼》与明清司法

自从明代洪武初年进入国家礼典以后，《家礼》实际上也具有了国家法律的意义。"《家礼》乃文皇帝所颁礼，亦法也"[1]，这一观念可以代表明代官员对《家礼》自身法律地位的认识。但更重要的是，《家礼》还影响到明、清两代国家法典的制定与实施。

《大明律》编订于明代洪武年间。在明代建立之前的吴元年（1367年），朱元璋便命李善长等议定律令，编成《律》二百八十五条。明朝定鼎以后，洪武六年（1373年）又命刑部详定《大明律》，次年编成，篇目一准唐律，共三十卷，计六百零六条。洪武九年（1376年），命丞相胡惟庸等进行了一次厘正。洪武二十二年（1389年），再次修订《大明律》，形成了名例律为首，继以吏律、户律、礼律、兵律、刑律、工律的七篇格局，共计三十门、四百六十条。明太祖又改定其中七十三条，于是成为定律。洪武三十年（1397年），正式颁布天下，整个明代一直相沿无改。总体而言，《大明律》上继唐律、下启清律，是帝制中国晚期最具代表性的一部法典。

清世祖顺治元年（1644年），清廷以"详译明律，参以国制"为指导思想，着手制定成文法典。三年律成，定名《大清律集解附例》，颁行全国。顺治十三年（1656年）复颁满文《大清律》。

1　〔明〕叶春及、〔明〕陈懋仁著，郑焕章、吴远鹏点校：《惠安政书·泉南杂志》，商务印书馆2021年版，第356页。

清圣祖康熙二十八年（1689 年），将康熙十八年（1679 年）纂修的《现行律例》附入《大清律》。清世宗雍正元年（1723 年）续修，三年书成，五年（1727 年）颁布。清高宗乾隆五年（1740 年）更名为《大清律例》，通常称为《大清律》。后虽历经修订，但仅增附律之条例，律文未更改。清末宣统三年（1911 年）废止。《大清律》首有"六赃图""五刑图"等八种图像。律文分为七篇，故称"七律"。名例律居首，其次分隶于六部，即吏律、户律、礼律、兵律、刑律和工律，总计四十七卷、三十门、四百三十六条。律文附有条例和注解。律末附比引律条和秋审条款。

　　《大明律》《大清律》的"户婚"部分，即户律当中的婚姻契约，与《家礼》"昏礼"密切相关；吏律中的"丁忧"部分，则与《家礼》中的丧礼密切相关。此外，明清官方制定的涵括了《家礼》"四礼"体系在内的乡约制度，是名副其实的"习惯法"，是民间纠纷协调的重要依据。本章就从这三个方面，讨论《家礼》与明清司法制度、实践的关系。

一、婚礼与男女婚姻

　　从法律和司法的角度来看，《大明律》和《大清律例》等国家法典最关注的是婚姻的有效性确认问题。而这一问题，又是通过朱子《家礼》中的婚礼加以规定的，具体而言，包括婚姻年龄、作为婚姻形式要件的"六礼"或者"三礼"，以及无效婚姻的认定等三个方面。

（一）婚姻条款与礼律互文

　　黄宗智教授针对《大清律例》指出："'户律'中的第一百
〇一至一百一十七条，主要涉及婚姻契约；第二百七十五条'略人
略卖人'，部分涉及买卖妇女成婚；第三百六十六至三百六十七
条'犯奸'，部分涉及通奸。后两组律文所涵盖的案情，已含有
从民事到刑事、从'细事'到'重情'的微妙变化。"[1]而《大清
律例·户律·婚姻》"男女婚姻"条（即律一百〇一），与《大
明律·户律·婚姻》"男女婚姻"条基本相同而略有加详，故此
处我们仅援引《大清律例》作出说明。

　　凡男女定婚之初，若或有残废，或疾病、老、幼、庶出、过房同宗、
乞养异姓者，务要两家明白通知，各从所愿，不愿即止，愿者同媒妁
写立婚书，依礼聘嫁。若许嫁女，已报婚书，及有私约谓先已知夫
身残、疾、老、幼、庶养之类而辄悔者，女家主婚人答五十，其女归本夫。
虽无婚书，但曾受聘财者，亦是。

　　若再许他人，未成婚者，女家主婚人杖七十；已成婚者，杖
八十。后定娶者男家知情，主婚人与女家同罪，财礼入官；不知者，
不坐，追还财礼，给后定娶之人，女归前夫。前夫不愿者，倍追财
礼给还，其女从仍后夫。男家悔而再聘者，罪亦如之，仍令娶前女，
后聘听其别嫁。不追财礼。

---

[1]　[美]黄宗智：《清代的法律、社会与文化：民法的表达与实践》，上海书店出版
社 2007 年版，第 77 页。

其未成婚男女，有犯奸盗者，<u>男子有犯，听女别嫁。女子有犯，听男别娶。</u>不用此律。

若为婚而女家妄冒者，<u>主婚人杖八十</u>，谓如女残疾，却令姊妹相见，后却以残疾女成婚之类。追还财礼。男家妄冒者，加一等，谓如与亲男定婚，却与义男成婚。又如男有残疾，却令弟兄妄冒相见，后却以残疾男成婚之类。不追财礼。未成婚者，仍依原定。<u>所妄冒相见之无疾兄弟姊妹及亲生之子为婚，如妄冒相见男女先已聘许他人，或已经配有室家者，不在仍依原定之限。</u>已成婚者，离异。

其应为婚者，虽已纳聘财，期约未至，而男家强娶，及期约已至，而女家故违期者，<u>男女主婚人并笞五十</u>。

若卑幼或仕宦或买卖在外，其祖父母、父母及伯叔父母、姑、兄姊<u>自卑幼出外之后</u>为定婚，而卑幼<u>不知</u>自娶妻，已成婚者，仍旧为婚。<u>尊长所定之女，听其别嫁。</u>未成婚者，从尊长所定。<u>自定者，从其别嫁。</u>违者，杖八十。<u>仍改正。</u>

【条例】

一、嫁娶皆由祖父母、父母主婚，祖父母、父母俱无者，从余亲主婚。其夫亡携女适人者，其女从母主婚。若已定婚未及成亲，而男、女或有身故者，不追财礼。

一、男女婚姻各有其时，或有指腹、割衫襟为亲者，并行禁止。

一、招婿须凭媒妁，明立婚书，开写养老或出舍年限。止有一子者，不许出赘。其招婿养老者，仍立同宗应继者一人承奉祭祀，家产均分。如未立继身死，从族长依例议立。

一、凡女家悔盟另许，男家不告官司强抢者，照强娶律减二等。其告官断归前夫，而女家与后夫夺回者，照抢夺律杖一百、徒三年[1]。

总体而言，明清两代有关"男女婚姻"的律与例乃是一脉相承的。尽管清代略有增补（横线部分），大多不过是对律令的明晰化和合理化补充。例如，有关"犯奸盗"的规定，《大明律》规定尚未正式成婚，即尚未履行"亲迎"或"过门"礼的男女，如果犯了奸、盗等罪，"不用此律"；《大清律例》则进一步解释了"不用此律"以后，无罪一方不用再履行婚姻义务，即"男子有犯，听女别嫁。女子有犯，听男别娶"。《大清律例》也有一些实质性的增修，如律中有关悔婚的规定。《大明律》规定女方已经将女子许配给男子，并事先知道男子残、疾、老、幼、庶养等情形，然后悔婚者，"答五十"；《大清律例》则进一步规定，"其女归本夫"，即婚约仍然是有效的。这很可能是在具体司法过程中，女方悔婚并经判决以后，女方是否仍需要履行此前的婚姻约定曾引发过争议，所以《大清律例》根据婚姻的礼法原则做出了修补。尽管如此，明、清的婚姻律令沿袭关系仍十分明显，所以我们可以将其当作一个整体来加以讨论。

明、清两代律例中"男女婚姻"的相关规定与被纳入国家礼典的朱子《家礼》之间，存在着一种明显的"互文"关系。表现在如下三个方面。

1　田涛、郑秦点校：《中华传世法典：大清律例》，法律出版社1998年版，第203—205页。

其一，对男女适婚年龄的规定，明、清两代律例都没有明确其范围，而仅笼统地说"各有其时"。这个"时"，应当就是朱子《家礼》所规定的年龄，即"男子年十六至三十，女子年十四至二十"[1]。

其二，婚姻的形式要件或者说婚姻的有效性，按照明、清律的规定，是由"礼"所赋予的，即必须建立在"写立婚书，依礼聘嫁"的基础上。所依之"礼"，主要也就是朱子《家礼》所规定的议婚、纳采、纳币、亲迎四个礼仪环节。在这四个环节中，议婚是男女双方表达意向的阶段，纳采则意味着男女双方的合意和对这桩婚事的承诺，纳币则意味着完全承认这桩婚事，只等待亲迎或曰过门了。因此，对于已经完成纳币的礼仪环节却又悔婚者，要予以杖刑的惩罚，还要罚没或者追还财礼；在可以挽回，即男子尚未别娶、女子尚未别嫁的情况下，仍应坚持原有婚约。即便已纳聘财，但约定的亲迎之期尚未到来，则仍不能允许男家违背期约、强娶女子，这是因为婚礼中议婚、纳采、纳币、亲迎乃是一个整体，只有完整地履行了这四个礼仪环节，才能说"依礼聘嫁"。

其三，律例禁止民间指腹为婚、割衫襟为亲等陋习，要求男女必须达到礼制要求的年龄才能婚嫁，与《家礼》中朱子引司马光之语亦一脉相承："又世俗好于襁褓童幼之时，轻许为昏，亦有指腹为昏者，及其既长，或不肖无赖，或身有恶疾，或家贫冻馁，

---

1 〔宋〕朱熹撰，〔日〕吾妻重二汇校：《朱子家礼宋本汇校》，第48页。

或丧服相仍，或从宦远方，遂至弃信负约，速狱致讼者多矣。"[1]

总之，在婚姻年龄、有效婚姻的形式要件、无效婚姻的判定三个问题上，《大明律》和《大清律例》的判断标准实际上都是一依朱子《家礼》的。正是以"互文"关系为前提，礼和律共同维护着有效婚姻，禁绝无效婚姻，形成了所谓的"礼法之治"。

（二）案例判决中的婚姻礼法

《家礼》对日常生活周密的礼仪规定也许会令人心生疑惑：这些礼仪究竟是规范，抑或只是一种引导？当其仅仅作为"礼"而存在的时候，后一种性质占据上风，而当其进入"法"的层面以后，前一种性质凸显出来。黄宗智从巴县和宝坻县的司法档案中发现了几件婚姻案子，可以帮助我们了解"礼法"的规定是如何用于断案的。第一件是强占妻女案：

> 一个叫马永才的衙役，强抢了孀妇齐氏为妾。齐氏的父亲齐永祥后来把她夺回来，将她嫁了别人，一切手续得当。马告到官府，控称齐某劫走其妾。县官让乡保查核事实，然后判决新婚约合法，断令将齐氏还给新夫。县官又发现马某另拐一女为妾（律一百一十二），判令笞二百[2]。

所谓律一百一十二，即《户律·婚姻》的"强占良家妻女"条：

> 凡豪强势力之人，强夺良家妻女，奸占为妻妾者，绞，监候，

1　〔宋〕朱熹撰，〔日〕吾妻重二汇校：《朱子家礼宋本汇校》，第49—50页。
2　〔美〕黄宗智：《清代的法律、社会与文化：民法的表达与实践》，第78页。

归女给亲，妇归夫，女归亲。配与子孙弟姪家人者，罪归所主。亦如之，所配男女不坐。仍离异给亲[1]。

马永才为了满足自己的淫欲，在没有经过女方父母同意，也没有履行任何婚姻手续的情况下，就将孀妇齐氏强占为妾，甚至不是正妻。而齐父将其女抢回来后，又履行了婚姻的一切礼仪手续，将齐氏另嫁给他人。同一个人，两桩婚姻，究竟哪个是有效的呢？前文已经提到，明清两代的法律规定，婚姻成立必须以合乎规定的"婚礼"为形式要件。马永才之于齐氏女子，并未依礼聘娶，而是使用了强抢的手段，婚姻自然是无效的。尽管马永才本身就是官府中的衙役，但官府并没有偏袒他，而是对他进行了惩罚。

如果男女双方在没有"父母之命，媒妁之言"的情况下，试图自行结合在一起，这样的婚姻有效吗？第二桩案件涉及这个问题：

> 二十四岁的高锁儿爱上在她家打短工的罗柏，并一起私奔。因担心她家会告罗，这对年轻人想迫使父母亲赞同他们的爱情，抢先告状，声称锁儿早已合法嫁罗，父母因嫌他贫穷，现在想解除婚姻。衙门在查实后断令投罗入狱，锁儿由其父领回[2]。

高锁儿及其恋人罗柏违背了"嫁娶皆由祖父母、父母主婚"的法律条例，通过"私奔"来实现自行结合，这令他们的婚姻从

1　田涛、郑秦点校：《中华传世法典：大清律例》，第 211 页。
2　［美］黄宗智：《清代的法律、社会与文化：民法的表达与实践》，第 80 —81 页。

一开始就无法满足婚礼的形式要件。更重要的是，这对青年男女还用"恶人先告状"的办法，向官府控诉了高氏家长。从官府将其投入监狱来看，出面控告并领受惩罚者应当是罗柏，而不是高姓女子，所触犯的也仅仅是"诬告"律例，而非"忤逆"的重罪。从这个案例可以看出，青年男女的自嫁自娶是不被承认的、无效的。

在举行婚礼的过程中，如果出现单方面违约，那么违约的一方要赔偿损失，第三桩案件涉及这个问题：

> 左正安控其未婚妻之父梁国泰赖婚，不想让女儿嫁出。此案归属律一百〇一条。知县断令梁某退还一万文彩礼，并罚二千文钱[1]。

这个案例正属于"期约已至，而女家故违期者"的情形，也就是民间俗称的女方悔婚。根据前文引用到的《大清律例》"男女婚姻"条款，县令做出了追还彩礼的判决，同时又用罚钱两千替代了女方主婚人（女子之父）所应当承受的笞刑。

必须说明的是，即使一些婚姻没有履行完整的礼仪手续，只要没有人首告，那么官府对于婚姻官司这类"细故"，往往就会采取"息讼"的态度，即所谓民不举则官不究；也不是所有呈上公堂的案件都会按照律条来进行处理。吴佩林教授援引了光绪

1　［美］黄宗智：《清代的法律、社会与文化：民法的表达与实践》，第78页。

十九年（1893 年）四川南部县衙门档案中的一则判词[1]：

> 堂谕：讯得周宗碧凭媒聘定王永安之女为室，王永庆等何得从旁阻婚？大属非是，本应责惩，姑念伊等业已调明，仍许改期迎娶，宽免深究，各结完案，此判。

从名字来看，王永庆应当是王永安的亲兄弟或堂兄弟。我们不清楚他究竟出于什么理由来阻止王永安之女与周宗碧的婚姻，但他的行为似乎导致了婚姻的延误，并最终引发了一场诉讼。而南部县知县的判词则表明，他没有意愿去辨析原告、被告双方的是非曲直，而是根据周宗碧"凭媒聘定"一点，判定这桩婚姻是合礼合法的，进而认定王永庆"大属非是"，且要予以"责惩"；但由于周家与王永庆的纠纷已经调解完毕，所以就此判处结案。吴佩林依据数则类似的判词，得出一个结论："对于上了公堂的案子，只要民间调解系统或两造言明已将纠纷调明，不管所告事本身的是非曲直，也不追究他们是否真的已经调明，一般尊重他们的选择，宽免深究。"[2] 换言之，即使有些婚姻纠纷确实触犯了礼法原则甚至具体律条，只要其取得父母的谅解或得到充分的调停，那么这桩婚事仍是可以被接受的。所以，前面提到的高锁儿与罗柏私奔案，如果这对情侣采取哀求而非诬告的方式，或许仍有机会避免严厉的惩罚。

1　吴佩林：《从〈南部档案〉看清代县审民事诉讼大样——侧重于户婚案件的考察》，《中外法学》2012 年第 6 期。

2　同上。

在审判男女婚姻案件时，令情、理、法三者均得到妥善的安顿，很大程度上取决于官员个人对儒家伦理原则的掌握、对律令条款的熟稔，以及两难境地下的自由裁量。好的判例能为官员带来好的官声。如清末名宦端方《端午桥判牍》记载了这样一个判例：

> 彭君亮之子，聘定周根云之女为妻。未及成亲，君亮挈子赴日本经商，一去六年，杳无音信。根云遂将女改嫁于郭少溪。阅二年，生子已周岁。忽然，君亮挈子归里，定期迎娶，而媳妇早已改嫁矣。君亮遂赴县禀控。县令以周氏女断归君亮之子。郭少溪不服，赴午桥案下上控，得胜诉。其判辞云：

> 讯得周根云之女，先与彭君亮之子订婚，收过聘礼四十金，金约指、小银锭各一具。旋因君亮挈子远出经商，六年绝无书信往来。根云只道其子已亡，遂将女改嫁于郭少溪，业已生子周岁矣。而彭君亮忽然挈子归里，定期迎娶无着，赴县控诉。赵令拘泥彭姓礼聘在先，将周氏断归彭姓为（归）〔妇〕，使夫妻、母子顷刻分离。而周氏则两地蒙羞，离郭门则为失节，入彭门则为不贞。按诸良心，殊觉不安。差幸周氏未入彭门，尚在母家，否则，失节败名之罪，赵令实尸其咎。着周根云即日送女仍归郭氏，以全名节。前曾收过彭姓聘金、聘礼，加一倍缴还。着（马）〔彭〕君亮以此聘金，为子另行聘娶。仁看鄜州之月，别有团圆；而石尤之风，永平波浪。赵令记大过二次，以为轻视名节者戒。此判。

> 【评】老吏折狱，经权并用。赵令之受记大过者，盖由拘泥不化所致。此案若起诉于郭少溪未曾迎娶之时，周氏女应当断归

彭姓；既娶之后，则木已成舟，难以再归彭姓。所以重名节也[1]。

　　周氏之女改嫁一案，经过了两次审判。在第一次审判中，县令赵某的判决依据似乎是"男女婚姻"（律一百零一）中的这一款："若许嫁女，已报婚书，及有私约（谓先已知夫身残、疾、老、幼、庶养之类）而辄悔者，（女家主婚人）笞五十（其女归本夫）。虽无婚书，但曾受聘财者，亦是。"这条法律以婚书、聘财为婚姻成立的形式要件，以维护婚约不受侵害为主旨，其最终的判决是惩罚女方主婚人，并要求女归本夫。故而赵令亦根据彭君亮已经向周根云下聘礼，断定周氏之女与彭氏之子缔结了有效婚约，于是将已经另嫁郭氏且生有一子的周氏之女，重新断给彭氏之子。在更高一级的审判中，主审官端方并不否认彭、周婚约的合法性，但他体察到周氏的悔婚改嫁并非毫无根由，而是在彭氏父子出洋六年，两家毫无书信往还的情形下，不得已才违背礼法的。同时他也敏锐地意识到，赵令将周女断还彭氏的判罚，则意味着官府要求周氏之女抛夫弃子、再次失贞。毫无疑问，律令以及据此产生的判决，本来是应当维护而非损害其伦理基础和礼法原则的。于是端方否决了赵令的判决，仍将周氏之女断给郭氏，令其夫妻、母子团聚，避免其再次失节，同时令周根云加倍返还聘金、聘礼，而彭氏则为其子另觅佳偶。值得注意的是，尽管端方说自己是从"良心"出发，但他并非没有律例上的根据，他的判决也基本符

1　襟霞阁主编：《端午桥判牍》，上海东亚书局1926年版，第4—5页。

合"男女婚姻"中"再许他人……前夫不愿者，倍追财礼给还，其女从仍后夫"一款。唯一不同的是，由于周根云并非故意悔婚，所以免去了对他的处罚。

总之，朱子《家礼》被写入国家礼典之后，就构成明、清两代婚姻律例的礼仪背景。因此，当出现违背朱子《家礼》的婚礼规定，民间无法调解纠纷而将案件诉讼至官府时，官方也将按照朱子《家礼》的婚礼规定，对其展开司法审判。如此一来，便以朱子《家礼》为中心，形成了"出礼入刑""礼之所去，法之所取"的礼法关系。

二、 五服制度与丧葬礼律

儒家礼学的五服制度是建构中华法系的重要基石，对吏律、户律、礼律、刑律等都有深刻影响。而五服制度在国家法典中的地位，经历了一个由隐而显的过程，这一过程与朱子《家礼》有何关系？朱子《家礼》对丧葬礼仪的规定，又在国家法典中得到了怎样的体现？本部分主要讨论这两个问题。

（一）五服制度的由礼入律

在法律史研究者看来，法律儒家化的最大表征之一，就在于"儒家所倡导的礼的精神和有时是礼的具体规范被直接写入法典，与法律融合于一……道德习俗（礼）以实在法（法）的形式，具有了正式的法律效力……实在法（法）作为自然法（礼）的具体化，具有道德规范的作用"[1]。这种礼法相融的特点，赋予了中华法系以鲜明的伦理特色[2]。伦理在法律条文中的基础性地位，尤其反映在五服制度及其差等原则被写入法典之中。

《唐律疏议》并没有直接采用五服制度，但是在"收赎""斗讼"等条款中，五服制度及其背后差异性的伦理义务仍有所体现。以"斗讼"为例，律令的普遍规定是：

> 诸斗殴人者，笞四十；谓以手足击人者。伤及以他物殴人者，
> 杖六十；见血为伤。非手足者，其余皆为他物，即兵不用刃亦是。伤及拔
> 发方寸以上，杖八十；若血从耳目出及内损吐血者，各加二等[3]。

如果殴人者与被殴者存在五服以内的血缘关系，那么伦理的差等原则就会影响到刑罚，如表4-1所示。

1　[美]D.布迪、C.莫里斯著，朱勇译：《中华帝国的法律》，江苏人民出版社2003年版，第17页。
2　瞿同祖：《中国法律与中国社会》，第45页。
3　岳纯之点校：《唐律疏议》，上海古籍出版社2013年版，第328—329页。

表4-1　《唐律》五服内亲属殴杀刑罚表[1]

类别	亲属关系	刑罚
卑殴尊	缌麻兄姊	杖一百
	小功、大功	递加一等
	尊属	又各加一等
	伤重者	各递加凡斗伤一等
	死者	斩
	殴从父兄姊	准凡斗应流三千里者，绞
尊殴卑	缌麻	减凡人一等
	小功、大功	递减一等
	死者	绞
	殴杀从父弟妹及从父兄弟之子孙者	流三千里
	以刃及故杀者	绞

简单来说，五服以内亲属，如果是卑殴尊，则由疏到亲，刑罚相应地加重；如果是尊殴卑，则随疏到亲，刑罚相应地减轻。甚至数人共同犯罪、合力殴打一人，不同伦理关系的人的"本罪"也是不一样的：

【共犯罪本罪别】诸共犯罪而本罪别者，虽相因为首从，其罪各依本律首从论。

疏议曰：谓五服内亲共他人殴、告所亲及侵、盗财物，虽是共犯，而本罪各别。假有甲勾他外人乙共殴兄，甲为首，合徒二

1　岳纯之点校：《唐律疏议》，第352—353页。

年半；乙为凡斗从，不下手，又减一等，合笞二十。又有卑幼勾
人盗己家财物十疋，卑幼为首，合笞三十；他人为从，合徒一年，
又减常盗一等，犹杖一百。此是相因为首从，其罪各依本律
首从论。此例既多，不可具载，但是相因为首从，本罪别者，皆
准此[1]。

甲勾结外人殴打兄长，属于"卑幼殴尊长"之罪，所以不
再适用笞四十或者杖六十的刑罚，而是需要加重为徒二年半。卑
幼为首勾结外人盗窃自己家财物，被认为相较于陌生人而言，情
节较轻，故而首犯仅笞三十，从犯反而要杖一百。要言之，"合
伙参与同一犯罪活动的人们，每个人在法律上可能犯的是不同的
罪"[2]。让每个人都受到合适的惩罚，没有人可以逃避法律，意味
着"法的普遍性原则"；而根据亲属伦理关系以及具体的犯罪情节，
实施差等的、差异的处罚，意味着"礼的等差性原则"[3]。这二者
共同构成了礼法之治的内核。

到了元代，就将五服制度明确纳入法典之中，属于"名例"，
列在"五刑"之后、"十恶""八议"之前，落实为正式的成文律条。
《元史·刑法志》记载：

斩衰：三年。

---

1 岳纯之点校：《唐律疏议》，第 93 页。
2 ［美］马伯良：《〈唐律〉与后世的律：连续性的根基》，［美］高道蕴等编：《美
  国学者论中国法律传统》（增订版），清华大学出版社 2004 年版，第 262 页。
3 ［美］D.布迪、C.莫里斯著，朱勇译：《中华帝国的法律》，第 17—18 页。

　　　　　　　　　子为父、妇为夫之父之类。

　　齐衰：三年，杖期，期，五月，三月。

　　　　　　　　　子为母、妇为夫之母之类。

　　大功：九月，长殇九月，中殇七月。

　　　　　　　　　为同堂兄弟、为姑姊妹适人者之类。

　　小功：五月，殇。

　　　　　　　　　为伯叔祖父母、为再从兄弟之类。

　　缌麻：三月，殇。

　　　　　　　　　为族兄弟、为族曾祖父母之类[1]。

　　原来作为法律的礼学背景的五服制度，在元代被当作正式的法律条文写入法典，这在中国法制史上具有很重要的意义。尽管这一条文必须与其他律条结合起来才具备强制力和惩罚力，但这一条文的成文化，却令所有需要根据血缘亲疏关系进行差异化惩处的法律条文有了更为明确的五服制度基础。故而此后的明律、清律都相沿而不改。此外，《元典章》的"礼部·礼制·丧礼"部分，出现了几幅礼图，包括本宗五服图、外族服图、三殇服图、女嫁为本族服图、三父八母服图、妻为夫之族服图六幅[2]，使五服制度图像化。

　　五服制度在明代礼典与法典中的地位，都得到了进一步加强。其主要表现就是增加了丧服图，即用图表的方式直观化地呈现五

<hr />

1　〔明〕宋濂撰：《元史》第九册，中华书局1976年版，第2605—2606页。

2　洪金富校订：《校定本元典章》（中），第975—980页。

服以内亲人、族人之间的亲疏关系及其相应的伦理义务。代表性的丧服图大约有两种，一种是律例中的丧服图，以明太祖洪武年间编定的《大明律·名例律·丧服图》为代表，共有丧服总图、本宗九族五服正服之图、妻为夫族服图、妾为家长族服之图、出嫁女为本宗降服之图、外亲服图、妻亲服图、三父八母服图八幅，此外还有专门的"服制"一节，对"丧服八图"的五种服制做出文字解释。丧服八图与五刑图、狱具图等，被置于一个极为显著的位置，即在"户律"之前，仅次于皇帝下令编纂法典的诏书和大臣的奏章，这显然反映了五服制度的伦理基础地位，一如朱元璋本人所说："此书首列三刑图，次列八礼图者，重礼也。"[1]另一种是礼仪手册中的丧服图，以明成祖永乐年间编定的《性理大全·家礼·丧服图》为代表，包括本宗五服之图、三父八母服制之图、妻为夫党服图、外族母党妻党服图四种。二者之间主要区别，主要体现在本宗五服之图上，如图4-1、4-2所示。

1 〔清〕张廷玉等撰：《明史》第八册，第 2283 页。

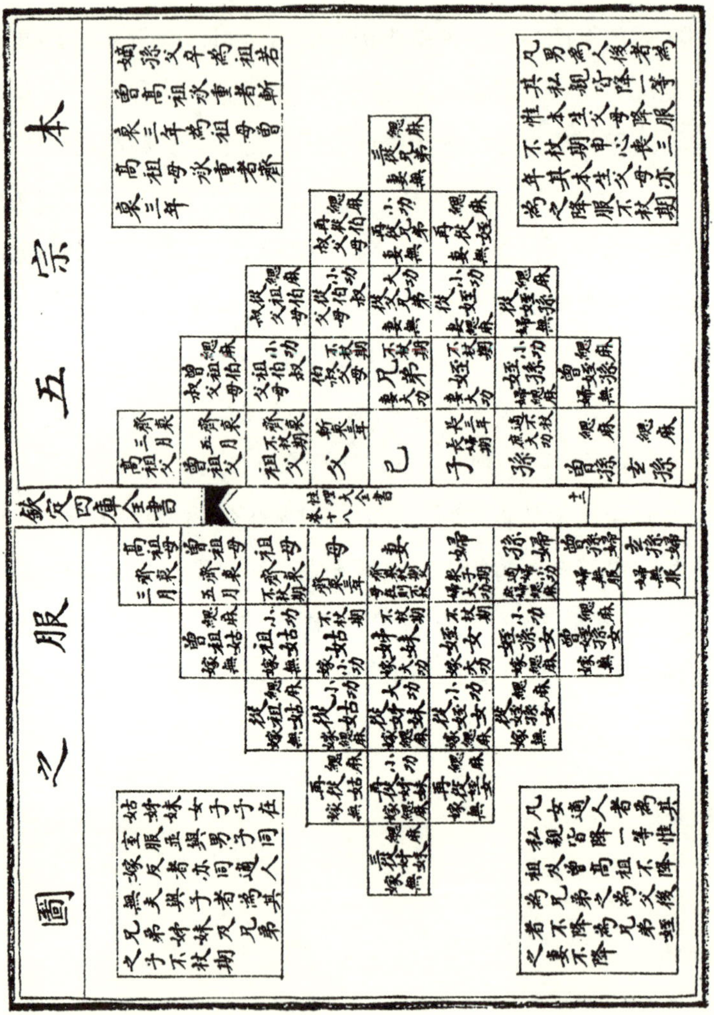

图 4-1　明《性理大全》所载本宗五服之图[1]

1　〔明〕胡广等撰：《性理大全》，第 411 页。

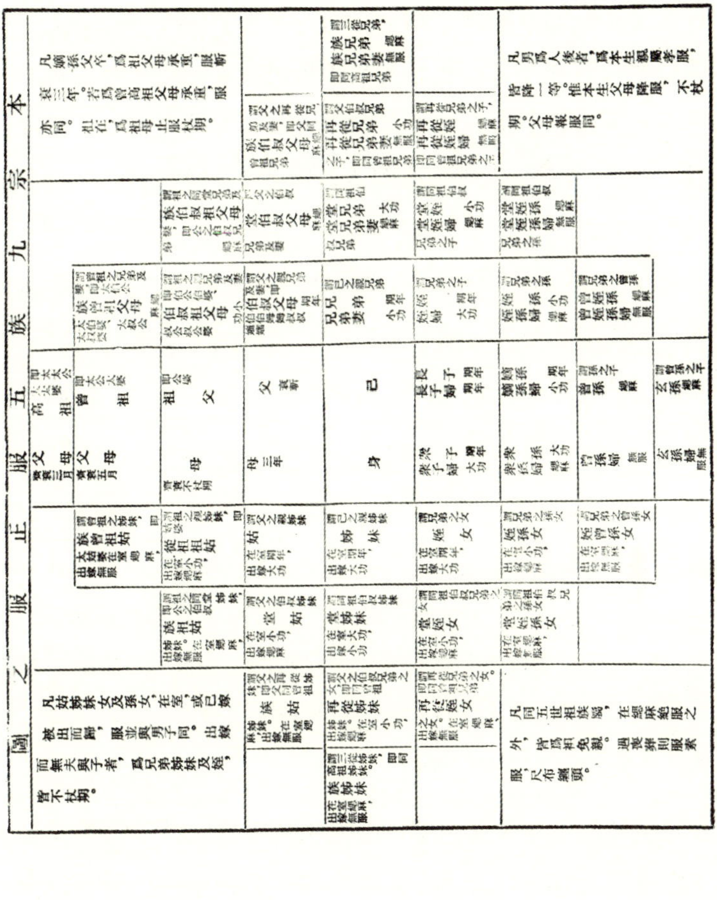

图 4-2　《大明律》所载本宗九族五服正服之图[1]

本　宗　九　族　五　服　正　服　之　图

（本宗九族五服图。中央世系自上而下为：高祖父母、曾祖父母、祖父母、父、身（己）、子、孙、曾孙、玄孙。各格详列本宗亲属及其相应服制。）

1　怀效锋点校：《大明律（附大明令、问刑条例）》，辽沈书社1990年版，第440—441页。

《大明律》中的五服图，父母之丧均用斩衰三年，显然是贯彻明太祖《孝慈录》"父母等恩"的主张（参见第三章第三部分）。《性理大全》中的五服图，因为是对《家礼》的图像化表达，所以不能违背《家礼》父丧斩衰三年、母丧齐衰三年的基本规定。出于同样的理由，后世家礼类礼仪手册如丘濬《仪节》，采取的仍是后一种图，但国家法典例如《大清律例》，就沿袭了《大明律》中的八张丧服图。

明清两代律法并不只是将五服制度及其礼图纳入法典中徒具虚文而已，恰恰相反，五服制度及其差等原则在明清司法实践中得到了广泛的运用，即所谓"视服等差定刑之轻重"[1]。例如清康熙三十七年（1698年）刑部判决了一个案子：

> 刑部等题：谭华常戳死大功兄谭华彩，将谭华常拟斩立决，奉旨"这案着九卿、詹事、科道会议具奏，钦此"。此查谭华常闻父被谭华彩殴打，持木篙奔救，先击华彩。华彩取枪相刺。华常夺枪还戳，华彩殒命。谭华常见父被殴，一时忿起刺死，原无欲杀之心。谭华常应改为免死，照例减等，金妻，流三千里，仍追埋葬银二十两，给付死者之家。康熙三十七年九月奉旨依议[2]。

这是一件发生在家族内部的斗殴致死事件。谭华常听说父亲被谭华彩殴打，愤而与其斗殴，并夺取华彩手中的尖枪将华彩刺死。

1　〔清〕张廷玉等撰：《明史》第八册，第2283页。
2　〔清〕张光月辑：《例案全集》卷二十三，杨一凡主编：《清代判牍案例汇编》（甲编）第六册，社会科学文献出版社2019年版，第428—429页。

由于谭华彩系谭华常的堂兄，服制属于大功，故本适用《大清律例·刑律·斗殴下》"殴大功以下尊长"条，"凡卑幼殴本宗及外姻缌麻兄姊……死者，斩"，并且"在本宗小功、大功兄姊及尊属，则决"[1]。第一次判决正是依据这一条，将谭华常判处斩立决之刑的，这是因为官员们往往判得稍微重一点，从而使得皇帝有施恩的机会。果然，康熙皇帝命令九卿、詹事、科道进行了合议。官员们通过合议，认为事情的起因是由于谭华彩与自己的叔父相殴（卑殴尊），有错在先，谭华常救父心切，亦非有意要杀死谭华彩。所以最终的判决结果，是在"殴大功以下尊长"的基础上，减了两等，即从斩立决改为流三千里。由这个案例可以看出，以伦理法为其特色的中华法系，是如何廓清案件中各方的五服伦理关系，并据此判分责任、实施惩罚的。

要言之，作为传统中华法律体系的伦理基石，五服制度从唐代起就成为断案、施刑所必须考虑的重要因素。从元代开始，五服制度正式纳入法典中的"名例"部分，明清两代的法典则进一步为五服制度绘制礼图、做出说明，并将其运用在司法审判实践当中。由此可见，五服制度在元、明、清三代的法典中，有一个明显的地位抬升过程，这个过程与朱子《家礼》地位在元、明、清三代的抬升曲线是基本一致的。这应当是朱子《家礼》在逐渐进入国家礼典并成为国家意识形态以后，国家法典自然也要将五服制度摆在更突出的位置上，以更好地维护礼与法共同的伦理基

---

1 田涛、郑秦点校：《中华传世法典：大清律例》，第 461 页。

础。也正是出于这一缘故，中华法系的伦理法特点也变得尤其突出了。

（二）丧葬条文与丁忧制度

夫妇是人伦之始，父子是人伦之大，而身为人子者的重要伦理义务之一，就是为父母养老送终。不能如礼如法地为父母养老送终，则谓之"不孝"。而法典里的"不孝"作为一个专门的罪名，从唐代开始就是"十恶"重罪之一，此后历代沿袭不改，其具体内容如表4-2所示。

表4-2　《唐律》与《大清律例》"不孝"条对照表

《唐律》	《大清律例》
七曰不孝。谓告言、诅詈祖父母、父母，及祖父母、父母在，别籍异财若供养有缺；居父母丧，身自嫁娶若作乐、释服从吉；闻祖父母、父母丧，匿不举哀，诈称祖父母、父母死[1]	七曰不孝。谓告言咒骂祖父母、父母，夫之祖父母、父母；及祖父母、父母在，别籍异财；若奉养有缺，居父母丧身自嫁娶，若作乐释服从吉；闻祖父母、父母丧，匿不举哀，诈称祖父母、父母死[2]

无论是《唐律》还是《大清律例》，"不孝"重罪均与丧葬礼仪有很大的关系，目的都在于保护丧礼得到完整的执行。居父母之丧却身自嫁娶，服丧期间作乐、擅自脱去丧服改穿常服，以及闻丧不举哀等情形，本质上都是不执行丧礼、不履行伦理义务的行为，而这正是律法所深恶痛绝的。究其原因，就在于俞荣根

1　岳纯之点校：《唐律疏议》，第12页。

2　田涛、郑秦点校：《中华传世法典：大清律例》，第85页。

教授所指出的，这是"侵犯父母尊长的犯罪"[1]，其对伦理纲常的损害威胁到整个礼法之治的基础，故而必须受到严惩。

"不孝"之罪规定了在父母丧期不能身自嫁娶，其背后的礼义逻辑在于凶礼与吉礼不能混同。按照同一礼义逻辑，五服以内亲人丧时举行婚礼，同样也在受惩处之列。《大清律例·户律·婚姻》"居丧嫁娶"条规定：

> 凡男女居父母及妻妾居夫丧，而身自主婚嫁娶者，杖一百；若男子居父母丧而娶妾，妻居夫丧、女居父母丧而嫁人为妾者，各减二等；若命妇夫亡，虽服满再嫁者，罪亦如之，亦如凡妇居丧嫁人者拟断。追夺敕诰，并离异。知系居丧及命妇而共为婚姻者，主婚人各减五等。财礼入官。不知者，不坐。仍离异，追财礼。若居祖父母、伯叔父母、姑、兄、姊丧，除承重孙外，而嫁娶者，杖八十，不离异，妾不坐。
> 若居父母、舅姑及夫丧，而与应嫁人主婚者，杖八十。
> 其夫丧服满，妻妾果愿守志，而女之祖父母、父母，及夫家之祖父母、父母强嫁之者，杖八十。期亲加一等。大功以下又加一等。妇人及娶者，俱不坐。未成婚者，追归前夫之家，听从守志，追还财礼。已成婚者，给与完聚，财礼入官[2]。

这里的惩处，正是按照嫁娶者与逝者的五服亲疏关系而确定的。服重者惩罚也重，尤其是父母丧而身自嫁娶，这作为"十恶"之一，系"常赦所不原"的[3]，即必须受到杖一百的惩处。服轻者

1 俞荣根：《儒家法思想通论》（修订版），商务印书馆2018年版，第667页。
2 田涛、郑秦点校：《中华传世法典：大清律例》，第206—207页。
3 田涛、郑秦点校：《中华传世法典：大清律例》，第97页。

惩处也轻，例如祖父母、伯叔父母、兄弟、在室姊妹强迫服丧期间的妇女再嫁的，按照亲疏差等原则，可以在杖八十的基础上减二等，即杖六十。

除五服亲疏关系外，违礼、违法情节的轻重，也是量刑的重要考量之一。如《大清律例·礼律·仪制》"匿父母夫丧"条规定：

> 凡闻父母若嫡孙承重，与父母同。及夫之丧，匿不举哀者，杖六十、徒一年。若丧制未终，释服从吉，忘哀作乐，及参预筵宴者，杖八十。若闻期亲尊长丧，匿不举哀者，亦杖八十。若丧制未终，释服从吉者，杖六十。

> 若官吏父母死，应丁忧，诈称祖父母、伯叔、姑、兄姊之丧，不丁忧者，杖一百，罢职役不叙。若父母见在，无丧诈称有丧，或父母已殁，旧丧诈称新丧者，与不丁忧罪同。有规避者，从其重者论。
> 若丧制未终，冒哀从仕者，杖八十。亦罢职。
> 其当该官司知而听行，各与同罪。不知者，不坐。
> 其仕宦远方丁忧者，以闻丧月日为始。夺情起复者，不拘此律[1]。

匿父母、丈夫等斩衰亲人的丧，比丧期嫁娶情节要严重，所以刑罚为徒一年、杖六十，比杖八十要高出两个等级，且同样是"常赦所不原"的。丧制未终就脱去丧服，改穿吉服，或者居丧期间作乐、参与筵宴，情节要比匿丧要轻，所以刑罚也减轻一等，为杖八十。即使是自动脱离了家庭关系的人——也就是"出家人"，

---

[1]　田涛、郑秦点校：《中华传世法典：大清律例》，第293页。

法律也并不赋予其脱离伦理义务的权利。例如《大清律例·礼律·仪制》"僧道拜父母"条就规定：

> 凡僧、尼、道士、女冠，并令拜父母，祭祀祖先。本宗亲属在内。丧服等第，谓斩衰、期、功、缌麻之类。皆与常人同。违者，杖一百，还俗。
>
> 若僧道衣服，只许用绸绢、布疋，不得用纻丝、绫罗。违者，笞五十，还俗，衣服入官。其袈裟、道服，不在禁限[1]。

换言之，即便是和尚、尼姑、道士、坤道等出家人，律令也要求其为至亲服丧、祭祀祖先。而依礼安葬亡故的亲人，自然也属于家庭伦理义务的范畴。《大清律例·礼律·仪制》"丧葬"条规定，"职官庶民，三月而葬"，且：

> 凡有尊卑丧之家，必须依礼定限安葬。若惑于风水，及托故停柩在家，经年暴露不葬者，杖八十。若弃毁死尸，又有本律。其从尊长遗言，将尸烧化，及弃水中者，杖一百；从卑幼，并减二等。若亡殁远方，子孙不能归葬而烧化者，听从其便。
>
> 其居丧之家，修斋设醮，若男女混杂，所重在此。饮酒食肉者，家长杖八十，僧道同罪，还俗。
>
> 【条例】
>
> 民间丧祭之事，凡有用丝竹管弦演唱佛戏之处，该地方官严行禁止。违者，照违制律治罪[2]。

---

1 田涛、郑秦点校：《中华传世法典：大清律例》，第292页。
2 同上，第296页。

安葬必须符合朱子《家礼》的规定，在第三个月完成。停柩不葬、火葬、水葬等不符合儒家礼法观念的葬俗，均在禁止之列。只有在子孙无力归葬时，才允许烧化遗骨。从民间礼俗的角度来说，丧事期间邀请僧人道士做法事在所难免。如清康熙七年（1668 年）颁布例条，允许"官员军民人等亡故，或做道场，或令喇嘛念经，准其做一次，念一次"[1]。律令真正禁止的，是男女混杂等有伤风化[2]以及演剧戏乐、饮酒食肉等违背丧礼精神的行为。要言之，丧葬礼仪背后的伦理义务必须得到落实，否则就应当按照伦理关系之远近、情节之轻重而受到相应的惩处，这正是"不孝""居丧嫁娶""匿父母夫丧""僧道拜父母""丧葬"等律令一以贯之的核心思想。

作为文化和政治双重精英，官员更应当维护礼与法的伦理基础，也更应当在丧葬问题上做出表率，由此便有了"丁忧"制度。所谓丁忧，即官员遇到父母（或斩衰亲）之丧时，按照礼律的要求离开职位，守丧三年以后，才能重新安排职务。以清代为例，官员丁忧的一般流程是：

1　〔清〕张光月辑：《例案全集》卷十四，第 317 页。
2　〔宋〕朱熹撰，〔日〕吾妻重二汇校：《朱子家礼宋本汇校》，第 75 页。《家礼》为避免内外、男女混杂，对丧礼位次有非常详细的规定："众男应服三年者，坐其（主人）下"；"主妇、众妇女坐于床西……同姓妇女，以服为次，坐于其后，皆东向南上"；"妾婢立于妇女之后"。在此基础上，设帷帐以分别内外。外姓男女也分坐在帷帐东西两侧。而总体上男女分列之外，"皆藉以席，以服为行，无服在后"，故此男女有位，不至内外、男女混杂。

内外官员例合丁忧者，在内经由该部具奏，例该关给执照者
关给执照；在外经由该抚照例题咨回籍守制。京官取具同乡官印
结，外官取具原籍地方官印甘各结，将承重祖父母及嫡亲父母例
应守制开明呈报。如有诈冒，照律例治罪，俱以闻丧月日为始，
不计闰，二十七个月服满起复。若服满，果无事故在家迁延者，
交给该部照例议处[1]。

仅从条文上来看，丁忧的规定似乎颇为简单，但如果落实到
具体的生活情景之中，则变得极为复杂。例如丁忧遇到小月时应
当如何计算：

康熙四十一年，万安县州同朱尚仁于三十八年十一月三十日
丁父忧，因四十一年二月小建，应扣至三月初一日服满。今扣至
二月二十九日服满，于例不符。嗣后如有小建日期，起复应扣至
次月初一日，一体遵照[2]。

平年二月只有二十九天，谓之小建；闰年二月有三十天，谓
之大建。朱尚仁的服期应当是康熙三十八年（1699 年）十一月
三十日，至康熙四十一年（1702 年）二月三十日。但由于这一年
的二月是小月，所以按月算，朱尚仁已经服满二十七个月，按日
算，则还少一天。朱尚仁到部报到时，吏部发现了这个问题，判
朱氏违例，且特意予以说明。而生活的复杂性远甚于此。例如嫡
母还在世，本生的庶母逝世，是否应当丁忧？父亲亡故，生母再

1　〔清〕张光月辑：《例案全集》卷十五，第 449 页。
2　〔清〕张光月辑：《例案全集》卷十五，第 473 页。

嫁，后夫又亡故，生母逝世时，其子是否应当为其丁忧？祖父或者祖母过世，官员本人虽非承重孙，却是庶长孙，是否应当丁忧？官员们所应承担的伦理义务，乃是根据复杂的生活情景而随时变化的，以至于很多时候官员自己并不能确认是否需要丁忧，故必须事先专门向吏部请示。如清康熙二十七年（1688 年），蓝田知县邓士英的祖母病故：

> 吏部为申报丁忧事。该本部议得陕西巡抚布雅努疏称"蓝田县知县邓士英嫡亲祖母马氏病故，本官并无伯父及伯父之子，但祖在，应否丁忧，听候部夺"等因，前来查本部现行《例》内开"凡官员系嫡长孙无父、无伯、无伯父之子者，丁祖父母忧，守制二十七个月"等语，未经分定祖在祖母亡故服杖期之处。但查《律》内"父卒为祖父母承重服斩衰三年，祖在为祖母止服杖期"，分别开载甚明。今邓士英之祖现在，相应照律止服杖期，无庸离任，嗣后嫡长孙遇祖母亡故，必报明"祖殁"字样，方准丁忧可也。康熙二十七年五月二十九日，奉旨依议[1]。

祖母过世，邓士英是嫡长孙，且没有伯父和伯父之子，从引《例》来看，他的父亲很可能也过世了，但他的祖父仍然在世，那么他到底是否应该丁忧？邓士英及其上司唯恐误触律例，故而特别谨慎地向吏部咨询。而吏部翻检《律》《例》的结果是，认定邓士英不属于"嫡孙为祖父母服斩衰三年"[2]，而属于"祖在为

1　〔清〕张光月辑：《例案全集》卷十五，第 449—450 页。
2　田涛、郑秦点校：《中华传世法典：大清律例》，第 75 页。

祖母止服杖期"的情形，故而不准丁忧。由此一例可以看出清代官员丁忧情形的复杂程度，以及官员对待丁忧的慎重态度。

《刑案汇览》中的两个案例，足以说明官员不照例丁忧将受到的惩处：

> 【未知伊父已为捐职未报丁忧】安抚咨：胡临庄因伊父为其冒籍报捐，该犯彼时远在广东游学，并不知情。嗣伊父自京回籍身故，该犯在粤闻讣成服，旋即回家，检出捐照。其时丧服已满，愚昧不知，不行补报丁忧，将胡临庄所捐职衔斥革，比照匿丧不举者杖六十、徒一年律量减一等，杖一百。嘉庆二十四年案。

> 【监生母丧未满期内呈请应试】浙抚奏：革监邵霁呈请应试时尚在母丧未满期内，即与冒哀从仕无异，应将邵霁比照丧制未终冒哀从仕律，拟杖八十。道光二年案[1]。

胡临庄的父亲为儿子捐了个官，胡临庄本人并不知情。当他父亲过世时，他遵照礼法要求，以普通人的身份为父亲服丧。等到他翻检出捐官文书时，服期已满。大约出于疏忽大意，更可能是因为心存侥幸，胡临庄没有向该管上司补报丁忧。事发后，按照"匿丧不举"条予以处罚，但考虑他成服时尚不知道自己已经获得捐官，同时也服丧如礼期满，故将徒刑减等为杖刑，同时也革去了他的捐官。胡父生前一番心机，至此化作流水。邵霁的母亲逝世，他在服制未满的情况下参加了科举考试，所以比照"丧制未终冒哀从仕"的律令，杖八十。总而言之，官员应当丁忧而

1　〔清〕祝庆祺等编：《刑案汇览三编》第一册，北京古籍出版社 2004 年版，第 394 页。

没有丁忧，他本人将受到严厉的弹劾、惩罚，甚至连他的上司、同僚也将受到牵连。反过来说，不应丁忧却丁忧，也是违背礼制和律例的，如康熙三十年（1691年）陈良谟不当丁忧一案：

> 吏部议：东抚佛伦等疏称"兖州府运河同知陈良谟嫡母金氏病故，但陈良谟曾过继与亲叔陈一来为嗣。该同知以罔极之哀，未及查例，遂以丁忧申报。总河已将前缺题补。陈良谟实系过继，例不准丁忧"等因，查《定例》，"凡官员过继为人后者，不与本生父母丁忧"等语。今陈良谟过继亲叔为嗣，应照例不准丁忧。再查《定例》，"为父母丁忧者不开明有无过继混呈，出结代报官员俱罚俸六个月"等语，陈良谟将过继之处不声明开写混呈，总河王新命不行查明，遽均丁忧具题，均照例罚俸六个月。康熙三十年正月，奉旨依议[1]。

《例案全集》卷十五"为本生父母治丧"条规定：已经过继他人，遇到本生父母逝世，这种情形就不属于丁忧之列，而只能给予一年的假期，让他回籍治丧，超过这一期限，就以违例论处[2]。在这个案例中，陈良谟固然有失，其上司也未尽到核实义务，致使陈良谟不应丁忧而丁忧，故两人都被判罚俸禄六个月。

总而言之，丧礼的强制性是由"礼"和"律"共同决定的。是否按照礼和律的规定进行丁忧，从而完整履行丧礼义务，得到当事人、同僚上司、竞争对手乃至整个官僚系统的高度重视。丁

1　〔清〕张光月辑：《例案全集》卷十五，第471页。
2　参见〔清〕张光月辑：《例案全集》卷十五，第454页。

忧制度是"礼法之治"在丧礼方面的显著表现。

三、 家礼乡约与地方治理

作为朱子学的主要纲领,《大学章句》用道德哲学在内圣修身与外王新民之间架构起理论的桥梁,将格物、致知、诚意、正心、修身、齐家、治国、平天下八条目关联为一个整体。朱子明确表示,"修身以上,明明德之事也。齐家以下,新民之事也"[1],齐家正是从自身推扩出来进入公共领域的第一步。作为朱子晚年用心最多的一部著作,《仪礼经传通解》构建起家、乡、学、邦国、王朝、丧、祭的七礼体系,其中紧随家礼之后的就是乡礼。而按照《礼记·丧服四制》中"门内之治恩掩义,门外之治义断恩"的划分,"家"是以亲恩为主导的"门内","乡""邦国""王朝"等均属于以公义为主导的"门外",而"乡"就是个体私德向公序良俗转换的一个关键场域。朱子以家和乡为自己礼学设计的重点,以家礼为道德起点和伦理基础,推扩出乡礼、乡约,从而形成了一种基于个体道德和公共伦理的地方治理方式。

(一)从家礼乡约到《教民榜文》

朱子《家礼》所构建起来的宗子法,是以血缘关系为基础,按照儒家伦理赋予家族成员相应的伦理义务与权利,并以父权(或

---

1 〔宋〕朱熹:《四书章句集注》,第 4 页。

宗子）为核心将其组织起来，所形成的一整套家庭秩序。而在农耕社会里，重土难迁、聚族而居乃是常态，同乡同里之间虽然家业各别，但也往往存在共祖、姻亲等血缘伦理关系。因此，将家庭秩序扩大一点，就成为乡约，同样可以用之以整合地方。乡约的渊源，固然可以追溯到《周礼》教化治民的制度设计，但历史上的近源则是经朱子修订的《增损吕氏乡约》。此书原作者是"蓝田四吕"之一的吕大钧，因北宋旋即灭亡，故此书的流传不广、影响有限。朱子发现了这部著作，并对其加以整理修订。较之吕氏原本，朱子改本进一步强化了礼俗相交的内容，强化了乡约道德教化的性质[1]。在朱子的设想中，《家礼》和《乡约》本质上是一种基于个人道德和公共伦理的自下而上的自我约法，代表了社群自治和道德教化的精神，体现了儒家士大夫使社会文化一体化的共识。在组织上则以地方自治为主，始终以乡绅为主导力量，缔结乡约以后，共约之家庭及其成员，无论嫡宗支派、富贵贫寒，均须共同遵守约定，概莫能外。正如美国著名汉学家狄培理教授所指出的："朱熹的乡约促进了社区价值观，诸如地方士绅的领导责任，大众道德的提升，村约聚会上成员之间的协商共识，邻里之间的合作、互助，在礼仪上尊重年长者和上位者的智慧，但在其他方面没有等级或阶级的差别。"[2]总而言之，宋代的家礼与

1　参见李爽：《杨开道的乡约研究与乡村建设思想》，《史学集刊》2008年第4期。

2　［美］狄培理著，闵锐武、闵月译：《德与礼：亚洲人对领导能力与公众利益的理想》，江苏人民出版社2022年版，第121页。

乡约，乃是一种自愿的、植根于地方的自治形态。

元世祖忽必烈至元二十八年（1291 年），颁布了"劝农立社事理"，要求每五十户结为一"社"，推举一名年高、通晓农事之人为社长，负责指导农事、营运义仓、表彰良善、惩戒无赖等[1]。《至元新格》进一步明确了社长治理地方、排解纠纷的职责："诸论诉婚姻、家财、田宅、债负，若不系违法重事，并听社长以理谕解，免使妨废农务、烦紊官司。"[2] 尽管说地方治理仍由担任社长的老人——这个拟父权的地方性权威负责，但这一政令的颁布，仍意味着将"社"或者"乡约"这种组织，置于国家权力的监督和保护之下。国家权力从此可以通过"社"或者"乡约"的管道，下降到民间社会，从而加强对地方的管理与控制。

明王朝建立以后，中央集权持续加强。明洪武三十一年（1398年）三月十九日，朱元璋逝世前约三个月，他向天下颁布了《教民榜文》，并以《教民榜文》为基础，建立了基层社会治理的"老人制"。这里所说的"老人"不是一般意义上的年长者，而是地方治理的主要实施者。《教民榜文》规定了老人的遴选办法：

> 凡老人、里甲剖决民讼，许于各里申明亭议决。其老人，须令本里众人推举平日公直、人所敬服者，或三名、五名、十名，报名在官，令其剖决……其坐次，先老人，次里长，次甲首，论齿序坐。如里长年长于老人者，坐于老人之上。如此剖判民讼，

1　洪金富校订：《校定本元典章》（中），第 871—873 页。

2　洪金富校订：《校定本元典章》（下），第 1528 页。

抑长幼有序，老者自然尊贵。

> 老人理词讼，不问曾朝觐，未曾朝觐，但年五十五之上，平日在乡有德行、有见识、众所敬服者，俱令剖决事务，辨别是非。有年虽高大，见识短浅，不能辨别是非者，亦置老人之列，但不剖决事务[1]。

按照《教民榜文》的要求，每一里老人的数量在3—10名，年龄在55岁以上，要求有德行、有见识、熟稔乡间的人与事、能公平地解决乡间纠纷、素为人所敬仰。有些年长但见识不足以分辨是非者，也能担任老人一职，但不真正地参与地方民间纠纷的调停处置。包括老人、里长、甲首在内的地方民间精英，主要按照年龄排列座次并确定其权威大小，这表明老人制正是父权的模拟与扩展。

老人主要负责地方乡里的民事纠纷审判、协调以及道德伦理教化等工作。而他们审判、协调的地方事务主要有：

> 老人、里甲合理词讼：户婚、田土、斗殴、争占、失火、窃盗、骂詈、钱债、赌博、擅食田园瓜果等，私宰耕牛、弃毁器物稼穑等，畜产咬杀人、卑幼私擅用财、亵渎神明、子孙违犯教令、师巫邪术、六畜践食禾稼等，均分水利。
>
> 乡里中，凡有奸、盗、诈伪、人命重事，许赴本管官司陈告[2]。

事实上，包括“卑幼私擅用财”“弃毁器物稼穑”“擅食田

1　杨一凡点校：《皇明制书》第二册，第726页。

2　同上，第725—726页。

园瓜果""亵渎神明""师巫邪术""畜产咬杀人""斗殴""骂
詈""窃盗""失火""赌博""私宰耕牛""子孙违犯教令"等条，
都是《大明律》开列的具体犯罪条款，且在《教民榜文》公布前
一年，就已经颁布天下。部分罪行在《大明律》中惩处力度相当
大，例如盗卖他人田宅，情节严重者可以"杖八十、徒二年"[1]。
又如窃盗得财，根据财物多寡，从杖六十、不刺字，至杖一百、
流三千里、刺字，各有等差；如果是累犯（三次）则判处绞刑[2]。
再如斗殴成伤，根据伤情轻重，从笞二十直至杖一百、流三千里、
赔付犯人财产的一半，也是各有差等[3]。而《教民榜文》公布以后，
这些条款所涵括的罪行，都成为老人、里甲理讼的范围。如此一
来，便形成了刑民分理的格局，即官府负责奸情、盗贼、诈伪、
人命重事等刑事案件的侦破与审理；而过继、财产分配、男女婚
姻、田地屋舍争夺、斗殴以及前列诸条等民事"细故"，则由老
人会同里甲处理。触犯前述诸条款的行为，只要情节不是过于严
重，自然也不被视作严重的犯罪行为，而是属于可以被教化和改
正的一般性过失。这一刑民分理的方案，在理论上受到了儒家"息
讼"观念的影响，强调通过民间调解的方式而非司法诉讼的方式
来解决生活中的各种纠纷。在现实层面，则是为了减轻日益繁多
的民事纠纷对政府司法系统的压力。此外，在一定程度上也表现

1　怀效锋点校：《大明律（附大明令、问刑条例）》，第53页。
2　同上，第140—141页。
3　同上，第157—158页。

出中央政权尤其是朱元璋本人，对各级地方政府和官员的不信任，所谓地方官吏"往往贪赃坏法，倒持仁义，殃害良善，致令民间词讼皆赴京来"[1]，故而希望通过老人制和里甲制，分化地方政府和地方官吏的权力。

在刑民分理的基础上，《教民榜文》要求上述范围的民事诉讼，要先经乡老和里甲的联合审理：

> 民间户婚、田土、斗殴相争一切小事，不许辄便告官，务要经由本管里甲、老人理断。若不经由者，不问虚实，现将告人杖断六十，仍发回里甲、老人理断[2]。
>
> 其官吏明知此等系老人、里甲理断，一概推调不理者，治以重罪。若里甲、老人合理之事，顽民故违号令，径直告官，其当该官吏不即挟断，发与断理，因而稽留作弊，诈取财物者，亦治以重罪[3]。

如果不经过老人和里甲的联合审理，就径直向地方官员诉讼，那么不管是非曲直、有理无理，诉讼者首先要领受杖六十的刑罚，而案子还是要发还基层社会，交给老人和里甲来处理。地方官员如果明知此事属于自己的权责范围，却推给老人、里甲办理的，必然要治以重罪；如果明知此事属于老人、里甲的权责范围，却不能及时将案件发还，甚至借机诈取当事人财物的，也要治以重罪。

1　杨一凡点校：《皇明制书》第二册，第 725 页。
2　同上。
3　同上，第 726—727 页。

日本学者中岛乐章教授从徽州文书中找到这样一则案例，可以说明老人制确实受理了民事诉讼：

> 十西都方寿原，有父方添进存日，于永乐二十二年间，作祖方咮名目，买到本都谢孟希名下七保土名方二公坞山一片，系经理唐字三百八十七号，计山壹拾亩。有本都谢能静，先于永乐十八年间，用价买受谢孟希前项山地，已雇人拔作，栽养杉苗在山。是父添进将山地拨去一弯，致被能静状告老人谢志道。蒙索出二家文契参看，系干重复。今寿原凭亲眷李振祖等言说，自情愿将前项山地悔还先买人谢能静，依照先买文契，永远管业，本家再无言说[1]。

这是一桩简单的一地两卖纠纷。谢孟希于永乐十八年（1420年），将一块十亩的山地卖给了谢能静；然后又于永乐二十二年（1424年），将同一块地卖给方添进。方添进拔去谢能静栽种在这块土地上的杉树苗，于是谢能静将方添进告到了老人谢志道处。谢志道通过比较两家合同，明确这块地确实属于谢能静。方添进的儿子方寿原也在姻亲李振祖的劝说下，放弃了对这块地的声索，承认其属于谢能静所有。于是，这场纠纷在老人处便已终讼，而无须再向上级官府控诉。

乡里老人有审断乡间民事案件之责，故《教民榜文》也赋予了他们部分地实施刑罚的权力：

---

1 转引自［日］中岛乐章著，郭万平、高飞译：《明代乡村纠纷与秩序》，江苏人民出版社 2012 年版，第 95 页。

> 老人、里甲与邻里人民，住居相接，田土相邻，平日是非善恶，
> 无不周知。凡民有陈诉者，即须会议，从公剖断。许用竹篦荆条，
> 量情决打[1]。

老百姓有幼欺长、卑凌尊、子妇不孝、兄弟争产等事，赴乡老处陈告，乡老要召集会议，秉承天理、人情和国法，对不公之事进行判决。老人可以根据情节的轻重，对犯错（罪）的一方进行惩戒。但这种惩戒权力仍是有限的：

> 老人、里甲剖决民讼，毋得置立牢狱。不问男子妇人犯事，
> 不许拘禁。昼则会问，晚则放回；事若未了，次日再来听问。敢
> 有监禁生事者，治以重罪[2]。

老人能够使用竹篦、荆条等具有教化意义的物品来施行惩戒，但不被允许使用板、枷、杻、铁索、镣等国家法定的刑具，也不能拘禁任何一方。尽管后世以宗族、乡里为单位，不乏"私设公堂"的情形，但这一点在明王朝的缔造者处仍是被坚决防范的。从这一点上来看，老人代表的仍是民间的自治力量，而非官府的统治。《教民榜文》一方面强调老人应当公道、细致地剖决民事诉讼，另一方面则更鼓励他们协调处理这些纠纷。甚至一些情节不严重的刑事案件，也在老人的协调范围之内：

> 奸、盗、诈伪、人命重事，前例已令有司决断。今后民间除

1　杨一凡点校：《皇明制书》第二册，第 725 页。
2　同上，第 727 页。

犯十恶、强盗及杀人，老人不理外，其有犯奸、盗、诈伪、人命，非十恶、非强盗杀人者，本乡本里内自能含忍省事，不愿告官系累受苦，被告伏罪，亦免致身遭刑祸，止于老人处决断者，听其所以。老人不许推调不理。若里、老人等，已行剖断发落，其刁顽之徒，事不干己，生事诉告搅扰，有司官吏生事罗织，以图贿赂者，俱治以罪[1]。

这一条规定，事实上已经模糊或者突破了刑民分理的原则，而将非重大刑事案件，即"十恶"、强盗杀人之外的诉讼纳入民间纠纷协调的轨道。甚至连"诈伪"（这里指的应该是"诈病死伤避事"和"诈教诱人犯法"等[2]）、"人命"（这里指的应该是斗殴杀人、误伤等），只要能在老人和里甲的剖决、调停下，令苦主得到满意的赔偿，也毋庸报官纠理。因此，老人制对基层社会的治理范围显著地增大了。

老人不仅与里正、甲首共同负责基层社会的民事诉讼乃至部分刑事诉讼，还承担起表彰良善的责任：

> 本乡本里有孝子顺孙、义夫节妇，及但有一善可称者，里、老人等以其所善实迹，一闻朝廷，一申上司，转闻于朝。若里、老人等已奏，有司不奏者，罪及有司。此等善者，每遇监察御史及按察司分巡到来，里、老人等亦要报知，以凭核实入奏[3]。

1 杨一凡点校：《皇明制书》第二册，第 727 页。
2 怀效锋点校：《大明律（附大明令、问刑条例）》，第 193 页。
3 杨一凡点校：《皇明制书》第二册，第 727—728 页。

表彰良善，是为了鼓励节义，进而醇化地方风俗。明代旌表之盛，在历代王朝中也是特别突出的，时至今日，福建诏安、皖南徽州、广东潮州等地，还保留了大量的明代牌坊。明初赋予了老人直接奏闻朝廷的特权，并鼓励老人利用这一特权，将本乡本里的孝子顺孙、义夫节妇事迹上报朝廷，同时也要求老人将相关事迹报告给地方长官和监察御史、按察司分巡。允许直报朝廷，可以避免地方官员隔绝上下、导致情弊不通的情况发生；申报官府，则可以避免老人与里甲把持地方、架空地方政府；报知监察御史和按察司分巡，则有进一步核实，以防止老人、里甲与地方官员相勾结制造"德政"的意味。在朱元璋的有意设计下，地方官府与老人是上下级关系，同时也被分化，二者互相监督、互相竞争。

《教民榜文》还规定，每乡每里都要设置一类专司民间教化的木铎老人：

> 每乡每里，各置木铎一个。于本里内选年老或残疾不能生理之人，或瞽目者，令小儿牵引，持铎循行本里。如本里内无此等之人，于别里内选取。俱令直言叫唤，使众闻知，观其为善，毋犯刑宪。其词曰："孝顺父母，尊敬长上，和睦乡里，教训子孙，各安生理，毋作非为。"如此者，每月六次。其持铎之人，秋成之时，本乡本里内众人随其多寡，资助粮食。如乡村人民住居四散窎远，每一甲内置木铎一个，易为传晓[1]。

所谓木铎，是一种木舌、铜身的铃铛，据说上古时用木铎来

1　杨一凡点校：《皇明制书》第二册，第728页。

教化民众，故《论语·八佾》有"天将以夫子为木铎"之语，而木铎也就成为教化的代名词。木铎老人的设置，实际上是将养老制度与老人制度结合起来：一方面由本乡本里资助粮食，为失能老人提供基本的生活保障；另一方面则由老人摇动木铎、周游乡里，承担起乡里道德教化的职责。教化的内容，即所谓六谕，就是引文中提到的六句话、二十四个字："孝顺父母，尊敬长上，和睦乡里，教训子孙，各安生理，毋作非为。"木铎老人每个月要巡回六次，高声叫唤这六句话，令民众都能听闻并遵照六谕的要求行事，从而远离刑罚。日本学者木村英一教授敏锐地发现《教民榜文》中的六谕与朱熹在绍熙元年（1190 年）知漳州时所作的《劝谕榜》，即"孝顺父母，恭敬长上，和睦宗姻，周恤乡里，各依本分，勿为奸盗"，二者在形式和内容上存在明显的相似性。但追本溯源而论，《劝谕榜》的内容又是朱子在《家礼》和《增损吕氏乡约》的基础上提炼出来的。"孝顺父母，恭敬长上，和睦宗姻"就是《家礼》的核心精神；"周恤乡里，各依本分，勿为奸盗"则与《增损吕氏乡约》"德业相劝，过失相规，礼俗相交，患难相恤"的主旨一脉相承。

此外，对于不能履行职责，或者自身犯罪，或者利用职权把持地方的老人，《教民榜文》也规定了惩处办法：

> 若不能决断，致令百姓赴官奏烦者，其里甲、老人亦各杖断六十；年七十以上者不打，依律罚赎，仍着落果断。若里甲、老人循情作弊，颠倒是非者，依出入人罪论。

　　老人有犯罪责，许众老人、里甲公同会议，审察所犯真实，轻者就便剖决，再不许与众老人同列理讼。若有所犯重者，亦须会审明白，具由送所在有司，解送京来，不许有司擅自拿问。若有司擅自拿问者，许老人具由来奏，罪及有司。

　　老人中有等不行正事，倚法为奸，不依众人公论，搅扰坏事者，许众老人拿赴京来。

　　老人毋得指以断决为由，挟制里甲，把持官府，不当本等差役。违者，家迁化外[1]。

　　要言之，正是以《教民榜文》为依托，明太祖建立了一种国家权力控制下的地方治理机制——老人制。就其本质而言，老人制就是在国家权力主导下将《家礼》和《增损吕氏乡约》予以制度化和扩大化，并将地方治理的权力交给地方上的老人，要求其以礼法为依托建立纠纷协调机制，避免越讼、久讼、缠讼、恶讼等占据官方行政、司法资源的行为，从而降低整个社会的管理成本。相较于宋代家礼、乡约的完全自治精神，明代老人制兼具地方自治和国家管理的双重属性。一方面，出于治理成本的考量，老人制保留了地方自治的功能，老人们负责地方上的民事纠纷调停、轻微罪行惩处、道德表彰与民众教化，甚至在一定程度上可以与地方政府分庭抗礼，一如时人所言："是即汉之三老，得与县令并立以事相教者。"[2] 另一方面，国家政权也将老人的遴选及其管

1　杨一凡点校：《皇明制书》第二册，第725—726页。
2　〔明〕叶春及、〔明〕陈懋仁著，郑焕章、吴远鹏点校：《惠安政书·泉南杂志》，第346页。

理权力紧紧握在手中，以防止真正形成一种自发的，足以与国家和政府相抗衡的地方自治力量。从成化年间的广东新会县令丁积的治理经验中，我们可以看到上述两种特点是如何在明代的政治实践中得到体现的。

对于地方官员而言，在明初即已制定的框架下，充分利用程朱理学的思想资源，进一步完善地方治理，是摆在他们面前的主要问题。成化十六年（1480 年），广东新会县知县丁积针对当地民众奢侈且僭越礼制的行为，参照洪武初制和朱子《家礼》，作《礼式》，又称《四礼仪式》。内容包括冠礼二条、婚礼十五条、丧礼七条、祭礼二条、通谕七条，均为在地方上推行洪武初制和《家礼》的具体条款。《礼式》编制成功后，丁积依托老人制予以实施：

> 每都推择老成者数人主之，选其尤老成者四人为四乡之长，小大相承，纲纪不紊。将行礼者，先赴其都老议之。其不率教者，都老言于乡老，召谕之；谕之不从，度其害义甚者，上其名于官，依法惩之。乡老能宣布教条导民于礼者，县优待之。民有犯违，责在都老，都老有违，责在乡老，容情不举，许所在生员群纠之，县惩其怠[1]。

按照丁积的设计，每都设"都老"数人；整个行政区划分为东、西、南、北四乡，每一乡下设数都，从都老中推选一人任"乡

---

1 〔明〕王命璿、黄淳纂修：《新会县志》卷二，中国国家图书馆藏万历三十七年（1609年）刊本。

老"。乡里居民要举行冠、婚、丧、祭礼，要向都老请教如何行
礼。对于违背教令的人，都老禀告乡老，由乡老对其进行劝谕，
劝谕不听，则报请官府予以惩治。当地有功名的秀才和士绅，则
肩负起督导《礼式》推行的职责。乡老、都老不能教化安定地方，
或者自身犯罪，则由乡民共同禀告县官，由知县对其进行惩罚。
丁积的老师、岭南大儒陈白沙高度赞扬了丁积的工作，将其称作"政
绩显著之大者"[1]。不难发现，《礼式》的制作与推行，正是地方
政府官员借助老人制和《家礼》，以实现地方治理与控制的过程。
在此过程中，都老、乡老承担起地方道德权威和礼治专家的职能，
同时也作为官府与地方的中介，成为国家权力下贯到地方的"毛
细血管"，这样一来，洪武礼制和朱子《家礼》的民间实施就有
了制度性的依托。

　　正如研究者所观察的，"传播朱子家礼，宣讲太祖圣谕，是
明朝在地方推行的最主要的两种社会礼教形式"[2]。无论是就内容
而言，还是就地方官员的治理实践而言，《教民榜文》与《家礼》
《增损吕氏乡约》之间，都存在着明显的承袭关系。依托《教民
榜文》，明代在地方上建立起老人制，为地方自治提供了制度保障，
同时也为国家权力下贯提供了孔道。如此一来，《家礼》也就从
礼典和法典中走出来，落实为民间社会的"习惯法"，调节着日

1　〔明〕陈献章著，孙通海点校：《陈献章集》（上），中华书局1987年版，第102页。
2　赵克生：《明代地方社会礼教史丛论——以私修礼教书为中心》，中国社会科学出
　　版社2011年版，第1页。

常生活和人际关系中的各种纠纷。

（二）宗族、乡约、保甲与地方治理

明代中期以后，作为一项政治建制的老人制，就不再是地方治理的主要手段，而是让位于日益兴旺的宗族，和"以教化和纠纷调停等为目的的'乡约'，以及为治安维持及乡村防卫而组织的'保甲'"[1]。但作为国家所承认的地方自治制度，老人制的遗产却以另一种方式保存下来。无论是宗族还是乡约、保甲，在贯彻国家意志和维系地方自治两个方面，不仅赓续了老人制的核心理念，同时也借鉴了老人制的治理经验。

第一个地方组织是宗族。明代初年《家礼》进入国家礼典和法典，为宗族的成立提供了法理基础。科大卫教授以南海关氏家族为例，说明了地方宗族是如何利用礼仪—法理元素，规避某些赋役的。元明之际，关敏跟随岭南地区的领袖人物何真，数度平定岭南地区叛乱并归顺明朝，可惜在年轻时就战死。为了褒奖他，明朝官府为他建立了祠堂，划出了祭田。关敏的祖父有三子，关敏的父亲仅有他一个儿子，而关敏战死时也没有留下子嗣。于是由关敏祖父的长子及其儿子负责应对政府兵役，次子则将自己的一个儿子过继到关敏名下，负责祭祀关敏，同时也控制关氏名下的田产。也就是说，通过将兵役交给宗族中的一个支派，让宗族中的另一个支派专注于土地囤积，从而形成了一个以关敏为祖先，

---

1 ［日］中岛乐章著，郭万平、高飞译：《明代乡村纠纷与秩序》，第181页。

被称为"南海关氏"的地方宗族。这是王朝政府与地方宗族合谋的结果。政府允许过继行为，以实现对英雄的长久祭祀，并通过这种示范作用凝聚起民众对王朝的忠诚。宗族则通过过继行为，实现对田产的控制，并通过这种方式在地方竞争中占据优势地位、实现宗族的延续。而合谋的基础，则是《家礼》以及儒家思想影响下的礼仪—法理元素。正如科大卫所说："有关田产控制权的法律细节，能够并且也经常通过礼仪条文表达出来。"[1] 类似的宗族在全国各地建立起来，宗族的内部治理及其与国家的关系，则依据《礼记·丧服四制》"门内之治恩掩义，门外之治义断恩"的儒家礼学观念，划分为自治和被治两个层级，日本学者滋贺秀三教授依托宗规族约，对宗族自治活动做出了概述：

> 宗族组织发挥了调停族内纠纷与制裁为非作歹行为的两方面功能……有关纠纷的产生，通常情况下是其中一方，或者双方有过错。宗族屡屡通过根据过错的程度，给予适当惩罚的方式，劝解受害一方，促使事情的和解[2]。

纠纷的调停包括族内争端的解决、族人与外族人争端的解决。对犯错者的制裁，则包括六个由轻到重的等级：最轻者为口头叱斥；其次为罚钱，或罚酒席、祖宗牌位前长跪、当面赔罪等；稍

1　科大卫（David Faure）著，卜永坚译：《皇帝和祖宗：华南的国家与宗族》，第88—91 页。

2　［日］滋贺秀三著，熊远报译：《清代中国的法与审判》，江苏人民出版社2023年版，第99 页。

重者为杖责；再重者为停胙，即不许进入祠堂（有一年、三年、五年不等）参与祭祀活动；第五等为出族，即从族内除名；第六等为送官究治。"宗族总是以官府发动国法惩治为后盾，尽量在还不到动用这一措施的阶段处理好纠纷。"[1] 不难发现，与老人制一样，宗族的自治精神仍是《家礼》所奠定的以五服为中心的伦理关系，只不过施行教化和对犯错者施以惩处的，不再是地方上的"老人"，而是族长以及族中年辈高、有实力的精英。

在明代中后期直至整个清代的四百年的时间，宗族始终是地方治理的主要力量，官方也认同宗族基于血缘伦理关系所获得的自治权力。晚清重臣端方的一则判词，足以说明这一点：

> 陈毛氏上控，被子挺抗逼醮禀。
>
> 该氏一再禀控嫡子逼醮，究欲何为？邹令以尔系名宦孀妾，体面攸关，不忍令两造到堂，故批语有云：清官难断家常事，着即邀同亲族调处，可合则合，不合则分。体贴入微，克尽父母官之天职矣。该氏自当遵批候处，何得率行上控？殆虑亲族之左袒尔子耶？卷查冯绅堂禀词中，有毛氏意图挟产改醮，并翼析产大归等语。究系冯绅误信尔子谗言，意存偏袒乎？抑系该氏委欲携产改醮，未便先自吐露，施此狡狯耶？本部堂均难悬断尔。既非陈绅德配，希贤又非尔亲生，守节固是正理，不守亦属恒情。况寡妇再醮，例所不禁。该氏既有改醮之心，胡妨明白言之，定可得圆满解决。至于恐被希贤驱逐，不特陈绅之遗产无分，并自身

---

1 ［日］滋贺秀三著，熊远报译：《清代中国的法与审判》，江苏人民出版社 2023 年版，第 100 页。

之动产亦恐难归己有。此虑诚然。查此次为尔写状之人，既有才
干作此呈词，必有能力处理此事。着尔叔毛德润邀同一处，与陈
氏亲族秉公处理，取其适可而止，毋得终讼，切切。此批[1]。

陈姓官员死后，他的妾室毛氏控告其嫡子陈希贤逼迫其改嫁。
改嫁是一个礼仪性的说法，背后还隐藏着遗产、赡养等经济问题。
接到毛氏的讼词后，县令给出了"着即邀同亲族调处"的批复，
但问题并未就此得到解决，毛氏再一次上控到端方处。端方观察到，
毛氏似乎也有改嫁之心，但担忧自行改嫁将令其失去遗产继承权，
于是托言改嫁一事出自嫡子的逼迫。于是就改嫁一事，端方从情、
理、法的角度来晓谕毛氏，言明"守节固是正理，不守亦属恒情""寡
妇再醮，例所不禁"；就财产分配一事，则要求毛氏的叔叔会同
此次为毛氏写状子的人与陈氏亲族会商处理，这个人显然既了解
毛氏的诉求，也有很强的才干，故而给端方留下了深刻的印象。
显而易见，端方仍希望此案通过宗族之间的协调得到完满处理，
一方面维护陈氏家族的根本利益，另一方面也令毛氏获得必要的
生活保障。县令以及端方对此案的处理，有为死去的同僚保存"体
面"的考虑，通过协商而非诉讼来处理一般性的财产纠纷，也是
当时律例和司法官员的共识。

但是，纠纷协调并非总是公平的。刘志伟教授通过对广州番
禺沙湾一块碑文的调查，发现了碑文背后的地方权力竞争机制：

1　襟霞阁主编：《端午桥判牍》，第31页。

我乡主仆之分最严，凡奴仆赎身者，例应远迁异地。如在本乡居住，其子孙冠婚、丧祭、屋制、服饰，仍要守奴仆之分，永远不得创立大小祠宇。倘不遵约束，我乡绅士切勿瞻徇容庇，并许乡人投首，即着更报驱逐，本局将其屋段投价给回。现因办理王仆陈亚湛一案，特申明禁，用垂久远[1]。

传统上，能在沙湾建立祠堂的只有所谓五大姓，即何、李、王、黎、赵。现在，产生了一个新的情况：王姓的仆人陈亚湛发家致富了，也想在当地建立祠堂。"建立祠堂是建立宗族的象征，而组成宗族，也就意味着在镇里可以和五大姓平起平坐，享有同样的权力"[2]，这一做法显然对既有的地方秩序构成了挑战。由何、李、王、黎四姓所组成的地方行政机构——仁让公所判理了这件案子，他们将自己的宗族利益包装在"礼法"之下，要求在本乡居住的仆人子孙，即便已经赎身获得自由，但其祠堂、房屋、服饰以及冠、婚、丧、祭等礼仪制度，都不能逾越主仆的"名分"。违背者要么主动迁居异地，要么被五大姓联合驱逐。他们特意将这桩案件的判理结果刻在石头上，昭示后者，以图永远地维系现有的地方秩序与宗族利益格局。这种地方宗族的生存竞争，是残酷而且刚性的，往往以一方的暂时退让而平息，又往往伴随着新兴势力的崛起而再起波澜，如此周而往复。时至今日，有的农村

---

1 刘志伟：《在国家与社会之间：明清广东地区里甲赋役制度与乡村社会》（增订版），北京师范大学出版社 2021 年版，第 326 页。

2 同上。

起屋造房，还特别讲究门楣不能低于或高于邻居，正是这种地方性竞争的遗蜕。

第二个地方组织是乡约。乡约的渊源，固然可以追溯到《周礼》教化治民的制度设计，但历史上的近源则是经朱子修订的《增损吕氏乡约》，而乡约真正被普遍推行则是在明代。曹国庆教授将明代乡约的施行分为三个阶段：

> 【洪武至宣德的酝酿阶段】自永乐以后，里甲制度便开始被毁坏，老人制度逐渐沦于形式并走向其反面……于是一些中下级官员和乡居儒士便于其治所和桑梓，倡行起乡约来。
>
> 【正统至正德的初步推行阶段】正统至弘治间，乡约呈稀疏的或隐或现之势，发展缓慢，而未于广阔的乡村、城坊拓展开来。王守仁躬逢明代多故之秋，在里甲毁坏、社学失修的局势下，以其特殊的政治地位和学术地位，将吕氏乡约与明代南赣的实情相结合，在理论上和形式上都做了一定的修正，从而顺应形势需要把明代乡约的发展引向了一个新的发展阶段。
>
> 【嘉靖至崇祯的全盛之局】地方官府倡督乡约蔚然成风。举行乡约，被视为名宦循吏的德政，在地方志书中大书特书。论述乡约的著作也不断出现，明代的乡治思想得到了丰富和发展[1]。

正德十一年（1516年）九月，王阳明被任命为都察院左金都御史巡抚南赣汀漳等处，负责处理南赣地区的山民叛乱。王阳明到任后，先是施行十家牌法（详见后文）维护治安；等地方初步

1　曹国庆：《王守仁与南赣乡约》，《明史研究》1993年6月第3辑。

安定，又于正德十三年（1518 年）兴办社学以推行教化。在此基础上，复于正德十五年（1520 年）颁布《南赣乡约》十六条，学者将其主要内容归纳为："一是约中职员出于约众之推选，二是约众赴会为不可规避之义务，三是约长会同约众得调解民事争讼，四是约长于集会时询约众之公意以彰善纠过。"[1] 不难发现，约长的职能和乡老大致相同，而乡约的组织成立则由政府予以保障。正如杨开道先生所说，在《南赣乡约》规定之下，乡约成为政府督促下的乡村组织，强迫性地要求全村都必须参与，其内容也是官方的文告而非民间约定，组织结构和集会形式变得更复杂，规模更扩大，并逐渐成为政府的一种工具[2]。曹国庆则肯定其实施效果，谓："乡约定期聚会，当众彰善、纠过，并载之簿册，较之老人制度下的申明、旌善亭的效果，则又强出许多。"[3] 无论如何，王阳明《南赣乡约》的颁布与实施，实际标识着明代乡约性质的转捩。

更晚一点的明代隆庆年间，惠安县令叶春及进一步改造了乡约。叶春及，字化甫，号絅斋，广东归善（今惠州市惠阳区）人，明代隆庆四年（1570 年）任福建惠安（今泉州市惠安县）知县，万历二年（1574 年）迁四川宾州知州，以疾力辞。因为得罪当道，削籍归隐罗浮二十余年，后得荐用，擢湖北郧阳府同知，迁户部

1 曹国庆：《王守仁与南赣乡约》，《明史研究》1993 年 6 月第 3 辑。
2 参见杨开道：《中国乡约制度》，商务印书馆 2015 年版，第 110—117 页。
3 曹国庆：《王守仁与南赣乡约》，《明史研究》1993 年 6 月第 3 辑。

员外郎，转郎中，卒于官。在惠安知县任上，他写了一部《惠安政书》，全书分为五卷十二篇，其中第九至十二篇为《乡约》《社学》《里社》《保甲》。有关这四篇文字的撰述目的，他本人解释如下：

> 高皇帝以户口率置三老亭，决一里之讼，各率其意道民。有司不务谨守诞章，徒见阘茸辈不足与计事，一切猜祸自治，致复出正二约束之于民间，是有二三而求五也，无益于乡亭之教。即而整齐之，作《乡约篇》。

> 闽人俗鬼，尤好解祠之事。邑仅仅幅员八十，丛祀至五百五十一，朘食群神，快割俛仰之养，大率家巫史矣。邑有公社，民间亦各自裁。若厉皆经祠，坛陾易废，其光景动人，民唯木偶，以故骇附之云。毁而反诸经，作《里社篇》。

> 方入序室，能涉猎书记，缀青紫之文，甚盛。然以未教成者具官，即国家何赖？邑故瘠，学士多不得养，往往见糈而争，是市之也。建学二百一十九，广延茂士为师，朔望陈钟鼓，诸生执俎豆，升降揖让，习礼乐之事，说小学书以诱进之，作《社学篇》。

> 国初以里甲任民，亡命过抵，若恶少年，与三老迹捕，其于游徼，实兼之矣。后甲于铺，复以保。吏有方略，厉使用命如法，何等不可者，安得盗贼发比伍中？不然，徒益为乱耳。然皆出于疏令，合巡警，作《保甲篇》[1]。

老人、里社、社学、保甲，都是明代初年规定的地方建制，四者关联为一个整体，成为明代政府控制地方的重要手段。但随

1　〔明〕叶春及、〔明〕陈懋仁著，郑焕章、吴远鹏点校：《惠安政书·泉南杂志》，第8—9页。部分文字疑有误，无从考订，仅略微订正句读标点。

着时间的推移，上述制度不可避免地成为具文[1]：地方官员对乡老缺乏信任，不敢将地方事务委诸他们，于是乡约隳败了；福建一地老百姓信奉淫祠、家有巫史，于是里社坛和乡厉坛残破了；社学未能引导诸生向学，反而勾起他们的功名利禄之心；里甲则不能使良民与乡老效命，致使地方盗贼始终不靖。所以，叶春及用乡约取代老人制，并对里社、社学、保甲的具体实施办法做出了改进，翼图以乡约鼓舞道德，以里社收束人心，以社学劝勉学业，以保甲维护治安。其中，乡约作为维系地方道德的制度，无疑是第一位的，具体的内容则是所谓的"六谕四礼"：

> 以"六谕"道万民：一曰孝顺父母，二曰尊敬长上，三曰和睦乡里，四曰教训子孙，五曰各安生理，六曰毋作非为。
>
> 以"四礼"齐万民：一曰冠，二曰婚，三曰丧，四曰祭。
>
> 盖"六谕"所以道民，"四礼"则其事也[2]。

因此，所谓的"乡约"，实际上就是《家礼》和《教民榜文》相结合的产物。并且其具体实施也是通过老人来实现的。一开始，叶春及在治下推行乡约时，效果并不好：

> 邑中长者，初引避不就，盖其习见近日，亦惧有司之蔑之也。招以谕文，加以束帛，明知知县愿与共治之心，乃肯来会，置酒

1　具文：徒有形式而无实际作用的空文。

2　〔明〕叶春及及、〔明〕陈懋仁著，郑焕章、吴远鹏点校：《惠安政书·泉南杂志》，第 347—348 页。

设礼，与之更始¹。

这意味着，即便政府试图加强地方控制，获得乡老支持的关键仍在于予以足够的尊重，并赋予他们真正的地方自治权力。当叶春及明确了老人作为地方自治领袖的地位以后，老人制的活力才在乡约的制度框架下被重新激发起来。乡约于是与社学、社仓、社坛关联在一起，成为国家权力控制下地方治理体系的一部分以及具有常设意义的地方性政治建制。但值得注意的是，在叶春及的设计和实践中，乡约主要代表的是道德和教化的力量，内中有关组织制度的文字，几乎全取自《教民榜文》中的老人制。而这种老人制，业已为明代中期的实践证明其不足以应对复杂的地方治理局面。也就是说，叶春及并未重新设计出乡约制度和组织，以保障其自身的实施，《惠安政书》中真正用以保障地方治理的组织化机构，仍是下文将提到的十家牌法和保甲制度。

第三个地方组织是保甲。正德年间，王阳明颁布《南赣乡约》以后，经历嘉靖、隆庆、万历三朝，在地方官员尤其是阳明学信奉者的着意推动下，乡约的实践已经遍布大江南北。而乡约与保甲的结合，也成为这一时期乡约制度的一大特点。除前述叶春及以外，还有黄佐《泰泉乡礼》、刘宗周《乡约事宜》、吕坤《实政录·乡甲约》、章潢《图书编·乡约总序》、陆世仪《治乡三约》等，"或主张乡约、保甲、社学、社仓打成一片，如《泰泉乡礼》

---

1 〔明〕叶春及、〔明〕陈懋仁著，郑焕章、吴远鹏点校：《惠安政书·泉南杂志》，第346页。

《图书编·乡约总序》；或强调寓保甲于乡约之中，如《实政录·乡甲约》《乡约事宜》；或提出乡约的实际工作，就是保甲、社仓、社学，一纲三目，相辅而行，如《治乡三约》"[1]。中岛乐章在调查徽州文书后也指出，"依照乡约进行调停的最早文书是隆庆六年（1572年）"，"万历年间开始出现保甲处理纠纷事例"[2]，这一变化足以说明地方官员和儒家学者对乡约、保甲关系的改造并不只是纸面上的。

作为《四库全书》中唯一一部乡礼，也是唯一一部明人所著实践类礼书，明代广东黄佐的《泰泉乡礼》，提供了一个将儒家礼仪从家庭推进到乡民生活的其他领域的完整思路。黄佐（1490—1566年），广东香山（今中山）人，字才伯，号希斋，晚号泰泉，曾任广西提学佥事、南京国子监祭酒、翰林院侍读等职。其所著《广东通志》《革除遗事》向来为治史者所重。而作于嘉靖十年（1531年）的《泰泉乡礼》，则是一部指导社会礼仪实践的礼书。全书前六卷分别为乡礼纲领、乡约、乡校、社仓、里社、保甲，构成全书的主体；第七卷包括士相见礼、投壶礼、乡射礼、奏乐音法等，实际上是附录。四库馆臣称该书"大抵皆简明切要，可见施行"。

我们以黄佐的《泰泉乡礼》和叶春及的《惠安政书》为例，说明二者保甲的机构设置及其与乡约之间的关系，如表4-3所示：

1　曹国庆：《王守仁与南赣乡约》，《明史研究》1993年6月第3辑。

2　［日］中岛乐章著，郭万平、高飞译：《明代乡村纠纷与秩序》，第182—183页。

表4-3　《泰泉乡礼》与《惠安政书》保甲制度对照

《泰泉乡礼》	《惠安政书》
凡一社之内，一家为一牌，十家为一甲，甲有总；十甲为一保，保有长。为保长者，专一倡率甲总，防御盗贼，不许因而武断乡曲。推选才行为众所信服者充之，或即以约正带管。（中略）凡立牌有三：一曰戒谕，二曰沿门，三曰十家。（中略）戒谕者置于社。（中略）沿门者登于册。（中略）十家者轮于甲[1]	都必有铺，铺有多寡；铺必有甲，甲有多寡。铺立总甲一人，小甲一人，保长一人，保副一人。都立耆老一人，社首一人。（中略）社首者，一社之首，邑故有其号，以帅各铺。保长乃以二物联都邑之民而作之，一曰牌，二曰册。牌之式二，曰各家，曰十家。册之式三，曰约，曰铺，曰保，随众寡而登之，正在有司[2]

　　显而易见，黄佐与叶春及乡治方案的基础，都是王阳明的十家牌法。牌法包括"家牌"和"十家牌"两种。家牌即悬挂于每家每户门口的牌子，黄佐称为"沿门牌"或"各家门面牌"，叶春及称为"各家牌"，清代也称"一家牌"[3]。牌子上面开列如下信息：①所属州、府、县、乡、社；②户主姓名与职业；③家中男子丁口数，以及每丁的职业，是否残疾；④妇女人数，但并不具列姓名年龄；⑤田地亩数与该缴的税赋；⑥房屋、门面数量，自住还是租赁；⑦寄居者姓名籍贯、寄居年月；⑧牛、马等大牲口数量。"十家牌"则是将十户的户主信息开列在一张牌上，由甲总负责悬挂，而甲总则由十家男丁轮流担任。吴启琳博士指出，王阳明

1　〔明〕黄佐撰：《泰泉乡礼》，第647页上。
2　〔明〕叶春及、〔明〕陈懋仁著，郑焕章、吴远鹏点校：《惠安政书·泉南杂志》，第372—373页。
3　参见四川省档案馆保管部：《解读清代"一家牌""十家牌"》，《四川档案》2008年第2期。

发明的"十家牌法具有十家连保的特质，但是没有证据表明赣南
设置了类似保长之类的基层行政领袖"，虽然几乎同时也有保甲法，
但"保长只得专一防御盗贼，遇警领甲民防卫，无权过问词讼"，
因此十家牌法与保甲并不是一回事[1]。而与王阳明不同的是，黄佐
和叶春及都将十家牌法与保甲制联系在了一起。在黄佐的设计中，
十家（牌）成一甲，其首领为甲总；十甲为一保，其领袖为保长。
在叶春及的设计中，十家组成铺，铺设总甲、小甲、保长、保副等；
多个铺组成都，每都设耆老、社首。保甲的具体工作有如下八项：

> 《泰泉乡礼》：遵戒谕、慎宥罚、联守望、时操练、严约束、
> 稽去住、恤困穷、防行旅[2]。
> 《惠安政书》：遵戒谕、严讥察、谨巡逻、联守望、时操练、
> 均劳费、禁侵暴、治奸谍[3]。

二者的规定虽然略有差异，但总体而言，保甲主要负责的仍
是防止罪恶、追捕逃匿人员等治安方面的工作。但无论是在黄佐
处还是在叶春及处，治安都不是保甲的唯一职能。他们的"牌法"
还有宣谕教化的意义。按照黄佐的设计，整个保甲之中，要立三
种牌子，第一种是"沿门牌"或"各家门面牌"，第二种是"十

1 吴启琳：《传承与嬗变：明清赣南地方政治秩序与基层行政之演化》，复旦大学
  2011 年博士学位论文。
2 〔明〕黄佐撰：《泰泉乡礼》，第 650 页上—651 页下。
3 〔明〕叶春及、〔明〕陈懋仁著，郑焕章、吴远鹏点校：《惠安政书·泉南杂志》，
  第 379 页。

家牌"。这两种牌子的形制内容均效仿了王阳明的设计。第三种是"戒谕牌"，立在乡校或乡社之中，长、宽各一尺二寸，上头写着太祖六谕，即"孝顺父母，尊敬长上，和睦乡里，教训子孙，各安生理，毋作非为"二十四个大字，以及"钦奉戒谕"的字样[1]。由此可见，黄佐的保甲之法，乃是建立在十家牌法的户籍登记措施基础之上的。但在治安功能以外，传统的乡约、乡社、乡学也被整合进保甲制的框架之中，从而具备了宣谕教化的功能。而叶春及则进一步要求，十家牌除并列各家户主姓名籍贯以外，还要：

> 牌皆书："令告各家，务要训行六谕，举行四礼，父慈子孝，兄爱弟敬，夫和妇随，长惠幼顺。小心以奉官法，勤力以办国课；恭俭以守家业，谦和以处乡里。心要平恕，毋轻起忿争；事要含忍，毋辄兴词讼。见善互相劝勉，有恶互相惩戒。务兴礼让之俗，以成敦厚之风。吾愧德政未敷，徒以言教，父老、子弟其勉体之。"轮牌人每日告谕各家一次[2]。

这一段自"父慈子孝"以后，均出自王阳明《十家牌法告谕各府父老子弟》[3]。叶春及将王阳明的告谕之辞直接写在"十家牌"上，显然强化了十家牌法的宣谕教化意味；不止如此，前文已经

1　〔明〕黄佐撰：《泰泉乡礼》，第 647 页下—648 页上。

2　〔明〕叶春及、〔明〕陈懋仁著，郑焕章、吴远鹏点校：《惠安政书·泉南杂志》，第 374 页。标点符号略有修订。

3　〔明〕王守仁著，吴光等编校：《王阳明全集（新编本）》第二册，浙江古籍出版社 2010 年版，第 560 页。

提到，"六谕四礼"乃是叶春及"乡约"的主要内容，也被纳入"十家牌"当中来，轮牌人每日告谕各家一次，则比木铎老人一月巡回六次又要严密得多了。以黄佐和叶春及的制度设计为例，我们可以看出，明代中后期的十家牌法和保甲制度，并不仅仅是一套户籍登记制度和遏制盗贼的巡查机制或联防机制，而是将老人制、乡约的部分内容纳入其中，从而具备了宣谕教化功能。只不过这种宣谕教化完全是在行政命令主导下开展的，带有更强的官方性质。

以上，我们主要讨论的是明代朱子《家礼》和《增损吕氏乡约》落实在民间社会的情形。清代延续了明代的地方管理制度，从顺治以后，乡约成为政府权力直接管理约束地方的基层组织，甚至出现了军事化的倾向[1]。雍正皇帝重新颁布了乡约，增加了康熙的《圣谕十六条》和雍正的《圣谕广训》，其核心内容是：

> 敦孝悌以重人伦，笃宗族以昭雍穆，和乡党以息争讼，重农桑以足衣食，尚节俭以惜财用，隆学校以端士习，黜异端以崇正学，讲法律以儆愚顽，明礼让以厚风俗，务本业以定民志，训子弟以禁非为，息诬告以全良善，戒匿逃以免株连，完钱粮以省催科，联保甲以弭盗贼，解仇忿以重身命[2]。

至此，皇权就将朱子乡约完全纳入自身之中，并借助其以建

---

1 参见杨念群：《基层教化的转型：乡约与晚清治道之变迁》，《学人》第 11 辑，江苏文艺出版社 1997 年版，第 107—151 页。

2 杨开道：《中国乡约制度》，第 187—188 页。

构自身的绝对权威，从而以一种君师合一的方式来开展其地方控制。正如狄培理所说的："这些都具有威权主义和官僚主义的特征，与朱熹最初的乡约精神格格不入——它们涉及朝廷命官执行的法律，诸如联保甲以弭盗贼，诫匿逃以免株连，完钱粮以省催科，黜异端以崇正学——这些都是朱熹没有提及的内容。"[1] 科大卫也说："明朝的社会身份结构尽管有许多不公平之处，但却是相当稀松的，反而到了清朝才严密起来。"[2] 这一观察也反映出，清代地方控制手段要远远强于它的前代。到晚清时，如陈忠实的小说《白鹿原》所展示的那样，"乡约"俨然已成为一种地方小吏或地方职务的称呼，乡约所代表的地方自治精神已被完全破坏。故而至二十世纪二三十年代，梁漱溟的乡村建设理论与实践就提出以自治与教育为要点，以此"形成一套新礼俗和改造整个中国社会"[3]，也就是要超越清代僵化的、官方化的乡约体系，恢复和改造蓝田吕氏和朱子的乡约精神。

总而言之，明代早中期，随着《教民榜文》的颁布和老人制的建立，朱子《家礼》和《增损吕氏乡约》成为地方治理的重要依据，并在皇权的允许下部分地保留了地方自治精神，因而被当作地方上的道德力量，乡约（包括家礼在内）与保甲、社学、社仓结合

1　［美］狄培理著，闵锐武、闵月译：《德与礼：亚洲人对领导能力与公众利益的理想》，第 121 页。

2　科大卫（David Faure）著，卜永坚译：《皇帝和祖宗：华南的国家与宗族》，第 62 页。

3　参见吴飞：《从乡约到乡村建设》，《思想与社会》编委会编：《教育与现代社会》（《思想与社会》第 7 辑），上海三联书店 2009 年版。

在一起，构成一个兼具治安、教化、赈济功能的乡村治理系统，并始终居于这个系统的核心位置。尽管明中期老人制逐渐荒废了，但朱子《家礼》和《乡约》仍作为理学权威和官方意识形态的一部分，为政府和官员管控地方、醇化风俗提供了重要依据；并透过宗族、乡约、保甲等渠道，进一步普遍深入到民间社会，成为老百姓日用常行的行为规范。

第五章

『礼下庶人』与礼法之治

在明清两代政府的着意推动下，朱子《家礼》一方面上升为国家礼典和法典，另一方面又作为国家礼法制度下沉到民间社会，成为王权国家和民间社会共有的道德伦理基础。因此，在明清两代，无论是个体的道德修持，还是儒家式的家庭关系构建，乃至社会关系的缔结和政治统治合法性依据的获得，都与朱子《家礼》有着密切的关联。而《家礼》也在"礼下庶人"的过程中，呈现出"社会化"和"身体化"两种倾向。

一、 以礼修身与礼义精神

就词源学和训诂学而论，"礼"本就有极强的身体化、实践化意味，一如郑玄所说："礼者体也、履也。"[1] 也就是说，礼并非空悬的道理，而是必须被身体力行、躬身实践的。朱子《家礼》在宋元明清的传播，也凸显了礼的原始精神，并开创出一种普遍化、身体化的平民道德教育。

（一）以礼仪为中心的蒙学教育

《大学章句》是朱子最重要的著作之一。《大学》原本是《礼记》第四十二章，在宋代儒者的提倡之下，才逐渐获得了独立地

1　〔清〕阮元校刻：《十三经注疏·礼记正义》，第1222页。

位。朱子重新分章断句并加以注释，形成了《大学章句》，并与他所作的另外三部著作即《中庸章句》《论语集注》《孟子集注》合称为"四书"。从此以后，"四书五经"成为儒家核心典籍的代名词，而"四书"的地位尤在"五经"之上。对宋代学者尤其是程朱一系的学者来说，《大学》实有"群经之首""百书之要"的地位[1]。在为《大学章句》所写的序言中，朱子将他理想中的古代教育概括如下：

> 三代之隆，其法寖备，然后王宫、国都以及闾巷，莫不有学。人生八岁，则自王公以下，至于庶人之子弟，皆入小学，而教之以洒扫、应对、进退之节，礼乐、射御、书数之文；及其十有五年，则自天子之元子、众子，以至公、卿、大夫、元士之适子，与凡民之俊秀，皆入大学，而教之以穷理、正心、修己、治人之道。此又学校之教、大小之节所以分也[2]。

朱子认为，早在夏、商、周三代，也就是儒家所认定的理想时代，就建立起了贵族、庶民一体化的完备教育制度。这一制度包括小学和大学两个部分。小学的教育范围是所有人年满八岁的子弟，教学内容则是日常行为规范和基本生活技能，其中"洒扫"指代家内的各种生活事务；"应对"指与父兄亲朋的相处之道；"进退"则指各种礼仪场合和人际交往场合的合理（礼）流程；"礼乐"既是社会生活规范，也是修身的主要途径；"射御"指射箭、驾

1　刘依平：《〈大学〉经典地位的抬升与宋代理学的关系》，《现代哲学》2012年第6期。

2　〔宋〕朱熹撰：《四书章句集注》，第1页。

车等基本军事技能；"书数"则指书写、算术等文化技能。有趣的是，朱子在这里采取互文的修辞方法，用"节""文"两个词对这些内容做了概括，而"节文"就是"礼"的代称（见第二章第一部分），所以朱子本人也说"古人自幼入小学，便教以礼"[1]。而大学的教育对象则要略窄一些，仅包括天子的所有儿子，公、卿、大夫、士的嫡子，以及庶民子弟中的杰出者。教学内容则是在小学所学基础上，进一步深掘其背后的理义，并推扩为治国平天下的方略。故可以说，小学是一种以"事"和"礼"为核心的幼学、蒙学，也是一种不分社会身份的普遍化的平民教育；大学则是以"道"和"理"为核心的成人之学，也是一种基于社会身份和智识水平的精英之学。而无论在何种意义上，大学必以小学为基础："古者小学，教人以洒扫应对进退之节、爱亲敬长隆师亲友之道，皆所以为修身、齐家、治国、平天下之本。"[2] 这就意味着"礼"实际上构成了修养工夫之起点和教育之重心。

在区分大学与小学的基础上，朱子又发扬儒家礼教"即工夫即本体""有层级而无断裂"的特点，强调"学之大小，固有不同，然其为道则一而已"[3]。在他看来，礼是理与事、体与用相融合的修养工夫，下可以规范日用常行，上可以令人修身有成、作

1 〔宋〕黎靖德编，王星贤点校：《朱子语类》第五册卷九十三，第2534页。

2 〔宋〕朱熹著，朱杰人等编：《小学·小学原序》，《朱子全书》（修订本）第十三册，第393页。

3 〔宋〕朱熹著，朱杰人等编：《四书或问·大学或问上》，《朱子全书》（修订本）第六册，第505页。

圣成贤。一个人，当其束发受学时，最应当重视的就是应对洒扫、礼容礼貌和言语行为，等到他成长为士君子，最能体现其内在修养的，还是应对洒扫、礼容礼貌、言语行为。哪怕他当上了圣贤，他的本体境界呈露在日用常行之间，也还是应对洒扫、礼容礼貌、言语行为。这就是朱子《训蒙绝句·小学》所说的：

> 洒扫厅堂职足供，步趋唯诺饰仪容。
> 是中有理今休问，教谨端详体立功[1]。

礼是贯通小学和大学的，是贯彻修身过程始终的，既是童蒙养正之方，也是下学上达之道，由应对扫洒、居敬穷理至优入圣域，全部的工夫就在"礼"之中。准此而论，朱子就将修养工夫贞定于礼，特别强调对童蒙和平民的礼仪熏习。

即便是倾向于良知本有、历来被视作朱子学之反动的王阳明，也极为赞同朱子礼学的基本精神及其在童蒙、平民教育方面的展开。王阳明说"古之教者，教以人伦"[2]，即与前引朱子"古人自幼入小学，便教以礼"是同一意思。所以，他将习礼视作修养工夫的初步，与歌诗、读书列为童蒙教育的三大具体内容。"导之习礼者，非但肃其威仪而已，亦所以周旋揖让而动荡其血脉，拜起屈伸而固束其筋骸也"[3]，他强调礼在规范约束意义之外有一种身体化的意涵，有助于从意志、性情、知识、身体、道德实践、

1　〔宋〕朱熹著，朱杰人等编：《朱子全书》（修订本）第二十六册，第6页。
2　〔明〕王守仁著，吴光等编校：《王阳明全集（新编本）》第一册，第95—96页。
3　同上。

价值观念等诸多方面，塑造一个符合儒家理想的道德人。王阳明弟子邹守益在任职广德州（今安徽省宣城市广德县）期间，命人将朱子《家礼》与《杂仪》《乡约》汇为一编，并取名为《谕俗礼要》[1]。书成后，送王阳明审阅，王阳明回信说：

> 承示《谕俗礼要》，大抵一宗《文公家礼》而简约之，切近人情，甚善甚善！非吾谦之诚有意于化民成俗，未肯汲汲为此也！
>
> 故今之为人上而欲导民于礼者，非详且备之为难，惟简切明白而使人易行之为贵耳。
>
> 先王制礼，皆因人情而为之节文，是以行之万世而皆准……后世心学不讲，人失其情，难乎与之言礼[2]！

秉承《论语·阳货》所提出的"君子学道则爱人，小人学道则易使"的儒家观念，王阳明对邹氏《谕俗礼要》继承朱子以礼教民、化民成俗的思想以及《家礼》冠、昏、丧、祭"四礼"框架、具体仪文的行为表示高度赞赏，同时也强调礼必简约易行，必切于人情，认为这是儒家礼仪能够在社会中有效推行的关键。但在义理上，王阳明与朱子仍有一个重大的区隔。朱子立足于理本论，

---

[1]　邹守益《谕俗礼要》序曰："冠笄之礼所以重男女之始也，婚娶之礼所以谨夫妇之交也，丧祭之礼所以爱亲敬长也，杂仪所以正家也，乡约所以睦乡也。"故知其书在"四礼"之外，还有杂仪、乡约两篇。疑杂仪即本诸司马光的《居家杂仪》。乡约或出自《增损吕氏乡约》，或出自王阳明《南赣乡约》。以其书未见，不敢必。参见〔明〕邹守益著，董平编校整理：《邹守益集》，凤凰出版社 2007 年版，第 23—24 页。

[2]　〔明〕王守仁著，吴光等编校：《王阳明全集（新编本）》第一册，第 215—216 页。

将礼定义为"天理之节文,人事之仪则"[1];王阳明则从心学出发,认为礼出于人情。盖在王阳明而言,普遍的人情是源于本心的,圣人缘人情而制礼,在本质上就是缘本心以制礼。故王阳明视礼为本心之呈露,予礼一种心学化的本体诠释,乃是对朱子礼之定义的对抗。要言之,除与朱子论礼的哲学基础不同之外,在以礼教人、以礼学实践方面,王阳明与朱子实为同调,"以礼教人"也是理学家与心学家的"共业"。

故明、清两代的蒙学教育深受朱子小学思想的影响。蒙学教育(包括私塾、义学、社学等)以儿童、年龄较大而程度较低的少年甚至青年为对象,重点有二:一是以"习揖""习立""习坐""习饮食""敬书"为重点的礼仪教育或曰性情教育;二是以"识字""念书""背书""讲书""润字""习对"为重点的文学教育[2]。但实际上,文学教育与礼仪教育往往共享着同一种文献形式和价值体系,前者并不离后者而别存。以"三百千千",即《三字经》《百家姓》《千字文》《千家诗》为代表的蒙学读物,既是文字读本,同时也是行为指南,例如,《三字经》中的"香九龄,能温席,融四岁,能让梨",以及《千字文》中的"容止若思,言辞安定;笃初诚美,慎终宜令",在教授文辞的同时,也教授道德伦理和日常礼仪。成书于明晚期的《幼学琼林》,以韵文介绍自然、文史、生活常识,较前举诸书更具文学性和知识性,然其中亦包含了许

1　〔宋〕朱熹:《四书章句集注》,第51页。

2　参见〔清〕崔学古著:《幼训》,〔清〕王晫、〔清〕张潮编纂:《檀几丛书·二集》卷八,上海古籍出版社2009年版,第298—300页。

多伦理礼仪性内容，如"菽水承欢，贫士养亲之乐；义方是训，父亲教子之严"。至于文中"岁时""婚姻""衣服""饮食""宫室""器用"诸章，也包含了大量礼俗、名物的内容。而礼仪教育更是以规范个体行为为重心，直接体现了童蒙教育重礼的特点。童蒙刚刚入学，塾师就要收束其身心，力戒诸种无礼的行为：

> 对北及日月神圣师长前唾溺，及裸露仰卧。不禀亲命，打骂家人，若乳母及老仆尤宜戒。擒拍蝴蝶、蜻蜓诸虫，践踏虫蚁，折花枝。作顽。置袜、履、下衣在案上，置冠帽在椅座床边；入禅堂、道院，戏弄法物。秽手翻动经卷。出位。讲闲话。翻弄人书籍、文具[1]。

凡此种种，都在禁止之列。这些戒条构成人与宗教、自然、他人、自我等关系的底线。在此基础上，才能进一步教导童子衣食坐卧之仪，比如如何与尊长作揖行礼、站与坐之方位姿势、饮食之次序礼节等。这显然与《童蒙须知》所定衣服冠履、言语步趋、洒扫涓洁、读书写字、杂细事宜以及《小学》"敬身"所定威仪、衣服、饮食等种种礼仪一脉相承。故童蒙一旦束发受教，就已为朱子礼学所影响。

待学生认知程度稍高一点，塾师就会教授《四书章句集注》。朱子理学化的礼学思想，包括对礼的天理本体述说、性理本体之澄明以及礼之理事、体用、内外、工夫事为等各项意涵的论述，

1　〔清〕崔学古著：《幼训》，〔清〕王晫、〔清〕张潮编纂：《檀几丛书·二集》卷八，第298页。

都透过这部著作得以广泛传播，持续地影响人们的认知。在完成四书教育后，少部分学生会以考取功名为目的，进一步学习五经和《资治通鉴》《东莱博议》等，同时练习八股文写作技巧。绝大部分人只有三五年的受教育机会，便将转而务农、务工、务商以谋生计。针对后者，塾师会针对性地教授包括书法、常用字、简单算术、日常应用文写作在内的实用性知识技能，以应付将来租赁借贷、婚丧嫁娶之所需：

> 在其家为功名计者，固宜多读经书。或有三年五年，即要经管家务及学习店业者，则宜每日多限字课，临帖钞书之外，或教之信札，或教之帖式，或教之算法及杂字簿。惟谨守家规与娴习礼貌，则士农工商无二理也[1]。

尽管知识教育会因为人生道路的不同有所差异，但在礼仪教育方面，平民与潜在的精英则保持一致，并不因未来的职业、阶层而有所区别。这是因为每个人都生活在一个以礼义为原则而缔结起来的平民社会当中，谨守家规与娴习礼仪是士、农、工、商四民社会通行的行为准则。对于常人而言，只需在婚丧嫁娶、四时八节、待人接物等日常生活中，持之以恒地遵守基本礼俗，便能获得宗族、地方的普遍尊重。所以无论是走科举之路，还是做普通营生，都应当在家规礼仪上下功夫。这既符合民间俗谚所说的"有礼走遍天下，无礼寸步难行"，也符合研究者所说的中国

1　〔清〕余治编纂：《得一录》卷十《蒙馆条约》，王有立主编：《中华文史丛书》第八十四册，（台北）华文书局 1969 年版，第 748 页。

传统社会"在普及教育和上层教育之间没有截然的区别"[1]。

总而言之，无论是精英还是平民，在国家意识形态和意识形态应用的意义上，他们同为礼治原则所约束的对象，在意识形态实践主体的意义上，他们也同为礼的制定者和维护者。但是，能够进入学校学习的人终归是少数。对于那些在传统社会中占据了绝大多数的文盲而言，这些人如何实现自己的修身，进而符合社会的礼仪要求呢？这就必须提到家风家训在平民教育和社会组织方面的重要作用。

（二）以礼义为核心的家训家风

以朱子《家礼》的"拟经化"为前提，以社会的宗族化发展为背景，明、清两代产生了大量家风家训作品。这些作品往往以祖训的形式，被置于族谱、宗谱等民间文献的核心位置，对整个宗族的各分子产生制约、教育作用。《朱柏庐治家格言》就是最具代表性的民间文本之一。

朱用纯（1627—1698 年，字致一，号柏庐），生于清初，系"昆山三贤"之一。他的父亲是明代的诸生，在清兵攻占昆山之际死于难。朱用纯于是取晋代王裒攀柏庐墓之典故，为自己取号柏庐，不再参加科举考试。他毕生笃信程朱理学，为学强调知行合一，以"主敬"作为自己的为学纲领，每天早上都拜谒家庙、诵读《孝

---

1   ［美］吉尔伯特·罗兹曼主编：《中国的现代化》，上海人民出版社 1989 年版，第 249 页。

经》，教导学者们置办义田、修墓祭、友爱兄弟。他作了一部《朱柏庐治家格言》（以下简称《治家格言》），其言曰：

> 黎明即起，洒扫庭除，要内外整洁；既昏便息，关锁门户，必亲自检点。一粥一饭，当思来处不易；半丝半粒，恒念物力维艰。宜未雨而绸缪，毋临渴而掘井。自奉必须俭约，燕客切勿留连。器具质而洁，瓦缶胜金玉；饮食约而精，园蔬愈珍馐。勿营华屋，勿谋良田。三姑六婆，实淫盗之媒；婢美妾娇，非闺房之福。奴仆勿用俊美，妻妾切忌艳妆。祖宗虽远，祭祀不可不诚；子孙虽愚，经书不可不读。居身务期质朴，训子要有义方。勿贪意外之财，莫饮过量之酒。与肩挑贸易，毋占便宜；见贫苦亲邻，须加温恤。刻薄成家，理无久享；伦常乖舛，立见消亡。兄弟叔侄，须分多润寡；长幼内外，宜辞严法肃。听妇言，乖骨肉，岂是丈夫；重赀财，薄父母，不成人子。嫁女择佳婿，毋索重聘；娶妇求淑女，勿计厚奁。见富贵而生谄容者，最可耻；见贫穷而作骄态者，贱莫甚。居家戒争讼，讼则终凶；处世戒多言，言多必失。毋恃势力，而陵逼孤寡；毋贪口腹，而恣杀牲禽。乖僻自是，悔误必多；颓惰自甘，家道难成。狎昵恶少，久必受其累；屈志老成，急则可相倚。轻听发言，安知非人之谮愬，当忍耐三思；因事相争，安知非我之不是，须平心再想。施惠勿念，受恩莫忘。凡事当留余地，得意不宜再往。人有喜庆，不可生妒忌心；人有祸患，不可生喜幸心。善欲人见，不是真善；恶恐人知，便是大恶。见色而起淫心，报在妻女；匿怨而用暗箭，祸延子孙。家门和顺，虽饔飧（yōng sūn）不继，亦有余欢；国课早完，即囊橐（tuó）无余，自得至乐。读书志在圣贤，非徒科第；为官心存君国，岂

计身家。守分安命，顺时听天。为人若此，庶乎近焉[1]。

这一长段话，是对当时社会通行的礼义原则、家庭生活经验的总结，也是对朱子《家礼》及其背后的礼义思想所作的通俗化的表达，为明清之际士庶的立身处世、自修齐家，提供了一个良好的模范。故而《治家格言》产生后，很快就风行江浙一带，达到了家喻户晓的程度，成为无数家庭、家族共同奉行的信条。《治家格言》还通过江浙地区频繁的人口流动、商贾往来，迅速地辐射、传播至其他地区。由于这篇文章又被简称为《朱子家训》，甚至一度取代了原本的朱子《家训》，被误以为是朱熹本人所作。

光绪十五年（1889 年），浙江湖州举人戴翊清为《治家格言》作了一部训解，他在序言中解释了自己的著述动机。在戴翊清四五岁、尚未正式拜师读书时，他的母亲董夫人便每日口头教授几句《治家格言》，不数日便已然能够记诵。等到戴翊清入私塾读书，见到典籍都有注释，于是询问母亲，《治家格言》是否也有注释。董夫人说，《治家格言》词意浅近，本不需注释，将来要是你读书有成，不妨为它作一个注释。同治元年（1862 年），董夫人在太平天国攻打湖州战役中投井而死。戴翊清每每见到如《太上感应篇》《文昌帝君阴骘文》《关圣帝君觉世真经》等一类的民间善书，都有注解、讲义、图解等，独《治家格言》缺少相关注释，都会想起幼时母亲说过的话。光绪十五年，在京师当私塾教师、等待来年春闱的戴翊清，终于实现了母亲的遗命，完成了一部多

1　〔清〕朱柏庐撰，昆山市文体广电和旅游局编：《朱柏庐全集》第二卷，上海人民出版社 2022 年版，第 435—436 页。

达一万八千字的《治家格言绎义》[1]。这部著作用非常浅近的语言，对《治家格言》中的各个条款做了进一步的解释说明，如"既昏便息，关锁门户，必亲自检点"一句，戴氏的解释是：

> 自黎明起后，终日经营，至既昏亦倦矣。当此而息，所以珍摄精神，为明日早起地步。身息则心静，当细思此日所为，有无差谬。若他人有相嘱之事，尤必谨志勿忘。至一家之中，门户最为紧要。时既昏暮，则内重宜关，外重宜锁。区区之事，非不可任之子弟，责之童仆。而必亲自检点者，由童仆半属昏庸，子弟尤多藐事，一有疏失，贻误匪轻。且有狡黠仆人，乘夜启扃，潜图私事者，犹属不可不防。故每日黄昏，必躬自携灯，内外巡视，不独留心门户，空房深院，须防宵小潜藏，灶下炉边，恐有残薪未烬。巡视既毕，或扃或键，锁钥宜收入内室，悬有定处。

在这段话中，戴翊清从"既昏便息"一句，延展出休息以后要反思一天的所作所为，要回顾自己是否对他人有所允诺等新内容。还解释了为什么关门闭户之事不能交给家中的子弟、童子、仆人，而必须由家长亲自检点，交代了需要重点检查的区域和事件，甚至连门户钥匙必须放置在固定的地方，他都考虑到了。

由于戴翊清的训解事关日常生活的方方面面，确实丰富了《治家格言》，所以戴氏刊刻本也成为《治家格言》两个主要版本之

1　参见〔清〕戴翊清撰，〔清〕张汝诚辑：《家礼会通（附朱用纯治家格言绎义）》，（台北）大立出版社 1985 年影雍正甲寅（1734 年）序刊本、光绪十五年（1889 年）家刻本，第 321—322 页。

一。值得注意的是，从戴翊清没有着重描述他母亲的出身来看，董夫人很可能并非出自世家大族。但从她可以背诵并教育幼儿，则可以知道《治家格言》有多么流行，甚至闺中妇孺都能出口成诵。

《治家格言》鼓励人们秉持高度的社会责任感，用严格的道德主义立场，积极参与礼治社会秩序的建构。由于《治家格言》言辞浅近、朗朗上口，所以无论识字与否，老百姓都乐于讽诵，如此一来，甚至完全未曾接受过学校教育的平民，也可以通过口耳相传和社会礼俗的普遍影响，接受朱子礼学的熏习。如清代咸丰至光绪年间通过行乞来兴办义学的武训[1]，以劳工身份远渡重洋并以毕生积蓄资助哥伦比亚大学创办北美首个东亚系的马进隆（原名马万昌，英文名 Dean Lung，一般译作丁龙）[2]，他们都是识字不多甚至完全不识字的平民，处于传统社会的底层，但是，他们透过难能可贵的苦节奇行彰显出高尚的个人品性，同时也亲身参与了重教弘文传统的建构，为当时世人所敬重，直至今日仍为老百姓所怀念。因此，儒学史上最具平民性的话语，如"若某则不识一个字，亦须还我堂堂地做个人"[3]，在历史实践中恰好是透过以朱子《家礼》为蓝本的家风家训来实现的。

总而言之，明、清两代的童蒙教育和平民教育，本质上是一

1　参见赵尔巽等撰：《清史稿》第四十五册《孝义三·武训传》，中华书局1977年版，第13812页。

2　参见王海龙：《哥大与现代中国》，上海文艺出版社2000年版，第14—15页。

3　〔宋〕陆九渊著，钟哲点校：《陆九渊集》卷三十五《语录下》，中华书局1980年版，第447页。

种以朱子《家礼》及其礼义精神为核心的道德礼仪教育。这种教育远绍孔子有教无类、孟子人皆可为尧舜的理想，近承朱子礼学思想与礼仪建构，在一定程度上打破了士庶之间的身份壁障，并衍化为家风家训，形塑了上至精英、下至底层百姓的共同的社会文化心理，不仅将个人导向礼仪生活，也将整个社会导向礼治社会。

二、 礼仪生活与礼治社会

朱子理学"家齐国治而后天下平"的外王理想中，既包括"在本朝则美政"的政治目标，还包括"在下位则美俗"即建构一整套适切的社会秩序的需求。伴随着朱子的"拟圣化"、朱子学的意识形态化，《家礼》也俨若获得了"近世礼教之新经"的地位，其影响力亦不再限于少数士大夫家庭，而是成为组织明、清两代民间社会的主要依据，一如王尔敏先生所说："自宋以降，民间正宗体制，仍是出自儒门，并不远求古礼古经、历代典制，但以《家礼》为世俗礼仪根源。后儒继承，始终循此一脉，直迄民国时代抗战以前。"[1]

在《家礼》的作用下，明、清社会也被形塑为一个"礼治社会"。"礼治社会"的概念出自费孝通先生，他将礼治理解为一种社会学意义上的共同约定，但他似乎忽视了礼有涵养性情、修身成德的价值[2]，而朱子理学化的"礼"观念，显然具有本体性

1　王尔敏：《明清时代庶民文化生活》，岳麓书社 2002 年版，第 53 页。

2　参见费孝通：《乡土中国·礼治秩序》，北京大学出版社 1998 年版，第 49—53 页。

和超越性（参见第二章第一部分）。无独有偶，同时代的梁漱溟先生也提出了"伦理本位社会"的概念，他强调这一社会中的伦理秩序"是一种脱离宗教与封建，而自然形成于社会的礼俗"，既用以组织社会，同时也用以培养理性[1]，这一说法似乎更符合朱子礼学的实情。因此，我们使用费孝通"礼治社会"的概念，但内涵则用梁漱溟之说。整体而言，明清社会是一个依据士庶通行之礼而缔结起来的一体多元的礼治社会。所谓"一体"，是指《家礼》居于核心地位，为家庭伦理和民间礼俗提供了一个基本范型。所谓"多元"，则是指在具体实践中，《家礼》又与其他文化（包括释、道以及后来的耶）、人情、地域、风俗、经济等因素展开往复博弈，因而产生出种种差异化的民间实践礼学，它们虽然从朱子《家礼》衍生出来，但也不局限于此，而是颇有自己的创造，在日常生活中出现了遵循或部分遵循《家礼》行事的复杂情形[2]。因此，"一体"是就《家礼》在明清礼治社会中的主体性而言的，"多元"则是就礼学实践的创造性而言的，这种双重性在民间丧、祭礼仪上得到了充分的表现。

1　参见梁漱溟：《中国文化要义》，上海人民出版社 2005 年版，第 98—108 页。
2　学界以往多关注士大夫遵循《家礼》现象的研究，但也有论者指出，明代文献中还存在大量部分不遵从《家礼》和少量完全不遵从《家礼》的记载。但必须指出的是，如不将《家礼》视作一种刚性规则，而立足于一体多元的格局来观察，那么所谓"部分不遵从"也未尝不可视作"部分遵从"。参见王志跃：《推崇与抵制：明代不遵循〈朱子家礼〉现象之探研》，《求是学刊》2013 年第 5 期。

（一）民间丧葬与考古发现

北宋开宝三年（970年），宋太祖诏"开封府禁止士庶之家丧葬不得用僧道威仪前引"，可见宋初官民丧葬用佛道礼仪乃是较普遍的情形，需要帝王特意颁布诏书予以纠正[1]。而明、清推行《家礼》以后，则形成了一种以儒家礼仪为基础，混杂各种教说的综合性礼俗[2]。例如葬礼择日、择地，中元节追亡荐福、焚烧纸钱，这些今天仍为人所熟知的礼俗，显然就受到了阴阳、堪舆（风水）以及佛、道二家的影响。但必须强调的是，明、清两代丧葬礼仪的骨干仍是儒家式的，处理丧事、祭事能够"一依《文公家礼》"[3]

1　参见〔宋〕王铚、王栐著：《默记·燕翼诒谋录》，中华书局1981年版，第24页。

2　参见〔日〕铃木清一郎著，冯作民译：《增订台湾旧惯习俗信仰》，（台北）众文图书公司1989年版，第7、290页。

3　如元明之际的广西临桂邓云翔属纩时，"遗命葬祭一依《文公家礼》"。明江西吉安萧岐之逝，其子萧遵"治丧始末，一依《文公家礼》，盖率先生之庭训也"。明儒曹端任蒲州学正时，有诸生丧亲，欲从俗作佛事超荐，端正言诲谕，"命子如玉与王惠相之，一依《文公家礼》。境内士大夫闻风，相率观礼，约曰：'丧葬以礼，祭祀以时，毋为曹氏之罪人。'"谢佑为其母治丧，"丧葬一依《文公家礼》，不用释、老二教，乡人化之"。林诚于其母，"丧葬一依《文公家礼》，而哀痛过之"，并建祠堂，岁时聚族祭。郑纪《归田咨目》，其中一条为"冠、婚、丧、祭，一依《文公家礼》并国朝定制"。魏骥立祠堂以祀高祖以下，"位次仪度，一依《家礼》"。就时间而论，士大夫丧葬"一（悉）依朱子（文公）《家礼》"的情形，元代仅有零星记载。明代则显著增多，至清末又逐渐减少。就地域而论，则分布在包括山西、浙江、江西、安徽、广西、福建在内的广阔地区。值得注意的是，并非所有士大夫都能获得这一评价，可见这是一件足资旌表的事，极能反映传主高尚德行和坚定的儒家信仰。参见常建华：《明代宗族研究》，上海人民出版社2005年版，第35—180页。

的士人，往往被认为具有更纯洁、更坚定的儒学信仰。

由于考古报告很少涉及一般平民的墓葬，因此，我们也难以从实物的角度去论证平民丧葬礼仪与朱子《家礼》的关系。但2010年贵州凯里炉山一号墓的发掘，则反映出朱子《家礼》确实规范了边远地区品官之家的丧葬礼仪[1]。凯里炉山一号墓的年代，大约在乾隆后期至嘉庆、道光年间，墓主人是一位65岁上下的老年妇女，称为"故太宜人娄氏"。按照清代制度，"太宜人"是五品官之母或祖母所得到的封赠。考古工作者将墓葬形制与朱子《家礼》条文进行了对比，可以看出七处明显的受影响痕迹，如表5-1所示。

表5-1　贵州凯里炉山一号墓形制与《家礼》条文对照表

条目	墓葬情形	《家礼·丧礼》条文
七星板	棺内使用了一种凿有七孔、孔间以浅线相连的陈尸木板，应即文献所记的"七星板"	"治棺"条："内仍用沥青溶泻，厚半寸以上，炼熟秫米灰铺其底，厚四寸许，加七星版"
幎巾	炉山一号墓所出小冠之正面，遗有白布一方，半塞于冠内，长宽各约30厘米，应是入殓时覆于脸的方巾，即幎巾或面巾	"陈袭衣"条："幎目，帛方尺二寸，所以覆面者也""乃饭含"条："以幎巾入，彻枕覆面""侍者卒袭，覆以衾"条："加幎巾、充耳，设幎目"
口含	棺内发现一枚圆形金币，上铭一"佛"字，结合《钦定大清通礼》"七品以上用金玉屑五"要求，极可能是专门制作的口含	"乃饭含"条："以匙抄米，实于尸口之右，并实一钱。又于左于中亦如之"

1　本文对贵州凯里炉山一号墓的描述，以及墓葬与朱子《家礼》和明、清礼典的对比分析，均转引自李飞的文章。李飞：《礼达乡间：贵州凯里炉山一号墓所见之清代礼仪》，《中国国家博物馆馆刊》2016年第2期。

续表

条目	墓葬情形	《家礼·丧礼》条文
铭旌	铭旌纵向覆盖在棺上，通长约2.5米，约当八尺；又绛帛墨书"故太宜人娄氏之灵柩"九字	"立铭旌"条："以绛帛为铭旌。广终幅。三品以上九尺，五品以下八尺，六品以下七尺。书曰：'某官某公之柩。'无官，即随其生时所称" "柩至"条："柩至，脱载置席上，北首。执事者取铭旌，去杠，置其上" "乃窆"条："（柩）已下，再整柩衣铭旌，令平正"
人齿随葬	墓主右胯有一个锦囊，内盛白齿、犬齿、门牙等约20枚，"应系墓主生前所脱落者"	"乃大敛"条："实生时所落发齿及所剪爪于棺角，又揣起空缺处，卷衣塞之，务令充实，不可摇动"
翣（shà）	外椁和内棺之间，两侧各置有扇形木框构件两个，丝织物已经朽坏	"翣"条："以木为筐，如扇而方，两角高。广二尺，高二尺四寸，衣以白布。柄长五尺。黼翣画黼，黻翣画黻，画翣画云气，其缘接为云气。皆画以紫准格"
灰隔	炉山一号墓木椁之外裹有石灰、细沙、黄土混合的"三合土"，厚约40厘米，致密坚硬	"作灰隔"条："穿圹既毕，先布炭末于圹底，筑实，厚二三寸，然后布石灰、细沙、黄土拌匀者于其上，灰三分，二者各一可也。筑实，厚二三尺。别用薄板为灰隔，如椁之状，内以沥清涂之，厚三寸许，中取容棺。墙高于棺四寸许，置于灰上，乃于四旁旋下四物，亦以薄板隔之。炭末居外，三物居内，如底之厚。筑之既实，则旋抽其板近上，复下炭灰等而筑之，及墙之平而止"

其中，"口含"和"翣"两件事可略作讨论。口含与儒家的魂魄观念密切相关，炉山一号墓中金币的出土实物，与朱子《家礼》"并实一钱"的规定若合符节。有趣的是，作为儒家丧葬礼器的金币上，却篆有一个"佛"字。这意味着儒家礼制作为清代礼典

的一部分，是必须被遵循的，但在此基础之上，仍可以做出一些适切性的调整，以反映墓主本人的宗教信仰。

　　考古工作者还发现，在墓的外椁和内棺之间，两侧各置有扇形木框构件两个，一共四个，上面的丝织物已经朽坏。他们认为这就是朱子《家礼》当中的"翣"。所谓"翣"，乃是一种形状像有柄的扇子的饰物。朱子《家礼》规定了"翣"的形制，但并没明确应该用几幅"翣"。据《说文解字》："翣，棺羽饰也。天子八，诸侯六，大夫四，士二。"又据《大清通礼》："五品以上障枢，画翣四。"[1] 因此，娄氏所用的应该是画有云气的"画翣"，遵循的是五品以上的大夫之制，与其"太宜人"的封赠是对应的。将"翣"的出土实物（如图 5-1 所示）与明代《性理大全》的图形（如图 5-2 所示）并列如下，可见二者应当就是同一种礼器。

图 5-1　炉山一号墓"翣"木构件

1　〔清〕来保、李玉鸣等撰：《钦定大清通礼》第五十卷，景印文渊阁四库全书第655册，台湾商务印书馆1989年版，第505页。

图 5-2　明《性理大全》"翣"图形

　　总而言之，七星板、幠巾、口含、铭旌、人齿随葬、翣、灰隔等七件事作为一个整体，足以表明明清时期边远少数民族聚居地区的品官之家也确实受到了朱子《家礼》以及清代礼典的规范性约束。而"佛"字金口含则表明，这种遵循也并非一成不变，而是可以有所变通的。

　　完全恪守朱子《家礼》的例子并不是没有，但需要将视野放宽至整个东亚文化圈。朱子《家礼》影响民间礼俗的地域范围，并不限于中国，还遍及当时东亚文化圈中的朝鲜李朝和安南。其中，朝鲜李朝推行朱子《家礼》最为积极，也最为严格。《韩国民俗大百科全书》中的《韩国人生礼仪词典》，对朝鲜半岛的丧礼制度进行了介绍：

> 人的一生中最后要通过的关口就是死亡，而处理死亡的礼仪就是丧礼。宗教对于死亡的见解大体上有两种。一种是将死亡视为恐怖的事情。这种情况下关键是尽量迅速处理尸体，以让死者早日离开人世。
>
> 另外一种是将死亡视为祖先崇拜的过程，为了让死者升华为祖先长时间举行丧礼。儒教式三年丧很好地体现了这一点。从传统意义上看，以奉神主（死者的牌位）为前提的儒教式丧礼由19个大礼节构成，其中包含很多小礼节，大致程序如下。
>
> （1）初终仪：确认死亡，准备丧礼的程序。
>
> （2）袭：第一天仪式，清洗尸体并给尸体穿寿衣是尸体处理的第一个程序。
>
> （3）小殓：第二天仪式，用麻布包裹尸体并捆绑的程序。
>
> （4）大殓：第三天仪式，将尸体装入棺材里的程序。
>
> （5）成服：第四天仪式，丧主换穿丧服正式成为丧主的程序。
>
> （6）吊：接待吊丧者的礼仪，成服后可行吊礼。
>
> （7）吊丧：收到讣告时所行的礼仪，访问丧主并表示慰问。
>
> （8）治葬：指定要埋葬的场所和时间等准备葬礼的程序。
>
> （9）迁柩：出殡前一天拜告挪移灵柩，第二天出殡前举行送别死者的祭祀。
>
> （10）出殡：丧舆移向墓葬地的仪式。途中举行路祭。
>
> （11）及墓：丧舆到达墓葬地的程序。下葬后在神主上写字，

并举行祭祀。

（12）反哭：捧着新做的神主和魂帛（临时神主）回家。

（13）虞祭：初虞（葬礼结束后第一次举行的祭祀）、再虞（葬礼结束后第二次举行的祭祀）、三虞（葬礼结束后第三次举行的祭祀）的统称。

（14）卒哭：停止哭丧、减少悲痛的仪式。

（15）祔祭：拜告将死者神主奉于祠堂内的仪式。

（16）小祥：一周年祭祀，表示哀悼并减少丧主悲痛的仪式。

（17）大祥：去世后两周年时举行的祭祀，撤去灵堂。

（18）禫祭：由于办完丧后无法立即回归日常生活中，所以为了表示等待举行祭祀，第二十七个月时举行。

（19）吉祭：将祠堂神主改为死者之名，并把撤出祠堂的五代祖先的神主掩埋的丧礼的最后程序。

丧礼既是处理死者尸体的仪式，又是让丧主渡过家庭秩序面临崩溃的危机，从而正常继承世系的礼仪。处理死亡、将死者升华为祖先神、丧主恢复日常生活并继承世系的礼仪就是丧礼。所以，为了尽量减少这一过程中的打击，需要三年的时间。三年丧期间，每个阶段都会减轻悲痛，丧主慢慢准备恢复日常生活。同时，尽丧主之义务的一家之主恢复日常以后才正式结束三年丧[1]。

很明显，朝鲜半岛传统丧礼的礼仪规定以及背后的礼仪精神，正是根据朱子《家礼》"丧礼"而来的，几乎没有任何变动（参

1　《韩国民俗大百科全书·韩国人生礼仪词典》"丧礼"，https://folkency.nfm.go.kr/topic/detail/228。

见第一章第二部分），以至于日本学者吾妻重二教授、韩国学者
卢仁淑教授、中国学者彭林教授等均感慨，朱子《家礼》的完全
实施，其实不在其发源地中国，而在朱子理学影响最深的朝鲜
半岛。

（二）民间祭祀与文学描述

如果说民间丧礼犹有地下考古作为佐证，那么民间如何举行
祭礼，就只能通过文字描述得知。因此，我们以文学史上几位代
表性作家的文学作品为例，说明小说描述的年代（也可能是小说
产生的年代）的祭礼究竟是怎么一回事。

首先是清代吴敬梓的《儒林外史》。该书第三十七回《祭先
圣南京修礼，送孝子西蜀寻亲》乃是"全书之骨"，"本书至此卷，
是一大结束"[1]，讲述了迟衡山、杜少卿、庄绍光、虞育德、马二先生、
蘧公孙、季苇萧、景兰江等当世真儒、名士祭祀古圣贤泰伯的经过。
在这一回文字中，作者不厌其烦地记述了全部祭礼仪程，包括陈器、
省牲、斋戒、迎神、灌地、初献、亚献、终献、侑食、饮福受胙等，
以及诸名士在此祭礼中发挥的作用。晚清旅居上海的芜湖学者黄
小田评点这一回说：

> 小说而真用古礼古乐连篇累牍以写之，非小说。此段看似繁
> 重，其实皆《文公家礼》，吾乡丧祭所常用者也。足见作者相体

1　〔清〕吴敬梓著，李汉秋辑校：《儒林外史》汇校汇评本，上海古籍出版社1984年版，
第503、515页。

裁衣，斟酌尽善。盖非此不足以称大祭，而又一目了然，令人望而生厌，煞费苦心[1]。

名士祭名贤，自然宜用古礼古乐。然而古礼古乐久不施行，即便细细写来，也只能令通人厌闻，何况寻常读者呢？故吴敬梓在细数祭泰伯的全部礼仪流程、安排诸名士所充任的职事时，并未盲目崇古，而是以朱子《家礼》四时祭为蓝本。这是因为吴敬梓生活的清康熙、雍正、乾隆三代，朱子《家礼》已成为民间通过礼仪的基本准则，将日常生活礼仪采入小说，这是作者的匠心独具之处。到点评者黄小田所生活的晚清时代，朱子《家礼》仍是"吾乡丧祭所常用者"，故对于普通读者而言，这一回文字虽然节目繁多，但仍与自身的生活经验相吻合，不致产生疏离、烦琐之感。要言之，无论是就小说的创作年代而言，还是就点评者所生活的时代而言，朱子《家礼》普遍流行于民间社会乃是一以贯之的。

朱子式的祭礼不只反映在古典小说之中，也反映在现当代文学作品中。如鲁迅的小说《祝福》和莫言的散文《过去的年》，都描写了年节祭祀。如《祝福》：

> 家中却一律忙，都在准备着"祝福"。这是鲁镇年终的大典，致敬尽礼，迎接福神，拜求来年一年中的好运气的。杀鸡，宰鹅，买猪肉，用心细细的洗，女人的臂膊都在水里浸得通红，有的还

---

1 陈美林：《新近发现的〈儒林外史〉黄小田评本略议》，《文献》1990 年第 3 期。

带着绞丝银镯子。煮熟之后，横七竖八的插些筷子在这类东西上，可就称为"福礼"了，五更天陈列起来，并且点上香烛，恭请福神们来享用；拜的却只限于男人，拜完自然仍然是放爆竹[1]。

《过去的年》也说：

> 终于熬到了年除夕，这天下午，女人们带着女孩子在家包饺子，男人们带着男孩子去给祖先上坟。而这上坟，其实就是去邀请祖先回家过年。上坟回来，家里的堂屋墙上，已经挂起了家堂轴子，轴子上画着一些冠冕堂皇的古人，还有几个像我们在忆苦戏里见到过的那些财主家的戴着瓜皮小帽的小崽子模样的孩子，正在那里放鞭炮。轴子上还用墨线起好了许多的格子，里边填写着祖宗的名讳。轴子前摆着香炉和蜡烛，还有几样供品[2]。

鲁迅所述的应当是晚清、民国江浙一带的礼俗。前一日所为，相当于《家礼》所说的由主妇主持"涤器""具馔"等事。煮熟以后五更天陈列，则相当于"厥明，夙兴，设蔬果酒馔……主妇背子，炊煖祭馔，皆令极热，以盒盛出"[3]，插筷子正证明其熟透。但参拜只限于男人的情形，则与《家礼》男女共同祭祀的规定不相合，大约是民间的创造。莫言回忆的是二十世纪六十年代山东的情形，除夕上坟自然就是《家礼》中的"墓祭"，所谓"家堂轴子"便是家庙的绘本，格子里填写祖宗名讳，则是神主牌位的

1　鲁迅：《彷徨·祝福》，《鲁迅全集》第二卷，人民文学出版社2005年版，第5、6页。
2　莫言：《莫言散文新编·过去的年》，文化艺术出版社2010年版，第150页。
3　〔宋〕朱熹撰，〔日〕吾妻重二汇校：《朱子家礼宋本汇校》，第179页。

替代。我们不清楚这种轴子起于何时，只能估计其极有可能是穷人家无力营建家庙而形成的一种便宜之举，亦可能是战乱饥荒时期流民对故园家庙的仿写，作为待日后重建之凭式，却因花费较轻而易办，于是流行开来并替代了以前的家庙。就笔者所知，今天山东、湖南等地犹使用这种家堂轴子，甚至连购物网站上也有这种家堂轴子售卖，购买者只需要将祖宗名讳填入格子当中，便可以用于年节祭祀。

而有力的家族营造民居建筑时，则将家庙或者祠堂置于绝对的中心位置，如广东客家传统民居堂横屋（如图5-3所示）和围垅屋（如图5-4所示）。

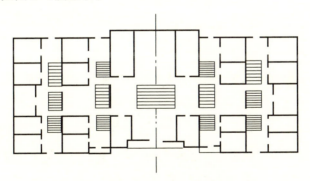

图5-3 双堂四横屋平面图[1]

1 陆琦：《广东民居》，中国建筑工业出版社2008年版，第156页。

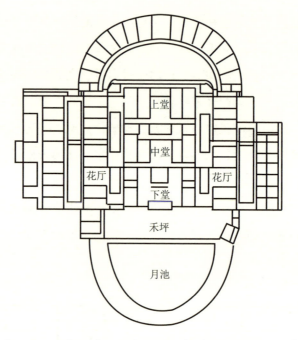

图 5-4   三堂四横围垅屋平面图（梅县丘氏棣华居）[1]

　　横堂屋以"堂屋"为核心，其他居住用房"横屋"则围绕"堂屋"建设；围垅屋的主体也是横堂结构，只不过再加上"围垅"。堂屋是中轴线上的厅堂建筑，最少为二堂、一般为三堂。三堂之中，下堂为门厅；中堂为大厅，面积最大，是家族议事和婚丧活动的空间；上堂为祖堂，设神龛和祖先牌位以供祭祀。堂屋两侧纵向排列的叫横屋，门窗均朝堂屋方向开启，随着家族发展，可以由二横发展至四横、六横、八横，以容纳百多户甚至数百户人口居住。

1　陆琦：《广东民居》，第 165 页。

而无论"横屋"如何发展，"堂屋"尤其是上堂、中堂的中心地位是不可更改的。福建民居"围屋"，虽然出于防盗自卫的目的将整个房子"围"成圆形或者方形的堡垒形状，但居于堡垒中心位置的，仍是作为整个家族核心的祠堂。因此，家庙、祠堂在朱子《家礼》的中心地位，不仅反映在观念上，也反映在汉地民居的建筑空间布局这类有形的物质文化当中。

民间礼俗一方面以朱子《家礼》为"体"，予以贯彻落实；另一方面又根据文化心理、风俗习惯加以损益变化，形成了丰富的礼仪实践形式。不光丧、祭二礼，即便冠礼、婚礼也是如此。朱子极为重视冠礼，且将其列为"四礼"之首。但就在朱子生活的时代，冠礼已然退出了儒家士大夫的礼仪生活：

> 顷年见钦夫刊行所编礼，止有婚、丧、祭三礼，因问之。曰："冠礼觉难行。"某云："岂可以难行故阙之！兼四礼中冠礼最易行，又是自家事，由己而已。"[1]

张栻在淳熙三年（1176年）编《三家礼范》就将冠礼遗漏了，由此引发了朱子的批评。可以想见，民间礼俗自然也不太可能举行冠礼。《家礼》大行于世以后，明代沈榜所见万历年间宛平县（今北京西城区、丰台区、石景山区、海淀区、门头沟区等）一地的礼俗是："（冠礼）自士大夫家之外，多不特举。惟于嫁娶之时，男家遣人为新妇上髻，女家遣人为新婿冠巾……犹有古意。"[2] 这

1　〔宋〕黎靖德编，王星贤点校：《朱子语类》第一册卷二十三，第607页。
2　〔明〕沈榜编著：《宛署杂记》，北京古籍出版社1980年版，第192页。

意思是除士大夫家庭以外，一般家庭已不再单独举行青年男女的成人礼，而是将其当作婚礼的前置环节，以表明成人然后成婚的礼意。而在三百多年以后的福建泉州、漳州等地，以及深受泉、漳两地礼俗影响的台湾地区，即将婚配的男女都要在"亲迎"以前，举行一个名叫"上头戴髻"的仪式[1]。这个仪式也不是朱子《家礼》"昏礼"的规定，而是民间的礼仪创造，是将朱子所提倡的冠礼加以简化，然后与婚礼相结合的一种产物。

要言之，尽管民间施行《家礼》有种种变形，并不与原始文本完全一致，但随着《家礼》被"辑入家谱族约、改换形式"，或"编入日用类书、化兑俗礼"[2]，抑或干脆不形诸文字而化为当地当时的风俗，平民百姓的日常生活，时时刻刻已处在朱子《家礼》的影响之中。

三、　礼法之治的异化与重光

明、清两代的礼治社会为将道德优势转化为经济和政治权力提供了具体机制，同时也推动了传统礼法之治的异化和对个体的高度控制。在近一百年的时间里，这种异化的礼遭到了猛烈的批判，而现代化的政治、社会生活实践，也催生出了一批新的时代礼仪。因此，在两千年历史长河中始终作为道德观念和伦理共识的"礼"，

1　参见［日］铃木清一郎著，冯作民译：《增订台湾旧惯习俗信仰》，第192页。
2　吕振宇：《〈家礼〉源流编年辑考》，华东师范大学2013年博士学位论文，第3页。

以及朱子《家礼》中自主、平等、超越等礼义精神，仍将为现代社会中个体的道德增进以及国家社会组织提供基础性的支持。

（一）礼法之治的异化

1550 年到 1800 年，即明代中后期一直到清代后期，由于生丝、丝织品、瓷器、茶叶、棉布、砂糖、粮食、药材等中国商品所具有的全球竞争力带来的长期贸易顺差，以及中国白银相较欧洲国家高出几乎一倍以上的价格所带来的套汇机会，全世界的白银飞速地流入中国。据估计，1550 年到 1645 年的一百年间，从海外流入中国的白银大约有 14 000 吨，是中国自产白银数量的 10 倍 [1]。海外白银大量流入中国，促成了商业化进程的飞速发展，同时也显著地推动了明代中期以后的传统社会秩序的崩解。

王汎森教授将这种传统社会秩序的崩解称为"礼乱"，并认为主要表现在四个方面：

一、士人风气败坏，不拘行检，需要一个清整运动。

二、民众叛乱、抗租、奴变，需要"礼以别之"。

三、儒家原先对风俗、礼仪等方面的支配性受到威胁。在一些高度商业化的社会中，贫或富隐然成为划分等级的标准，消费品味的雅或俗有时也成为高下的区别，有一套新的标准隐隐然蠢动着要取代儒家原有的上下尊卑的分别。在新的秩序中，财富或在市场中的位置是鉴别高下的重要因素，使得儒家原来乐观天真、

1　陈昆、汪祖杰：《国际竞争力、海上贸易与套汇：明朝中后期白银流入的考察》，《经济理论与经济管理》2011 年第 6 期。

相信事事物物有其天然秩序及内在价值（intrinsic value）的想法
有所松动，同时造成士人阶层的危机感。

四、佛道的礼仪，威胁或篡夺了儒家礼仪对冠昏丧祭等生命
礼俗的支配[1]。

"因为上述种种牵涉到全部社会国家，所以这一次礼治运动
不是针对特定的昏婚丧祭之礼节，而是认为整个社会国家都要纳
入'礼'的规范。"[2] 正是从明代中晚期开始，一部分士人极其忧
心于传统礼治秩序的崩解，采取种种办法试图恢复"礼"的传统
价值，由此形成了一场礼秩重整运动并一直延续到清代末年。这
场运动包括了三个层面的努力。第一层是针对个人的，出现了"功
过格"一类的民间善书，即将自己的言行区分为善行与恶行，逐
日填入格子中，以便对自我行为进行对照性的反思、约束，最终
达到改过迁善的修身目的和祈求福报的功利目的。第二层是针对
家庭的，常见的做法是对朱子《家礼》做出因地制宜的改造，将
其化为家规、族训，令其符合家庭秩序建构的需要。第三层是国
家尤其是地方政府层面的，重新提倡（包含《家礼》在内的）乡约，
并将其当作地方控制的重要手段。正如第三章、第四章以及第五
章的前两部分所讨论的那样，这场绵延日久的礼秩重整运动推动
了朱子《家礼》普遍深入到民间社会，却未能真正阻止社会秩序
的崩解变化，反而在权力的操纵下走向了礼义精神的反面。

1　王汎森：《权力的毛细血管作用：清代的思想、学术与心态》（修订版），第38页。
2　同上。

首先，士大夫作为儒家礼秩序的主体，其立身处世的观念与行为模式从明代中期以后发生了极大的变化。加拿大学者卜正民教授研究了明代的奢靡享乐之风，指出商业时代的到来营造出光怪陆离的时尚氛围，士绅和有钱人纷纷用昂贵的古董、字画等奢侈品来标榜自己的品位与财富，不论是士绅还是平民都同样地穿用他们喜欢的奢华服饰，对商业性的享乐的追求移动了道德丑行的界限[1]。蓬勃发展的商业与士绅权力相媾和，令许多士绅成为商业经济的"逐利者"而非社会秩序的"守护者"，他们通过投资商业活动、克扣或截留赋税、勒索贫苦小民的劳役和报酬等方式来攫取经济利益，"这些以'社会领袖'自居的士绅亲手摧毁了他们奉为真理的那条儒家政治制度当中的核心理念——以身作则"[2]。商业消费的巨大能量还战胜了传统的身份地位标准，催生了一大批并不居住于本乡本土的地主，即"不在地地主"。他们享受着城市生活的便利，私生活近乎骄奢游惰，同时也运用权势在乡土中聚敛了大量的土地，并享受着土地产生的各种财富。但是，他们想尽办法来逃避庞大的田产所带来的赋税，却不承担地方道德伦理的楷模作用，也毋庸担任地方纠纷的调解人角色，除非这些纠纷涉及他们的利益。不在地地主的诞生，几乎摧毁了传统士绅的地位身份，"当更富有的人们放弃他们在乡村的庄园别墅，

1　参见［加拿大］卜正民著，方骏等译：《纵乐的困惑：明代的商业与文化》，生活·读书·新知三联书店 2004 年版，第 251—276 页。

2　［美］周启荣著，毛立坤译：《清代儒家礼教主义的兴起——以伦理道德、儒家经典和宗族为切入点的考察》，天津人民出版社 2017 年版，第 31 页。

利用他们商业性土地经营的利润在城市购买住宅的时候，旧有的士绅阶级在迅速地消失”[1]。

其次，宗族这一从朱子《家礼》中衍生出来的组织，其性质也在商品社会进程中发生了改变。科大卫通过研究明清时期华南地区的宗族，区分了两种不同的宗族组织。一种是“明朝之前就普及于地缘社区，并直到清中叶（亦即 18 世纪末）仍普及于比较贫穷和弱势的地缘社区内的宗族”，他将其称为“控制乡村入住权的宗族”。另一种是则是由里甲转化而来的，“以子孙相继为组织规则，并以定期举行的仪式来体现这些规则”，最终足以成为“控制财产的法人集团（incorporation）”。后者才是“王朝意识形态所提倡的宗族”。也正是在后者的意义上，礼仪或“祭祀祖先为王朝权力与地方社会的纽带”，宗族则是“地方社会与国家整合的这样一种产物”[2]。这种宗族的诞生，与朱子《家礼》的推行有直接的因果关系：

> 16 世纪开始的礼仪改革，彻底改变了珠江三角洲社会。不仅因为新礼仪教育乡民，不要只到祖先坟墓祭祀祖先，而应该在祠堂里祭祀祖先，更因为新礼仪引进了祠堂，乡民必须累积田产以长久祭祀祖先，因此，这套新礼仪也就使宗族组织成为控制财产

1　［加拿大］卜正民著，方骏等译：《纵乐的困惑：明代的商业与文化》，第 244 页。
2　科大卫（David Faure）著，卜永坚译：《皇帝和祖宗：华南的国家与宗族》，第 10 —11 页。

的组织[1]。

作为一个需要控制财产的组织，宗族之间的竞争是残酷的。从明代晚期开始，围绕田产、水源、柴山而发生的宗族械斗就层出不穷，甚至一直绵延到民国时期。因此，尽管在官方记载和宗族自我描述中，宗族仍是以《家礼》所倡导的礼义精神和礼仪规范为核心缔结起来的社会组织，但其责任则由和亲睦族转变为管理和保护宗族财产，以应对日益严峻的资源竞争。而连接各个宗族成员的，与其说是对共同祖先的伦理义务，毋宁说是宗族的共同财产以及生存机会。

最后，官方通过道德旌表的方式营造出道德"奇观"，却未能提振社会道德。美国学者卢苇菁教授研究了明清两代为死去的未婚夫守节甚至自残、自杀的"贞女"现象。她指出，从明洪武元年（1368年）到崇祯六年（1633年）的266年历史中，共有156位贞女得到表彰，其中112位殉死成为烈女；但在嘉靖七年（1528年）到崇祯五年（1632年）的105年中，就有141位贞女获得旌表，其中105位自杀[2]。这意味着明代绝大部分贞女现象都出现在嘉靖以后的道德重整运动中。而在清代，从顺治直至道光六位皇帝在位期间（1644—1850年），旌表贞女的总数量就达到了4493位，

1 科大卫（David Faure）著，卜永坚译：《皇帝和祖宗：华南的国家与宗族》，第257页。
2 ［美］卢苇菁著，秦立彦译：《矢志不渝：明清时期的贞女现象》，江苏人民出版社2010年版，第34页。

是明代旌表贞女总数的近 29 倍。顺治表彰 14 人，康熙表彰 64 人，尚且显得比较谨慎节制。从雍正时期开始加速，雍正一朝表彰 215 人，乾隆激增为 1487 人，嘉庆也有 710 人，道光更是达到了惊人的 2003 人[1]。卢苇菁强调，贞女并不像五四时期所描述的那样完全是儒家意识形态的受害者，也不是现代人视野下旧时代年轻女性对婚姻制度的抵制或反叛，而是多种因素共同作用下的自我抉择，这些因素包括：

> 儒家对道德行为的褒奖，表扬贞节寡妇的象征环境，对奇特道德行为的文化推重，对佛教和通俗宗教中的来世和命运的信仰，父系的家族制度，女性受到的道德教化，以及童年订婚的习俗等[2]。

对于不同的贞女而言，占据了主导地位的因素或许是不同的。但促成明中期以后贞女现象猛增的最重要原因，仍在于朝廷的旌表机制的确立。尽管当时许多著名学者甚至礼学专家，如明代的归有光，清代的毛奇龄、汪中、孙希旦等，他们援引古礼、《家礼》，充分地论述了贞女现象并不符合儒家的道德观念和礼仪制度[3]，但当政治权力将女性道德“贞洁”以及家庭礼仪“婚姻”完全纳入自己的控制范围后，贞女本人乃至整个社会的道德英雄主义情结，以及家族成员、士大夫、地方官员共同营造这种道德“奇观”的

1　参见［美］卢苇菁著，秦立彦译：《矢志不渝：明清时期的贞女现象》，第 79 页。
2　［美］卢苇菁著，秦立彦译：《矢志不渝：明清时期的贞女现象》，第 14 页。
3　同上，第 224—226、231—233、234—235 页。

积极性，就空前地被鼓噪起来。不可否认，每个时代或许都有人行守节、殉情之事，但无论如何，贞女守节在三礼和朱子《家礼》中都找不到直接的依据，此其一。作为女性的个人选择，守节固然是个人道德的极致表现，然而一旦将这种个体的选择当作道德标杆，在社会层面予以广泛倡导，则变成了非人道和非人本主义的，此其二。因此，就贞女守节一事可以看出，官方权力通过旌表异化了道德伦理。而明代中后期乡约的异化（参第四章第三部分），遵循的也是同样的历史逻辑。

正如俞荣根教授所指出的："当'纲常'陷落为非理性的宗教痴迷时，'以礼杀人'的疯狂就难以避免了。其结果，受伤害的不仅仅是民众和社会，还包括理学本身及其所含摄的儒家伦理法思想体系。这样的礼法及其所维护的礼法社会已经异化，从而，也动摇了帝制的统治基础。"[1]在明代中后期直至清代晚期浓郁的商品经济背景中，相当一部分士绅从社会秩序的守护者变成了商品经济的逐利者，宗族从血缘关系组织变成以共同祖先为名义的"法人集团"，忧心忡忡的儒家知识分子试图用表彰贞女等苦节奇行的方式，振起士绅的廉耻心与责任感，但这场礼秩重整运动很快就被官方权力所利用，异化为控制地方与个人的一种手段。这些非道德但并不都是反道德的因素兴起并占据主流，自然而然地改变了朱子《家礼》以及传统礼学所倡导的那种通过礼仪来增进自我道德的礼义精神，以及用道德和伦理来组织整个社会的基

---

[1]　俞荣根：《儒家法思想通论》（修订版），第582页。

本方略。如此一来，尽管朱子《家礼》前所未有地深入到人们的日常生活之中，成为人们日常生活的重要指南，但与此同时，朱子《家礼》的碎片化、躯壳化也日益严重。作为政治和文化双重精英的官员们遵照中央政府的要求，在地方上推行《家礼》，"官员们尽职尽责地履行着这一职能，但谁也不把它太当回事"[1]，这个社会中的绝大多数人都遵照朱子《家礼》，以及由朱子《家礼》衍生出的礼俗来行事，但也仅仅是遵循教条而已。朱子《家礼》的推行与其异化，竟构成一体之两面，形成了一幅极其吊诡的景象。

因此，我们就不难理解 1949 年到 1950 年间，发生在两位现代新儒学大师之间的一场争论。1949 年，现代新儒学的三位创始人之一梁漱溟出版《中国文化要义》。这部著作立足"伦理本位"，研究了中国传统的社会组织结构，认为以"礼"为核心，"中国人就家庭关系推广发挥，以伦理组织社会"，并形成了以道德替代宗教、有职业而无阶级等特点。这里所说的伦理或曰家庭关系，正是一种抽象和理想化的形式。这一说法于是招致了同为现代新儒学创始人之一的熊十力的严厉批评：

> 伦理在古圣倡说，只是教条，亦可云德目。垂此教条，使人率由之，久之多数人习而成化，固有可能，然不必人人能如是也。若云社会制度或结构，中国人之家庭组织却是属于制度或结构者，尊书似欲讳此弊端，而必以伦理本位为言。其实，家庭为万恶之

1　［美］狄培理著，闵锐武、闵月译：《德与礼：亚洲人对领导能力与公众利益的理想》，第 121 页。

源、衰微之本，此事稍有头脑者皆能知之、能言之，而且无量言说也说不尽。无国家观念，无民族观念，无公共观念，皆由此，甚至无一切学术思想亦由此。一个人生下来，父母兄弟姊妹族戚，大家紧相缠缚。能力弱者，悉责望其中之稍有能力者；或能力较大者，必以众口累之，其人遂以身殉家庭而无可解脱，说甚思想，说甚学问？有私而无公，见近而不知远，一切恶德说不尽。百忍以为家，养成大家麻木，养成掩饰，无量罪恶由此而起。有家庭则偏私儿女，为儿女积财富，以优养骄贵。儿大则爱妻子而弃父母，女大则爱丈夫与其所生子女。人类之卑贱与残忍以至于此。余痛此习不革，中国无可自强。吃苦，自立，不图安逸，不存私心，如此，则剥削之邪心消灭，达于德与廉耻矣[1]。

　　熊十力批评的是家以及以家为核心的伦理本位理论，而传统礼治社会正是以朱子《家礼》为原则加以组织的。因此，熊十力的批评实际上也就指向了朱子《家礼》，其核心意涵是：《家礼》的目标是良善的，但《家礼》在明清两代的实施却极大地偏离了朱子乃至整个儒家的初衷，甚至成为民族、国家衰亡与落后的重要原因。问题在于，朱子《家礼》及其所代表的传统礼法之治，究竟是已经丧失了现代性价值，抑或仅仅是一种时代的错置，一旦遇到真正适切的社会、经济、文化条件，犹将实现其现代重光？熊十力给予了一个可能的答案。

1　熊十力著：《与梁漱溟（一九五〇年五月二十二日）》，萧萐父主编：《熊十力全集》第八卷，湖北教育出版社2001年版，第651—652页。

（二）礼法之治的重光

在第二次世界大战日寇侵华的硝烟中，熊十力于 1944 年写作并出版了《读经示要》。这部著作系统陈述了熊十力的政治哲学——"治道九义"。这里不引用具体的论述，仅将这九项理念的梗概汇聚如下：

> 一曰仁以为体；二曰格物为用；三曰诚恕均平为经；四曰随时更化为权；五曰利用厚生，本之正德；六曰道政齐刑，归于礼让；七曰始乎以人治人；八曰极于万物各得其所；九曰终之以群龙无首[1]。

按照熊十力的设想，现代国家固然不能不经历政府、法治的阶段，但也绝非仅仅靠政府、法治就可以得到治理，还必须以礼让为治国之本。只有发挥礼的庶民教化功能和社会组织功能，才能令整个国家的每一分子都自觉、自醒，才能令整个国家拥有道德（仁）与知识（格物）的基石，发展出公平、富裕、正义、诚信、感通、万物各得其所等高阶文明形态，最终实现无国家的绝对自由与自治。礼让不仅是各个国家尤其是中国自立的根本所在，也是国际交往的基本准则，只有礼让为国，人类才能避免互相倾轧、伤害，才能从战争的泥淖中走出来，迎接新的文明发展。所谓"夫礼让之治，据德而不回，由义以建利，敦信以守度，明耻以有立，正名以干事，尽己以体物。是故礼让之治，高矣美矣，人类如蕲

1　参见熊十力著：《读经示要》，萧萐父主编：《熊十力全集》第三卷，第 581—626 页。

向太平大同，舍礼让其奚由哉！"[1]

　　熊十力一方面反对梁漱溟的伦理本位理论，另一方面却又认为礼是人类文明未来发展的必由之路，因此，他所谓的礼就不能是教条式的古礼，而是人类道德自我觉醒以后的制度化外显。这种制度化的外显能为大群人生所主动接纳的原因，一方面在于礼本身就应当是符合人性、人情的，应当是合理的，不如此不可谓之礼；另一方面在于教育的增进、社会的发展，可以令"人人皆有士君子之行"，因而乐于接受礼治，并推动人类文明逐步走向大同。离开了每一个个体的道德自觉，人类社会无法走上礼治之路，更不可能走向大同。由此可见，相较于梁漱溟从礼或者伦理的角度来解释中国传统文化的历史合理性，熊十力考虑更多的是以德和礼为基础，面向未来社会的文明重构。

　　我们接续梁漱溟和熊十力的理论，重新思考朱子《家礼》以及礼法之治的价值，认为至少包括如下三个层面：

　　第一，从历史来看，礼法之治作为一种综合性的治理方案，为儒家干预社会政治提供了一条新的渠道。

　　旅美华人学者刘子健教授提出了"转向内在"的观点[2]，他认为两宋之际，由于君主专制的强化、士大夫政治权力的缩小，以

1　熊十力著，萧萐父主编：《熊十力全集》第三卷，第598页。
2　刘子健指出，研究者往往将两宋与作为近代的欧洲相比附，但却无法解释为什么宋代以后的中国，未能出现一个持续的近代化进程，反而走向了新传统主义文化形态。参见［美］刘子健著，赵冬梅译：《中国转向内在：两宋之际的文化转向》，江苏人民出版社2012年版，第7—9页。

及政治创新改革的失败，作为道德保守主义者的理学家被迫转向内在化的道德观念，试图以加强君主道德修养的方式来约束君权，实现儒家政治理想，由此表现出从外向型进步向内向的自我完善与自我强化的转变[1]。标志着这一转向的程朱理学，"强调深植于个体人心当中的内在化的道德观念，而非社会模式或政治秩序架构当中的道德观念"[2]。但是，这一说法既不符合朱子礼学内圣（道德修养）与外王（社会秩序）并举的理论格局，也与古代中国曾以朱子礼学实践为核心，构建起一个礼治社会的史实相冲突。尤其是在后一意义上，论者基于泛政治化的宏大叙事，忽略了宋代以后外王学实际上是在传统的政治维度之外又增添了一个新的维度，即社会治理的维度：

> 汉儒言政，精意于政治制度者多，究心于社会事业者少。宋儒则反是，于政、刑、兵、赋之事，谓"在治人不在治法"。其论史于钱、谷、兵、刑之故，亦谓"则有司存"，而谆谆于社会教养之道[3]。

唐宋变革过程中，一系列重要变化如平民社会、科举制度、官吏分途等，造成了宋儒的注意力从政、赋、钱、谷、兵、刑等具体政治事务，转向道德教养与社会组织。但这绝不意味着他们

1　［美］刘子健著，赵冬梅译：《中国转向内在：两宋之际的文化转向》，第51—102、129—153页。

2　同上，第150页。

3　蒙文通著：《儒学五论》，广西师范大学出版社2007年版，第131页。

从外王事功领域退回到内圣修身领域。恰恰相反，宋儒力图通过形上与形下、凡与圣、历史与当下的一体化论述，为现实政治提供一个极具道德意涵的整体框架。所谓形上与形下的一体化，重点在于透过理事、道器、体用的一体化论述，为现实政治趋向于合理提供本体依据。"凡"与"圣"的一体化论述，则以圣贤可学而致之为中心，通过积极的"致君尧舜"和消极的"格君心之非"，为统治者发现其仁心、推扩其善政提供人格典范。历史与当下的一体化，则表现为采取"史为案，经为断"的方式实现历史的义理化建构，从而为当下政治提供更为具体的道德性评准。以三个方面的一体化为基础，宋代学者力图通过对礼的创造转化，承担起组织和改进新兴平民社会的责任，其具体表征就是以《家礼》为代表的两宋制礼运动。如此一来，政治与社会作为新儒学外王学的两个维度，与内圣学一道，构成一个"一体兼二用"的形态。唯其一体，故在理想和理论上，宋儒无不冀图实现（政）治、教（化）合一，一如陈畅教授所言，"理学政治理想试图回到治教一元、礼俗同一的状态，与理学性命之学论证的道器不二、道不远人，是浑融的一体关系"[1]。唯其二用，故在现实层面上，政治与社会又彼此独立、各具自性。尤其是在直接参与政治机会有限，而士大夫群体飞速增长的宋、元、明、清，社会这一外王学维度，为儒者畅达其生命精神提供了一个姓氏王朝之外的独立空间，而道

1　陈畅：《以礼化俗视野中的理学道统世界——以管志道、刘宗周的家礼实践为例》，《同济大学学报（社会科学版）》2018 年第 1 期。

统相对于治统的优越性，士权相对于王权的独立性，也因此而获得一个现实的社会基础。盖较诸圣贤相传之道和人类社会的存在，天子之位乃是相对的、暂时的，无论个人命运的穷通，亦无论士大夫与政权的关系是合作还是对抗，儒者均可以直面圣贤之道并自觉承担之，通过礼仪实践挺立道德主体、完善道德修养，旋即以自然推扩人伦礼教的方式，行之一家、一乡乃至一国，以实现在野美俗的外王理想。这一过程直接建立在性善和感通的基础上，而毋庸诉诸时君世主的政治权力，故能成为一个独立而自洽的过程。正如朱子论《大学》"新民"之道时所说：

> 若大段新民，须是德十分明，方能如此。若小小效验，自是自家这里如此，他人便自观感。"一家仁，一国兴仁；一家让，一国兴让"，自是如此[1]。

"大段新民"指天下皆臻善治，必以德侔圣人为前提，还须得君行道为其保障。而"小小效验"则指风化一乡、一国，一有嘉言善行，人必感服。前者犹有或然性，但后者则完全建立在性善论和人性感通学说基础之上，属于道德主体的自主范围[2]。

要言之，宋明理学实有"内圣开出新外王"之义，并赋予儒者一种崭新的生命存在方式，即不借君王而自存于这一自治的平民社会。因此，当明朝覆亡之际，顾炎武就总结到："自治道愈

1　〔宋〕黎靖德编，王星贤点校：《朱子语类》第一册卷十四，第284页。

2　参见刘依平：《朱子"新民"诠释的理论意蕴及其内在紧张》，《吉首大学学报（社会科学版）》2009年第1期。

下而国无强宗，无强宗，是以无立国，无立国，是以内溃外畔而卒至于亡。"[1] 实际上就是指出在君主专制的压制下，形成了一个孱弱的、无力应对任何突发情况的地方社会。而他所提出的方略，无论是此刻的存宗法、扶人纪、立国势，抑或是晚年以设立世官制、赋予地方自治权为核心的"寓封建于郡县之中"的著名主张[2]，本质上都是建构一个自治的礼治社会。尽管这一理想在清代君主专制和高压统治下并未实现，但仍足以证明礼不仅有道德修身的意义，还有教化治世的意义，后者的外王学意涵恰说明了"转向内在说"的理论缺陷。

第二，就当下而言，朱子《家礼》以及礼法之治的超越性价值，仍有足以令其扎根的现实社会土壤。

透过家风家训、民间俗讲、戏剧曲艺等形式，朱子《家礼》及其礼义精神以一种润物无声的方式影响到传统礼治社会的每一分子，并因其深入人心而传诸久远。郭齐勇教授回忆二十世纪四五十年代的家庭生活情形：

> 我出身于武昌城边巡司河畔一个小商的家庭，祖父在当地属于社会贤达，家里堂屋里有书法家路达写的"忠""恕"两个大字，同时有神龛，供奉着祖宗牌位。先父先母是大家族里的长兄长嫂，先父有兄弟姊妹八个，我们这一辈也有兄弟姊妹七个。在这样的

---

1 〔清〕顾炎武撰，华忱之点校：《顾亭林诗文集·亭林文集》卷五《裴村记》，中华书局 1959 年版，第 106 页。

2 参见刘依平：《〈郡县论〉著述年代考论》，《儒家文化研究》2017 年第 9 辑。

家庭里，做长兄长嫂与当父母亲的人责任是很重的，是极为辛苦的。我的下代人怎么也不会懂"含辛茹苦""节衣缩食"这几个字。这种情况下，父母亲一生真诚地"舍己奉人""拔钗沽酒"，赢得了街坊们的由衷赞佩[1]。

郭齐勇教授的父母是生活在二十世纪五十年代的小商人。从他们身上，我们可以看到《家礼》《治家格言》等的影响已经遍及妇孺稚子、行商坐贾、贩夫走卒，它们普遍深入到民间社会的肌理和骨髓之中，成为他们立身处世的行为规范，也成为中国传统社会文化与心理的底层逻辑！

进入新世纪以后，朱子《家礼》及其礼义精神仍在现代社会中保有着很强的生命力。2015 年，笔者和数位同事曾组织了一场面向全国 6 大区域——华中、华北、华南、华东、西北、西南的"中国人价值取向问卷调查"。我们共发放调查问卷 3200 份，回收问卷 2944 份，剔除无效问卷后，获得有效问卷 2753 份。经统计分析，调查对象选择频率最高的十项价值理念，按顺序排列为：

（1）孝顺父母
（2）独立自主
（3）遵纪守法
（4）人人平等，互相尊重
（5）勤俭节约

1　郭齐勇著，刘依平、肖雄编：《道不远人：郭齐勇说儒》，孔学堂书局 2014 年版，第 1 页。

（6）实事求是

（7）夫妻和睦

（8）诚实守信，言行一致

（9）公平正义

（10）宽以待人，将心比心

选择频率前三项当中，选择"孝顺父母"的人的比例为67.5%；"独立自主"选择比例达49.4%；"遵纪守法"有38.1%；后七项的选择比例分布在22.4%—30.3%，最大间距为3.7%。这十项主要理念中，孝顺父母，勤俭节约，诚实守信、言行一致，宽以待人、将心比心，夫妻和睦等，无疑正是朱子《家礼》长期塑造下的社会文化心理，都具有较强的儒家文化特点并呈现出积极向上的动力特征。即使是独立自主，遵纪守法，人人平等、互相尊重，公平正义等现代色彩比较浓的价值理念，也可以在朱子《家礼》中找到与之相融通的观念。

事实上，传统的冠礼虽然很少举行，但是近年来全国各地兴起了为高中二年级、三年级学生举办"成人礼"的新礼仪。婚礼形式虽然在中西文化交融中发生了极大的改变，但纳币、亲迎等传统民间最看重的礼俗仍保留了下来，民众关心着"天价"彩礼等社会问题并期待在纷纷乱象中寻求解决之道。丧葬礼仪固然因火葬的推行而发生了剧烈的改变，但停枢三日、子孙哭泣等传统仪节仍适应着新的葬仪而保留了下来。祭礼固然由于生活节奏的加快，不能像朱子《家礼》所规定的一年举行大祭七次，但清明已然成为国家规定的节假日，以便民众祭祀祖先。凡此种种皆表明，即使在现代社会，人们依然有一种过礼仪生活的精神需求与现实需要，这正是朱子《家礼》和礼法之治在当代中国仍能灵根再植的基本社会土壤。

第三，就未来而言，朱子《家礼》和礼法之治为人类秩序的建构留下了可资借鉴的历史文化资源。

朱子《家礼》成功维系地方礼治社会的历史经验，为国家与民众关系的未来构建提供了可行方案：礼法并举、礼法合治。国家公权力必须受到法律的约束，始终遵照"法无授权不可为"的逻辑；私权力则是"法不禁止即可为"的，但仍需符合善风良俗。前者属于法规范的领域，后者则属于礼调节的范围。以法治建设为基础，建构合理的民间礼治社会，能有效促进国家、地方、宗族、个人等多元主体的共同参与，也为调节和平衡国家、地方、宗族、个人等多方面利益提供了协商机制。因此，以建设法治社会为前提，透过礼的规约与引导，提升民间的礼治精神、强化民间的社会组织、活化民间的礼治空间、拓展以小区和村为单位的基层自治，就有在法所不能及处维系社会秩序、完善社会治理的意义。同时也能在政府与民间之间，建构一种责权分明、良性互动的关系，从而同时收获美政、美俗的双重功效。

朱子《家礼》中的道德精神、人文主义，为人类文明秩序的未来发展提供了人性论的说明。正如杨华教授所说，继承古代礼学，主要是"要吸收古人礼制活动的精神内涵（如讲求秩序、规范、庄重、虔敬、文雅等），促进国民素质的提高，塑造更完美的中国形象，构建更和谐的中国社会"[1]。朱子透过"礼即（性）理"和"天理之节文"两个命题，将人定为道德理性之存在，将世界定为人文创造世界，实际上便已揭示出人与文明的本质，即"人类一切文化活动，均统属于一道德自我或精神自我、超越自我，而为其分殊之表现"[2]。这一点是孔子、孟子、朱子、王夫之直至现代新儒学一以贯之的儒家真精神之所在，也可与世界文明对话并深入融通。不管是人性善还是人性恶，不管是有神论还是无神论，不管是现世主义还是来世观念，也不分道德理想主义、实用主义还是功利主义，人类各文明的主流看法，是承认人皆有向善的意欲以及策动自我向善的能力，承认人类社会的有序性和人在其中的主体性，承认教育与秩序有着完善人与世界的作用。换言之，在各种纷杂的观点之上，存在一种基于道德理性和人文精神的普遍观念。而朱子礼学的特质就在于，他完全以内在超越的理性为人类道德的依据，强调理性所创生的人文世界的实在，并以礼为人的现实存在方式而贯穿此两者。这种彻底的人文主义理论体现着中华民族文化的自性，在世界范围也是独树一帜的。故继承朱子礼义学，不仅具有在自身历史文化资源中探本寻源、以实现中华民族文化主体性重建的意义，还具有与世界文明展开沟通、对话的普遍意义。

朱子《家礼》缘情起例和因革损益的制作手段，为未来人类

1　杨华：《古礼新研》，商务印书馆 2012 年版，第 16 页。

2　唐君毅：《文化意识与道德理性》，中国社会科学出版社 2005 年版，第 3 页。

文明秩序建构提供了方法论的参考。人类文明未来的发展，需要在守正、继承的基础上实现礼学的创造性转化。"礼时为大"是礼的核心精神，也是礼法之治得以成立的关键。实现"礼时为大"的具体的手段，则是因革损益。所谓因，就是对合理的、合宜的礼予以完全的保留；所谓革，就是对不合理的、不合宜的礼予以完全的革去；所谓损，就是对合理不合理、合宜不合宜相掺杂的礼，保留其合理、合宜的部分，减损其不合理、不合宜的部分；所谓益，就是当礼文制度不足以反映礼意时，对礼文制度予以创造性的增补。当然，能够对礼进行因革损益的，一定是对道德、对社会、对人类共同的需求与情感有着最透彻理解的人。正因为有这样一群人负责礼的制定、修订与实施，于是乎礼得以通过因革损益的方式，始终保持着自身的合理性，并焕发出超时空的价值。周公、孔子、朱子等人，直面普遍人生礼仪生活的需要，以共同的人性人情为源泉，以前代文明为基础，以因革损益为方法，将时代精神灌注到礼仪制度之中，既保存了华夏文明的文化基因，同时又创生制定出新的礼乐文明。这些礼制行乎百姓人伦日用之间，触及社会生活的方方面面，使人从生到死、从个体到家国天下，都在这个世界中得到妥善安顿，从而整顿包括天、地、人、物、我在内的整个宇宙秩序并使之条畅通达，最终复归理想的保合太和之道。而未来的人类社会秩序建构，仍将遵循同一方法论，即在敦本守正的基础上，才能做出真正符合时代需求和具有实践价值的创造性转化。

结　语

在这一部分，我们试图用一段简单的话来概括本书的思路：

总体而言，宋代理学的理论目标，在于实现对宇宙天地和人类社会的一种贯通式、整体式的哲学理解，并在此基础上，致力于建构一种全新的、更为合理的世界秩序。因此，理学理论的开掘与创造，犹只是这一进程的第一步；更重要的是，这种新兴的哲学理论，将通过何种路径对社会产生实质性的影响。传统儒家学者将实践理论主张的希望，寄托于"明君"的赏识与信任，由此形成了"得君行道"的期待。而宋代蓬勃发展的平民社会，则为理学家实践自己的理论主张提供了另一种可能——"觉民行道"。他们可以依托自己文化精英、政治精英、财富精英的身份优势，建构起一整套话语体系，形成一种合理的生活方式，从而对民众的社会生活产生直接的示范作用。而在儒家思想体系当中，合理的社会秩序就是"礼"，用以规范社会生活的话语体系就是"礼学"。因此，以实践礼学推动礼学实践，就成为理学发展的必然产物。

朱子一方面集理学之大成，其代表性作品就是奠定理学时代经典诠释系统的《四书章句集注》；另一方面留心礼学制作，其代表作品就是一整套涵括冠、婚、丧、祭、祠堂、木主、深衣制度在内的《家礼》。相较于前代的礼学而言，朱子《家礼》取得了三个重大突破，呈现出两大显著特点。

第一个突破是以新兴理学为礼学的哲学基础，实现了"礼""鬼

神"等一系列礼学核心观念的理学化诠释。第二个突破是在问题
视域上，摆脱了汉唐注疏经学的传统窠臼，不再将目光集中在古
代礼经的诠释和相关问题的讨论上，而是转移到与百姓日用常行
直接相关的人生过渡礼仪的建构上。第三个突破是在礼仪设计上，
打破了传统的"贵族—平民"二元结构，推动祠堂、木主制度向
平民社会的下沉，从而让更多的民众参与到儒家礼仪实践中来。
如此一来，"理学内核"与"庶人精神"就成为朱子《家礼》最
显著的特点。对于宋代士大夫而言，实施家礼固然反映了延续家
族财富、地位、文化传承等现实诉求，但建构家礼则是一件具备
丰富文化、政治意义的工作。这是因为"礼"兼具内圣修身和外
王治世两个方面的功能，"家"则是个体与社会的中间环节。朱
子意识到，家礼的创建，既可以在私领域起到完善个体道德修身、
教训子弟、和谐家庭关系等作用，也可以在公共领域中，完善整
个社会的道德基础、建构良善的社会秩序、形成醇厚的社会风俗。
因此，朱子《家礼》的创作就以"序民人而安社稷"为终极性的目的，
是朱子直接干预并建构新的社会秩序最重要的手段。

　　从元代开始，朱子《家礼》就沿着两条路线不断地扩大自己
的影响。一条是"上行"路线，即《家礼》进入国家礼典、法典，
成为国家意识形态的重要组成部分。元代忽必烈统治时期，《家礼》
当中的"昏礼"率先被国家礼典所采用。至明代洪武年间，《家礼》
的全部条文被分门别类地收入《大明集礼》当中，并在永乐年间
以全书的方式代替未颁的《大明集礼》颁行天下，这标志着《家

礼》的"礼典化"。也是在洪武年间，《大明律》"户婚""丁忧"等条款的制定，显著地受到了《家礼》中"昏礼""丧礼"相关规定的影响，这标志着《家礼》的"法典化"。清代礼典和法典是继承明代而来的，这意味着通明、清两代而言，《家礼》都占据了国家意识形态的重要地位。

另一条是"下行"路线，即《家礼》在民间社会的普遍推行。明、清两代传统礼治社会，实际上就是一个以朱子礼学为内核的文化—组织共同体。《家礼》作为这个共同体的最高原则，一方面在差异化的时空维度和风俗人情环境中衍生出各种变体，如明代丘濬《仪节》、清代梁杰《家礼全书》等。《家礼》实践礼书的功能让渡给了这些礼仪手册，自身作为"礼经"的指导意义得到强化，因而在明、清两代获得了类似《仪礼》《礼记》的"拟经"地位。另一方面，《家礼》以明代初年的老人制以及后来的宗族、乡约、保甲为制度依托，为教化民众和组织社会提供了一种基本规范，并在地方政府、士大夫、平民等多重主体的共同参与下，衍化出乡约、家训、族规等丰富多样的礼俗变形，为社会提供了一种整体性的秩序。

正是通过"上行"和"下行"两条路线，《家礼》显著地塑造了中国人的文化心理和生活方式。因此，无论是地下考古发现，还是作为"民族志"的文学作品，都留下了《家礼》的深刻印记，证明《家礼》的影响无远弗届。然而硬币的另一面，则是《家礼》原本意图通过礼仪来增进自我道德的礼义精神，以及用道德和伦理来组织整个社会的基本方略，逐渐异化为个体控制的手段和苛刻教条，并遭到五四先贤乃至儒家有识之士的批判、清理。

时至今日，我们理解朱子礼学存在着一种超越性的价值追求，客观地认识到《家礼》及其衍生出的礼法之治，为儒家干预社会政治提供了一条新的渠道，极大地塑造了中国传统的社会结构与民族文化心理。站在传统、现代与未来的历史结合点上，《家礼》不仅为理解传统中国提供了一个重要窗口，也为当下中国良性社会秩序的构造提供了丰厚的历史经验。着眼未来，以《家礼》为代表的传统的礼乐文明，也将秉承"礼时为大"的核心精神，在新的社会实践中实现自身的创造转化和范式更迭，为未来的理想的人类社会秩序建构，提供一些"中国智慧"和"中国方案"。

参考文献

一、古籍

1.〔唐〕魏徵、令狐德棻撰：《隋书》，中华书局 1973 年版。

2.〔唐〕陆德明：《经典释文》，《中华再造善本》，中华书局 1988 年版。

3.〔唐〕杜佑撰，王文锦等点校：《通典》，中华书局 1988 年版。

4.〔后晋〕刘昫等撰：《旧唐书》，中华书局 1975 年版。

5.〔宋〕不著编者，司義祖整理：《宋大诏令集》，中华书局 1962 年版。

6.〔宋〕欧阳修：《新五代史》，中华书局 1974 年版。

7.〔宋〕欧阳修、宋祁撰：《新唐书》，中华书局 1975 年版。

8.〔宋〕陆九渊著，钟哲点校：《陆九渊集》，中华书局 1980 年版。

9.〔宋〕程颢、程颐著，王孝鱼点校：《二程集》，中华书局 1981 年版。

10.〔宋〕王铚、王栐著：《默记·燕翼诒谋录》，中华书局 1981 年版。

11.〔宋〕朱熹撰：《四书章句集注》，中华书局 1983 年版。

12.〔宋〕孟元老撰：《东京梦华录》，中华书局 1985 年版。

13.〔宋〕司马光撰：《书仪》，景印文渊阁四库全书第 142 册，台湾商务印书馆 1989 年版。

14.〔宋〕苏洵撰:《谥法》,景印文渊阁四库全书第 646 册,台湾商务印书馆 1989 年版。

15.〔宋〕杨万里撰:《诚斋集》,景印文渊阁四库全书第 1161 册,台湾商务印书馆 1989 年版。

16.〔宋〕真德秀撰:《西山读书记》,景印文渊阁四库全书第 706 册,台湾商务印书馆 1989 年版。

17.〔宋〕谢维新:《古今合璧事类备要》,景印文渊阁四库全书第 939 册,台湾商务印书馆 1989 年版。

18.〔宋〕姚宽、陆游撰,孔凡礼点校:《西溪丛语·家世旧闻》,中华书局 1993 年版。

19.〔宋〕张栻撰:《张栻全集》,长春出版社 1999 年版。

20.〔宋〕韩琦撰,李之亮、徐正英笺注:《安阳集编年笺注》,巴蜀书社 2000 年版。

21.〔宋〕张君房编,李永晟点校:《云笈七签》,中华书局 2003 年版。

22.〔宋〕司马光撰:《资治通鉴》,中华书局 2007 年版。

23.〔宋〕司马光著,李之亮笺注:《司马温公集编年笺注》,巴蜀书社 2009 年版。

24.〔宋〕朱熹著、朱杰人等编:《朱子全书》(修订本),上海古籍出版社、安徽教育出版社 2010 年版。

25.〔宋〕朱熹撰,〔日〕吾妻重二汇校:《朱子家礼宋本汇校》,

上海古籍出版社 2020 年版。

26.〔宋〕黎靖德编，王星贤点校：《朱子语类》，中华书局 2020 年版。

27.〔宋〕丁升之辑，柳建珏校注：《婚礼新编校注》，上海古籍出版社 2021 年版。

28.〔宋〕陆游撰，朱迎平笺校：《渭南文集笺校》，上海古籍出版社 2022 年版。

29.〔宋〕辛弃疾撰，邓广铭笺注：《稼轩词编年笺注》，上海古籍出版社 2022 年版。

30.〔元〕陈栎：《陈定宇先生文集》，中国国家图书馆藏清汪氏裘抒楼抄本。

31.〔元〕脱脱等撰：《宋史》，中华书局 1985 年版。

32.〔元〕黄瑞节：《朱子成书》，《中华再造善本》，北京图书馆出版社 2005 年版。

33.〔元〕马端临：《文献通考》，中华书局 2011 年版。

34.〔元〕陈澔：《礼记集说》，上海古籍出版社 2016 年版。

35.〔明〕程敏政：《新安文献志》，中国国家图书馆藏明弘治十年（1497 年）刻本。

36.〔明〕陈威、顾清纂修：《松江府志》，中国国家图书馆藏明正德年间（1506—1521 年）刻本。

37.〔明〕徐一夔：《大明集礼》，美国加利福尼亚大学伯克利分校藏嘉靖（1522—1566 年）内府刊本。

38.〔明〕丘濬撰：《家礼仪节》，中国国家图书馆藏明万历三十六年（1608 年）钱时刻本。

39.〔明〕王命璿、黄淳纂修：《新会县志》，中国国家图书馆藏万历三十七年（1609 年）刊本。

40.〔明〕朱元璋：《明太祖宝训》，台湾"中央研究院"历史语言研究所校印 1962 年版。

41.〔明〕宋濂撰：《元史》，中华书局 1976 年版。

42.〔明〕沈榜编著：《宛署杂记》，北京古籍出版社 1980 年版。

43.〔明〕陈献章著，孙通海点校：《陈献章集》，中华书局 1987 年版。

44.〔明〕黄佐撰：《泰泉乡礼》，景印文渊阁四库全书第 142 册，台湾商务印书馆 1989 年版。

45.〔明〕胡广等撰：《性理大全》，景印文渊阁四库全书第 710 册，台湾商务印书馆 1989 年版。

46.〔明〕徐溥等撰，〔明〕李东阳重修：《大明会典》，景印文渊阁四库全书第 617 册，台湾商务印书馆 1989 年版。

47.〔明〕邹守益著，董平编校整理：《邹守益集》，凤凰出版社 2007 年版。

48.〔明〕王守仁著，吴光等编校：《王阳明全集（新编本）》，浙江古籍出版社 2010 年版。

49.〔明〕叶春及、〔明〕陈懋仁著，郑焕章、吴远鹏点校：《惠安政书·泉南杂志》，商务印书馆 2021 年版。

50.〔清〕李其昌纂修：《江西莲花厅志》，中国国家图书馆藏清同治四年（1865年）刻本。

51.〔清〕梁杰纂：《家礼全集》，哈佛大学图书馆藏光绪乙未年（1895年）上海徐锡昌石印本。

52.〔清〕王鸣盛著：《十七史商榷》，商务印书馆1959年版。

53.〔清〕顾炎武撰，华忱之点校：《顾亭林诗文集·亭林文集》，中华书局1959年版。

54.〔清〕余治编纂：《得一录》，王有立主编：《中华文史丛书》，（台北）华文书局1969年版。

55.〔清〕张廷玉等撰：《明史》，中华书局1974年版。

55.〔清〕阮元校刻：《十三经注疏》，中华书局1980年版。

57.〔清〕吴敬梓著，李汉秋辑校：《儒林外史》汇评汇校本，上海古籍出版社1984年版。

58.〔清〕张汝诚辑，〔清〕戴翊清撰：《家礼会通（附朱用纯治家格言绎义）》，（台北）大立出版社1985年影雍正甲寅（1734年）序刊本、光绪十五年（1889年）家刻本。

59.〔清〕黄宗羲原著，〔清〕全祖望补修，陈金生、梁运华点校：《宋元学案》，中华书局1986年版。

60.〔清〕永瑢、纪昀等撰：《钦定四库全书总目》，景印文渊阁四库全书第2册，台湾商务印书馆1989年版。

61.〔清〕鄂尔泰等撰：《钦定周官义疏》，景印文渊阁四库全书第99册，台湾商务印书馆1989年版。

62.〔清〕来保、李玉鸣等撰：《钦定大清通礼》，景印文渊阁四库全书第 655 册，台湾商务印书馆 1989 年版。

63.〔清〕毛奇龄：《辨定祭礼通俗谱》，景印文渊阁四库全书第 142 册，台湾商务印书馆 1989 年版。

64.〔清〕王懋竑撰，何忠礼点校：《朱子年谱》，中华书局 1998 年版。

65.〔清〕朱彝尊：《经义考》，中华书局 1998 年版。

66.〔清〕凌廷堪撰：《礼经释例》，台湾"中央研究院"中国文哲研究所 2002 年版。

67.〔清〕祝庆祺等编：《刑案汇览三编》，北京古籍出版社 2004 年版。

68.〔清〕王晫、〔清〕张潮编纂：《檀几丛书·二集》，上海古籍出版社 2009 年版。

69.〔清〕徐松辑，刘琳、刁忠民、舒大刚、尹波等点校：《宋会要辑稿》，上海古籍出版社 2014 年版。

70.〔清〕阿桂等撰，孙文良、陆玉华点校：《满洲源流考》，中国国际广播出版社 2016 年版。

71.〔清〕张光月辑：《例案全集》，杨一凡主编：《清代判牍案例汇编》（甲编），社会科学文献出版社 2018 年版。

72.〔清〕朱柏庐撰，昆山市文体广电和旅游局编：《朱柏庐全集》，上海人民出版社 2022 年版。

73. 襟霞阁主编：《端午桥判牍》，上海东亚书局 1926 年版。

74. 赵尔巽等撰：《清史稿》，中华书局 1977 年版。

75. 怀效锋点校：《大明律（附大明令、问刑条例）》，辽沈书社 1990 年版。

76. 马建石、杨育棠主编：《大清律例通考校注》，中国政法大学出版社 1992 年版。

77. 田涛、郑秦点校：《中华传世法典：大清律例》，法律出版社 1998 年版。

78. 方龄贵校注：《通制条格校注》，中华书局 2001 年版。

79. 岳纯之点校：《唐律疏议》，上海古籍出版社 2013 年版。

80. 杨一凡点校：《皇明制书》，社会科学文献出版社 2013 年版。

81. 洪金富校订：《校定本元典章》，台湾"中央研究院"历史语言研究所 2016 年版。

二、一般著作

1.［日］铃木清一郎著，冯作民译：《增订台湾旧惯习俗信仰》，（台北）众文图书公司 1989 年版。

2.［美］吉尔伯特·罗兹曼主编：《中国的现代化》，上海人民出版社 1989 年版。

3.［美］陈荣捷著：《朱熹》，（台北）东大图书公司 1990 年版。

4.［美］D. 布迪、C. 莫里斯著，朱勇译：《中华帝国的法律》，江苏人民出版社 2003 年版。

5. [加] 卜正民著，方骏等译：《纵乐的困惑：明代的商业与文化》，生活·读书·新知三联书店 2004 年版。

6. [美] 高道蕴等编：《美国学者论中国法律传统》（增订版），清华大学出版社 2004 年版。

7. [美] 高彦颐著，李志生译：《闺塾师——明末清初江南的才女文化》，江苏人民出版社 2005 年版。

8. [日] 沟口雄三、[日] 小岛毅主编，孙歌等译：《中国的思维世界》，江苏人民出版社 2006 年版。

9. [美] 黄宗智：《清代的法律、社会与文化：民法的表达与实践》，上海书店出版社 2007 年版。

10. [日] 井上徹著，钱杭译，钱圣音校：《中国的宗教与国家礼制：从宗法主义角度所作的分析》，上海书店出版社 2008 年版。

11. [美] 卢苇菁著，秦立彦译：《矢志不渝：明清时期的贞女现象》，江苏人民出版社 2010 年版。

12. [日] 吾妻重二著，吴震编：《朱熹〈家礼〉实证研究》，华东师范大学出版社 2012 年版。

13. [日] 中岛乐章著，郭万平、高飞译：《明代乡村纠纷与秩序》，江苏人民出版社 2012 年版。

14. [美] 刘子健著，赵冬梅译：《中国转向内在：两宋之际的文化转向》，江苏人民出版社 2012 年版。

15. [美] 周启荣著，毛立坤译：《清代儒家礼教主义的兴起——以伦理道德、儒家经典和宗族为切入点的考察》，天津人民出版社 2017 年版。

16.［法］阿诺尔德·范·热内普著，张举文译：《过渡礼仪》，商务印书馆 2019 年版。

17.［德］恩斯特·柏施曼著，赵省伟编，贾金明译：《中国祠堂》，重庆出版社 2020 年版。

18.［美］普鸣（Micheal Puett）著，张常煊、李健芸译：《成神：早期中国的宇宙论、祭祀与自我神化》，生活·读书·新知三联书店 2020 年版。

19.［美］狄培理著，闵锐武、闵月译：《德与礼：亚洲人对领导能力与公众利益的理想》，江苏人民出版社 2022 年版。

20.［日］滋贺秀三著，熊远报译：《清代中国的法与审判》，江苏人民出版社 2023 年版。

21. 杨伯峻：《孟子译注》，中华书局 1960 年版。

22. 林明义主编：《台湾冠婚丧祭家礼全书》，（台北）武陵出版社 1989 年版。

23. 钱玄：《三礼通论》，南京师范大学出版社 1996 年版。

24. 费孝通：《乡土中国》，北京大学出版社 1998 年版。

25. 黄卓越、桑思奋主编：《中国大书典》，中国书店 1998 年版。

26. 钱穆：《钱宾四先生全集》，（台北）联经出版事业公司 1998 年版。

27. 王海龙：《哥大与现代中国》，上海文艺出版社 2000 年版。

28. 熊十力著，萧萐父主编：《熊十力全集》，湖北教育出版社 2001 年版。

29. 王尔敏：《明清时代庶民文化生活》，岳麓书社 2002 年版。

30. 李鹏程主编：《当代西方文化研究新词典》，吉林人民出版社 2003 年版。

31. 蔡方鹿：《朱熹经学与中国经学》，人民出版社 2004 年版。

32. 张舜徽：《汉书艺文志通释》，华中师范大学出版社 2004 年版。

33. 梁漱溟：《中国文化要义》，上海人民出版社 2005 年版。

34. 唐君毅：《文化意识与道德理性》，中国社会科学出版社 2005 年版。

35. 常建华：《明代宗族研究》，上海人民出版社 2005 年版。

36. 鲁迅：《鲁迅全集》，人民文学出版社 2005 年版。

37. 郭齐勇：《中国哲学史》，高等教育出版社 2006 年版。

38. 蒙文通：《儒学五论》，广西师范大学出版社 2007 年版。

39. 陆琦：《广东民居》，中国建筑工业出版社 2008 年版。

40. 王国维著，谢维扬、房鑫亮主编：《王国维全集》，浙江教育出版社 2009 年版。

41.《思想与社会》编委会编：《教育与现代社会》（《思想与社会》第 7 辑），上海三联书店 2009 年版。

42. 科大卫（David Faure）著，卜永坚译：《皇帝和祖宗：华南的国家与宗族》，江苏人民出版社 2009 年版。

43. 吴安安：《五礼名义考辨》，（台北）花木兰文化出版社

2010 年版。

　　44. 莫言：《莫言散文新编》，文化艺术出版社 2010 年版。

　　45. 瞿同祖：《中国法律与中国社会》，商务印书馆 2010 年版。

　　46. 牙含章、王友三：《中国无神论史》，中国社会科学出版社 2011 年版。

　　47. 赵克生：《明代地方社会礼教史丛论——以私修礼教书为中心》，中国社会科学出版社 2011 年版。

　　48. 万丽华：《〈左传〉中的先秦丧礼》，中央民族大学出版社 2011 年版。

　　49. 杨华：《古礼新研》，商务印书馆 2012 年版。

　　50. 张文昌：《制礼以教天下——唐宋礼书与国家社会》，台大出版中心 2012 年版。

　　51. 杨开道：《中国乡约制度》，商务印书馆 2015 年版。

　　52. 郭齐勇著，刘依平、肖雄编：《道不远人：郭齐勇说儒》，孔学堂书局 2014 年版。

　　53. 孙致文：《朱熹〈仪礼经传通解〉研究》，（台北）大安出版社 2015 年版。

　　54. 王汎森：《权力的毛细血管作用：清代的思想、学术与心态》（修订版），北京大学出版社 2015 年版。

　　55. 俞荣根、秦涛：《礼法之维：中华法系的法统流变》，孔学堂书局 2017 年版。

　　56. 俞荣根：《儒家法思想通论》（修订版），商务印书馆

2018 年版。

57. 刘永华：《礼仪下乡：明代以降闽西四保的礼仪变革与社会转型》，生活·读书·新知三联书店 2019 年版。

58. 萧琪：《父母等恩：〈孝慈录〉与明代母服的理念及其实践》，东方出版中心 2019 年版。

59. 刘志伟：《在国家与社会之间：明清广东地区里甲赋役制度与乡村社会》（增订版），北京师范大学出版社 2021 年版。

三、论文

1. 陈美林：《新近发现的〈儒林外史〉黄小田评本略议》，《文献》1990 年第 3 期。

2. 曹国庆：《王守仁与南赣乡约》，《明史研究》1993 年 6 月第 3 辑。

3. 杨念群：《基层教化的转型：乡约与晚清治道之变迁》，《学人》1997 年第 11 辑。

4. 常建华：《明代宗族祠庙祭祖礼制及其演变》，《南开学报》2001 年第 3 期。

5. 王福利：《元朝祭祀之礼及其用乐》，《内蒙古大学学报》2005 年第 1 期。

6. 吴丽娱：《营造盛世：〈大唐开元礼〉的撰作缘起》，《中国史研究》2005 年第 3 期。

7. 四川省档案馆保管部：《解读清代"一家牌""十家牌"》，《四川档案》2008 年第 2 期。

8. 李爽：《杨开道的乡约研究与乡村建设思想》，《史学集刊》2008 年第 4 期。

9. 刘依平：《朱子"新民"诠释的理论意蕴及其内在紧张》，《吉首大学学报（社会科学版）》2009 年第 1 期。

10. 赵克生：《修书、刻图与观礼：明代地方社会的家礼传播》，《中国史研究》2010 年第 1 期。

11. 杨志刚：《明清时代〈朱子家礼〉的普及与传播》，台湾高雄师范大学经学研究所主编，《经学研究集刊》2010 年第 9 期。

12. ［美］田浩（Hoyt Tillman）：《儒家文化如何创新？——写在朱子诞辰 880 周年之际》，《中华读书报》2010 年 10 月 22 日第 09 版。

13. 陈来：《朱子思想中的四德论》，《哲学研究》2011 年第 1 期。

14. 陈昆、汪祖杰：《国际竞争力、海上贸易与套汇：明朝中后期白银流入的考察》，《经济理论与经济管理》2011 年第 6 期。

15. 吴佩林：《从〈南部档案〉看清代县审民事诉讼大样——侧重于户婚案件的考察》，《中外法学》2012 年第 6 期。

16. 刘依平：《〈大学〉经典地位的抬升与宋代理学的关系》，《现代哲学》2012 年第 6 期。

17. 王志跃：《推崇与抵制：明代不遵循〈朱子家礼〉现象

之探研》，《求是学刊》2013 年第 5 期。

18. 邱小艳、燕良轼：《论农村殡葬礼俗的心理治疗价值——以汉族为例》，《中国临床心理学杂志》2014 年第 5 期。

19. 李飞：《礼达乡间：贵州凯里炉山一号墓所见之清代礼仪》，《中国国家博物馆馆刊》2016 年第 2 期。

20. 赵金刚：《朱子思想中的"鬼神与祭祀"》，《世界宗教研究》2017 年第 6 期。

21. 刘依平：《〈郡县论〉著述年代考论》，《儒家文化研究》2017 年第 9 辑。

22. 彭卫民：《朱熹〈家礼〉刊本考》，《济南大学学报》2017 年 4 期。

23. 陈畅：《以礼化俗视野中的理学道统世界——以管志道、刘宗周的家礼实践为例》，《同济大学学报（社会科学版）》2018 年第 1 期。

24. 傅锡洪：《宋代理学鬼神论的形成——以朱子"阴阳之灵"的观念为中心》，《中山大学学报》2018 年第 5 期。

25. 洪丽珠：《元代各从本俗下的风俗议论与法律走向——以汉族婚姻法与婚俗为例》，台湾"中央研究院"历史语言研究所、中国法制史学会主编，《法制史研究》2018 年第 34 辑。

26. 姜广辉：《汉唐的"三〈礼〉之学"》，《中国传统文化研究》2020 年第 1 期。

27. 赵克生：《丘濬〈家礼仪节〉及其礼学贡献》，《人文论丛》

2020 年第 1 辑。

28. 刘依平：《朱子〈祭礼〉纂修经过与内容辑考》，《宗教学研究》2021 年第 2 期。

29. 赵培：《波动的权威　游移的道统——经典化视域下儒家创经、拟经、广经、续经与补经现象》，《学术月刊》2021 年第 2 期。

30. 吴启琳：《传承与嬗变：明清赣南地方政治秩序与基层行政之演化》，复旦大学 2011 年博士学位论文。

31. 吕振宇：《〈家礼〉源流编年辑考》，华东师范大学 2013 年博士学位论文。

32. 杨逸：《宋代四礼研究》，浙江大学 2016 年博士学位论文。

33. 刘依平：《朱子礼学及其思想研究》，武汉大学 2018 年博士学位论文。

四、网络资源

1.《韩国民俗大百科全书·韩国人生礼仪词典》"丧礼"，https://folkency.nfm.go.kr/topic/detail/228。

2. 本书部分图片来源于中国国家图书馆·中国国家数字图书馆网站。

后 记

　　2018 年，在业师郭齐勇教授的指导下，我完成了博士学位论文《朱子礼学及其思想研究》。这篇论文主要梳理了朱子理学与礼学的关系、朱子礼学的理论内涵，以及朱子礼学三个阶段的发展及其内在逻辑等。在研究过程中，我逐渐意识到思想并不是孤立产生的，而是与某些社会现实有着密切的联系，朱子无与伦比的后世影响力，正在于他所创立的思想体系深刻地影响到此后的国家建构和社会治理。一个例子是《四书章句集注》，该书向上成为科举考试的标准读本，向下则嬗化为各种私塾教育的启蒙读物，从而打通了精英教育和平民教育。另一个例子就是朱子《家礼》，该书向上成为国家礼典、法典的组成部分，向下则成为缔结民间社会的根本原则和日用常行的习惯法，从而建构了明清礼治社会。当然，这不是什么新的见解，学界前辈、时贤对此早已有阐发。但于我个人而言，这个发现仍促使我产生了一个大胆的想法，即应当将朱子的礼学思想与文本纳入哲学、历史学、社会学、法学（法律史）、心理学等交叉学科视域下加以研究，从而展现礼学思想、礼学文本与时代的各个层面，包括国家制度、法律体系、社会规范、文化心理等的交涉与互动。由于时间和精力有限，这一想法并没有在博士论文中真正展开。

　　工作以后的三四年里，我将主要精力放在了现代新儒学和古典文献学的研习上，暂时脱离了朱子礼学。一个很偶然的机会，我的同门好友、湖北大学肖雄博士告诉我，俞荣根教授正主编"礼法传统与现代法治"丛书，其中"朱子《家礼》"分册尚未觅到合适的人选。这一刻，潜藏数年的学术兴趣又一次被激发了。于是我不惮浅陋，通过邮件向俞教授自荐，希望能承担这部书的写作任务。俞教授通过两三轮邮件，对我做了初步的考察，也向我指示了丛书的主题和该分册的撰写目的，而我对书名和章节结构的想法，也得到了他的支持与鼓励。2021年春，我正式投入该书的写作。但令人羞赧的是，在日常琐事和新冠疫情的双重影响下，此书的写作很快就陷入时继时辍的窘境之中。对此，俞教授展现出足够的宽容，他不止一次地鼓励我：人人都很忙，忙中有定，才是学者成长过程中的必由之路。

正是在俞教授的宽容和鼓励下，我才得以粗略涉猎《元典章》《皇明制书》《大明律》《大清律例》一类的国家礼典和法典，也借机阅读了一些海内外学者有关明清社会史、法律史的研究成果。这种跨学科的阅读，令我常常获得一种习得新知的喜悦。而前贤、时彦的相关研究，例如吾妻重二、赵克生、吕振宇对《家礼》文本及其后续影响的研究，卜正民、科大卫对明清社会的研究，瞿同祖、张晋藩、俞荣根、滋贺秀三、上岛乐章对法律史和法律思想史的研究，也为本书的写作提供了坚实的基础。除去汲取他们的工作成果，我还尝试将自己过去的研究心得纳入进来，包括《朱子〈祭礼〉纂修经过与内容辑考》《朱子礼学影响下的明清礼治社会》等单篇论文，以及博士学位论文的相关部分，并根据本书的写作目的和结构，对这些前期成果进行了重塑与改写。

在阅读和写作过程中，我真切地感受到，就朱子《家礼》与元、明、清三代法典展开对照研究，并援引更多的案例、判牍来证实朱子《家礼》在古代司法实践中的运用，是一项有价值的、值得进一步深掘的课题。由于精力苦短，也由于自己对法律史和社会史都是完全的外行，所以在法条的对勘和案例判牍的释读上，我只能就目力所及略举一二，中间所论也浅尝辄止，甚至有野狐谈禅之嫌。进一步深入地讨论，就只能俟诸将来了。

在这部《因理制礼：朱子〈家礼〉与礼法之治》脱稿之际，我衷心地感谢业师武汉大学郭齐勇教授、西南政法大学俞荣根教授、孔学堂书局常务副总编辑张发贤博士、本书责任编辑黄艳、杨彤帆老师。他们为本书的写作与出版，提供了指导与帮助。暨南大学中国古典文献学专业硕士研究生刘彦君帮忙校理了书稿，在此也一并致谢。由于时间有限、精力短促，更主要的还是因为自己学力不逮，这部小书有很多不完善之处，也敬请学界同仁和读者朋友不吝批评指正。

是为记。

刘依平于暨南大学

2023 年 5 月 20 日